The Hidden Dimension

Copyright ⓒ 1966 by Edward T. Hall
All rights reserved.
Korean Translation Copyright ⓒ 2002 by Hangilsa Publishing Co., Ltd.
The Korean translation rights arranged with The Palmer & Dodge Agency, Boston
through Eric Yang Agency, Seoul

이 책의 한국어판 저작권은 에릭양 에이전시를 통한 The Palmer & Dodge Agency사와의
독점계약으로 (주)도서출판 한길사가 소유합니다.
저작권법에 따라 한국 내에서 보호를 받는 저작물이므로 무단 전재와 복제를 금합니다.

에드워드 홀 문화인류학 4부작 ❷ 최효선 옮김

숨겨진 차원

이상의 도서관 47

한길사

이상의 도서관 47

숨겨진 차원

지은이 에드워드 홀
옮긴이 최효선
펴낸이 김언호

펴낸곳 (주)도서출판 한길사
등록 1976년 12월 24일
주소 10881 경기도 파주시 광인사길 37
홈페이지 www.hangilsa.co.kr
전자우편 hangilsa@hangilsa.co.kr
전화 031-955-2000~3 팩스 031-955-2005

CTP출력·인쇄 예림 제책 예림바인딩

제1판 제1쇄 2002년 2월 20일
제1판 제4쇄 2009년 8월 20일
제2판 제1쇄 2013년 2월 28일
제2판 제6쇄 2023년 8월 28일

값 20,000원

ISBN 978-89-356-6542-6 04330
ISBN 978-89-356-6545-7 (세트)

● 잘못 만들어진 책은 구입하신 서점에서 바꿔드립니다.
● 이 도서의 국립중앙도서관 출판시도서목록(CIP)은 서지정보유통지원시스템 홈페이지(seoji.nl.go.kr)와 국가자료공동목록시스템(www.nl.go.kr/kolisnet)에서 이용하실 수 있습니다.
(CIP제어번호: CIP2013000824)

위 알래스카 라운드 섬의 바위 사이에서 자고 있는 수컷 바다코끼리는 접촉 행동의 완벽한 예를 제시한다.
아래 이 백조들처럼 비접촉성 종(種)들은 서로 몸이 닿는 것을 피한다.

'개인적 거리'란 동물심리학자 헤디거가 비접촉성 동물들이 서로간에 유지하는 정상적인 공간을 두고 쓴 용어이다. 통나무 위에서 햇볕을 쬐고 있는 새들이나 버스를 기다리고 있는 사람들이나 그러한 자연스러운 무리지음을 보여주고 있다.

대화하는 사람들을 찍은 이 두 사진은 인간의 네 가지 거리영역 가운데 두 가지를 보여준다. 위의 사진에서는 두 인물 사이의 '밀접한 거리'가 이 순간에 나타난 공격적이고 적대적인 감정을 여실히 반영해준다. 아래 사진에서는 아는 사이인 세 사람이 서로 먼 단계의 '개인적 거리'를 유지하고 있는 모습을 보여준다.

위 비개인적인 업무는 일반적으로 개입 정도에 따라 4피트에서 12피트에 이르는 '사회적 거리'에서 행해진다. 함께 일하는 사람들은 서거나 앉거나 가까운 사회적 거리를 유지하는 경향을 보인다.
아래 공적인 거리는 개인적인 관여 범위를 훨씬 벗어난다. 목소리는 과장되거나 확성되며 커뮤니케이션의 많은 부분이 몸짓이나 자세로 전달되는데 이는 공공 연설이나 무대 공연을 하는 거리이다.

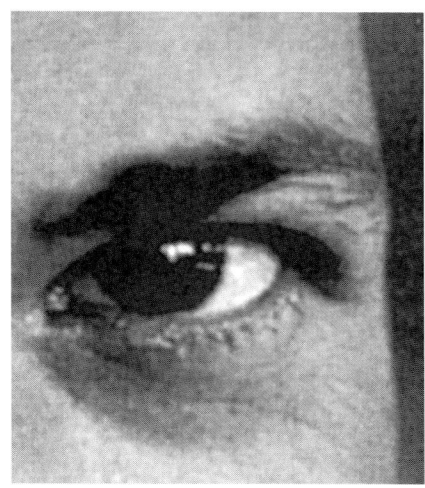

다른 사람의 신체를 눈으로 파악하는 일은 거리에 따라 변하며 후각이나 촉각이 느끼는 감각과 더불어 그 신체와의 개입 정도를 크게 좌우한다.
위 왼쪽 사진은 밀접한 거리에서 한쪽 눈을 찍은 것인데, 형체의 왜곡이나 세밀하게 보이는 부분이 다른 거리와는 혼동될 수 없는 시각적 경험을 하게 만든다. 오른쪽 사진은 개인적 거리에서 찍은 것으로, 아직은 세부적인 얼굴 모습을 식별할 수 있지만 형체의 시각적 왜곡은 더 이상 뚜렷하지 않다. 이 거리에서는 물체의 형태·부피·표면질감이 두드러지고 뚜렷이 분간된다.
아래 이 사진은 사회적 거리에서 찍은 것으로 전신이 보이지만, 먼 단계의 사회적 거리에서는 속눈썹같이 얼굴의 아주 세부적인 부분은 보이지 않는다.

고정 형태의 공간은 물질적 대상들과 인간의 행동을 지배하는 방이나 건물의 내면화된 설계를 설명해준다. 지나치게 밀집되고 형편없이 설계된 이 두 부엌은 흔히 현대식 건물에서 설계 요소들과 실제로 이루어지는 활동들이 일치되지 않는 양상을 보여준다.

공공 장소에서의 가구 배치는 대화의 정도와 명백한 연관성을 지닌다. 기차역 대합실처럼 딱딱하게 의자를 고정시켜 배열한 공간은 대화를 억제하는 경향이 있다(사회원심적 공간). 이에 반해 유럽 길가 카페의 테이블 배치와 같은 공간은 사람들을 모이게 만드는 경향이 있다(사회구심적 공간).

위 베네치아의 산마르코 광장은 넓은 공간을 성공적으로 폐쇄시킨 이상적인 예로서 널리 인정받고 있다. 이 사람들이 느끼고 있음에 틀림없는 자유와 여유가 흥미롭고도 편안한 공간 감각을 전달해준다.
아래 특히 만지고, 문지르고, 토닥거리고, 기대고, 올라갈 수 있다면 조각은 공간에 한 차원을 더해준다.

프록세믹스 패턴들은 흔히 문화적 차이들을 드러내는 탁월한 단서가 된다. 프랑스에서 찍은 이 두 장면, 빼곡한 카페 테이블의 배치와 옥외 연설을 듣는 사람들의 혼잡한 모습은 북유럽인·영국인·미국인보다 더 가까이 모이는 프랑스인의 성향을 보여주며 그에 따른 고도의 감각적 개입은 프랑스인 생활의 많은 측면에서 뚜렷이 나타나고 있다.

위 일본인의 공간 사용과 배치는 옛 수도인 교토 외곽에 위치한 15세기의 료안지(龍安寺) 젠(禪) 승원 정원에서 아름답게 드러난다. 잘게 부순 자갈밭에 솟아난 15개 바위의 배치는 일본인들이 공간을 지각하는 데 모든 감각을 동원한다는 점과 개개인을 스스로 무언가 발견할 수 있는 지점으로 이끄는 경향, 즉 일본인들의 다른 생활 분야에도 잘 반영되어 있는 경향을 시사해준다.

아래 아랍인들은 건축적인 혼잡에 상당히 노골적인 민감도를 보이며 폐쇄된 공간에는 탁 트인 전망을 요구한다. 베이루트의 '원한의 집'은 지중해 전경을 가림으로써 이웃을 벌주기 위해 세워진 것이다.

저소득 집단을 위해 지어진 공공주택은 흔히 겉모양을 꾸며서 드러나지는 않지만 기본적인 인간의 많은 문제점들을 해결하지 못하고 있다. 고층 아파트 건물은 보기에는 빈민가보다 번듯하지만 살기에는 번거로운 점이 더 많다.

최근 개발된 두 지역의 주택건설은 갈수록 도심부를 조이는 현상이 역전될 수 있다는 희망을 갖게 한다.
위 버트런드 골드버그는 시카고의 마리나 시티에 원형 아파트 타워들을 설계했는데 낮은 층들이 나선형으로 올라가면서 바깥 공기와 거주민을 위한 주차시설을 제공해준다. 시장 및 위락 시설을 완벽하게 갖춘 이 아파트 타워에서는 기상이나 교통 혼잡으로부터도 보호된다.
아래 도시설계의 또 다른 바람직한 접근방식은 워싱턴 D.C.의 건축가인 클로시엘 스미스에 의해 개발된 것이다. 그녀는 워싱턴 남서부의 아파트 설계에서 도시 재개발이 지니고 있는 문제점들에 대해 흥미롭고 미학적인 만족을 주면서, 다양하고, 인간적인 면에서도 적절한 해결책을 어렵사리 생각해냈다.

공간의 인류학을 위하여
• 옮긴이의 말

　지금의 세계는 모든 인간을 '시장의 파리 떼'로 환원시키는 거대한 기계다. "새천년을 맞아 가장 부가가치가 높고 각광받는 산업은 문화산업이 될 것이다"라는 말 또한 수상쩍다. 과학과 기술의 상품화로 지구상의 거의 모든 인간을 사로잡은 자본주의 논리가 문화에도 그대로 적용되어 '문화상품'의 개발에 기치를 올리고 있는 이즈음, 인간은 또다시 자기 자신을 돌아볼 기회(문화에 대한 새롭고도 반성적인 '원근법적' 시각을 통하여)를 자본주의적 시장논리에 빼앗기고 있을지도 모른다.

　니체가 '미래의 철학을 위한 서곡'이라는 부제가 달린 『선악의 피안』을 쓴 것이 1885년이다. 당시 서구의 문화와 사상을 통렬히 비판하면서 니체가 우리에게 베푼 덕이 바로 이 '미래의 철학'으로 그것은 우리 자신의 '해독'(解讀)의 노력 속에서만 존재하게 될 잠재태일 것이다. 그렇지 않을 때 우리에게는 저 기계를 피하게 해줄 어떤 보장도 없다. 에드워드 홀이 자신의 모든 책에서 직접적으로 혹은 우회적으로 역설하고 있는 내용은 이에 다름 아니다.

　홀에 의하면 인간은 자기 외부의 연장물(延長物)을 진화시킴으로써 자신의 약점을 보완해왔고 그것이 다름 아닌 문화(언어나 문명의 이기를 포함하여)라는 것이다. 그저 편리한 것이 문화라고 믿는다는 니체의 불만에 나타나듯이 문제는 자신이 진화시킨 연장물이 가져다주는 편리함에 젖어서 어느덧 인간은 그 연장물의 구속을 눈치채지 못한 채 문화의 지배를 받게 되었다는 점이다.

홀의 모든 시도는 바로 이 문화의 속박을 풀기 위해 우리가 하지 않으면 안 될 노력에 관한 것들이다. 그 노력이란 우리 자신을 진정으로 알고자 하는 일이며 그러기 위해서는 무의식중에 당연시되면서 자신을 얽어매는 문화적 습관을 읽어내어 새로운 습관으로 개선시킬 수 있는 자발성을 갖추어야 한다는 것이다.

현대 프랑스 철학의 유심론적 실재론자인 라베송(F. Ravaisson)은 인간을 무한한 습관의 잠재력을 가진 존재로 보았다. 일단 형성된 습관은 필연성·자동성을 띠는데 새로운 습관을 들이는 능력이 부족한 존재는 그만큼 더 필연성에 지배된다. 그리고 새로운 습관을 무한히 형성할 수 있는 것은 이 필연성으로부터의 해방, 즉 자유를 의미한다. 자유와 선택, 창조는 주어진 습관을 끊임없이 무화(無化)시키는 능력 이외의 것이 아니며 이것은 베르그송이 말했듯이 '무한히 옛 습관에 새로운 습관을 대체시키는' 힘을 의미한다. 그리고 인간의 탁월성은 바로 여기에서 유래한다.

역으로 문화를 진정으로 이해하려면 삶에 대한 우리의 관심을 다시 불러일으키지 않으면 안 된다. 홀은 문화가 인간에게 부과된 것일 뿐만 아니라 넓은 의미에서 문화 그 자체가 인간이며 삶이 풍부한 의미를 지니게 되는 것은 복잡다양한 문화에서 수백만 가지 가능한 결합을 이끌어낸 결과라고 주장하고 있다. 다른 문화를 연구하는 궁극적인 이유도 자신의 삶에 생동감과 새로운 인식을 부여하기 위한 것으로 삶에 대한 관심은 대조와 차이라는 충격을 통해서 비로소 촉발될 수 있기 때문이다.

홀은 머리로 쓰는 학자가 아니라 발로 쓰는 부지런한 학자이다. 그가 문화를 연구하는 과정에서 독창적으로 만들어낸 용어——예컨대 프록세믹스, 연장의 전이, 저맥락·고맥락의 메시지, 모노크로닉·폴리크로닉한 시간——들은 수십 년간의 체험을 통해 얻은 사례들에 의해 하나하나 설명되고 입증된다.

그가 차례로 발표한 『침묵의 언어』(*The Silent Language*, 1959), 『숨겨진 차원』(*The Hidden Dimension*, 1966), 『문화를 넘어서』(*Beyond Culture*, 1976), 『생명의 춤』(*The Dance of Life*, 1983)은 상호연관성을 지닌 연작으로, 다양한 신개념들을 일관성 있게 반복하여 다룸으로써 문화에 관한 다층적이고도 통합적인 반성과 전망을 전개시키고 있다. 여기에는 문화인류학뿐만 아니라 언어학·사회심리학·교육학·역사학·행동과학에서 생물학·동물행동학·유전학과 같은 자연과학에 이르기까지 다양한 학문적 업적이 초학문분야적(interdisciplinary) 접근방식으로 원용되고 있다.

그러나 그의 책들은 자신이 밝히고 있듯이 어떤 전문적인 학문분야에도 속하지 않는 독자적인 것으로 특정 독자나 전문가를 위한 것이 아니다. 따라서 다분히 심각한 주제를 다루고 있는 그의 문체는 자못 경쾌하고 내용 또한 생생하고 흥미로울 뿐만 아니라 실용적인 이야깃거리로 점철되어 있다. 아마도 그의 경력이 그러한 능력의 원천을 말해줄 것이다.

홀은 1942년 컬럼비아 대학에서 박사학위를 취득하고 나바호족, 호피족, 에스파냐계 미국인, 남태평양의 트루크족 등과 더불어 현지조사 연구를 행했다. 그 후 해외원조사업이 집중적으로 행해지던 1950년대에 미국 국무성의 의뢰로 '해외파견요원 훈련사업'에서 수년간 정부와 기업을 위해 외국에서 일할 미국인들을 선발하고 훈련시키는 데 종사해왔다. 그 일을 통해 그는 외국에서 일하는 미국인이 그 나라 사람들과의 관계에서 겪는 대부분의 어려움은 통문화적 의사소통(cross-cultural communication)에 관해 거의 배운 바가 없다는 사실에 기인한다는 점을 확신했다고 한다. 그리고 나서 1959년에서 1963년까지는 '워싱턴 정신의학교'에서 커뮤니케이션 연구 프로젝트를 지도했다.

그와 같은 경험을 기반으로 그가 절감한 인류의 당면 문제를 풀고자 한 노력의 결과가 바로 그의 책들이다. 세계 각지 사람들과의 상호관계가 점차 증가하고 있는 오늘날, 문화가 다른 사람들이 교류할 때 서로 호의를 가졌음에도 불구하고 그 문화 고유의 비언어적 행동양식을 이해하지 못해 의미를 왜곡하게 된다는 점에서, 홀은 무엇보다도 먼저 문화를 여러 차원의 복잡한 커뮤니케이션으로 이해할 필요가 있다고 생각한다. 그것을 다룬 책이 그의 첫 번째와 두 번째 저서이다. 두 책은 문화에 의해 형성된 경험의 구조를 각각 시간과 공간을 이용하는 방식에 근거하여 풀어냄으로써 부지불식간에 우리의 삶을 속박하고 있는 요인들을 기층문화에 입각한 체계적이고도 다각적인 시각으로 분석하고 있다.

홀에게 명성을 안겨준 첫 번째 저서『침묵의 언어』에서는 인류학의 전문영역으로만 다루어지던 문화를 커뮤니케이션의 한 형태로 분석하면서 너무나 모호한 개념이 돼버린 문화라는 말의 의미를 명확히 하기 위해 문화의 기본적 단위를 제시하고 있다. 그를 위한 기초 작업으로서 대부분의 문화가 성장한 생물학적 근원과 문화의 조성에 결합된 10가지 기본적 의사전달체계(비언어적 커뮤니케이션)와 인간이 사물을 경험하는 3가지 차원의 방식을 정리하고 있다.

또한 홀은 커뮤니케이션의 다양한 방식, 특히 '지각되지 않는' 측면을 다루면서 침묵의 언어로서의 시간과 공간을 상세히 분석하고 있다. 그는 자신의 접근방식들은 문화에 관한 기존 학설의 재탕이 아니라 사물을 새로운 시야로 바라보는 방식을 다룬 것이며 다른 문화를 진지하게 받아들이는 태도를 통해 자신에게조차 숨겨진 면을 파악할 수 있는, 즉 자신을 아는 가장 효과적인 방법을 다룬 것이라고 말한다.

두 번째 저서 『숨겨진 차원』에서는 사람들이 문화의 한 기능으로서 공간을 사용하는 방식, 즉 인간이 공간을 구조하고 사용하는 방식에 문화가 미치는 영향을 프록세믹스(proxemics)라는 새로운 용어를 마련하여 관찰하고 있다. 여기에서 홀은 현대사회에서 갈수록 심각해지는 이문화 간 갈등의 한 요인이 개체 간의 거리, 즉 공간을 지각하는 형식의 문화적 차이에 있다고 보고 '침묵의 언어'인 공간이 야기하고 있는 여러 역작용을 감소시키기 위해 공간을 이용하는 방식을 동물행동학의 연구 성과 등 다양한 실험과 관찰을 통해 설명하고 있다. 특히 이 책은 건축학도들에게는 필독서로 꼽히는데 그 이유는 인간에게 편안하고 유용한 공간설계를 위해 염두에 두지 않으면 안 될 여러 가지 문화적·환경적 문제 들을 다루고 있기 때문일 것이다.

"도시는 인류가 뱉어낸 가래침이다"라는 장 자크 루소의 말을 절감할 정도로 현대의 도시는 인간의 연장물이 주는 모든 편리와 불편을 동시에 지니면서 인류의 골칫거리를 제조하고 있는 거대한 공장이 되었다. 홀은 환경문제·인구문제·인종문제 등이 농축되어 있는 거대도시의 문제를 인류의 미래와 직결된 것으로 보고 미래의 도시계획에 구체적인 비전을 제시하고 있다. 그리고 앞으로의 도시계획에는 기존의 전문가들 외에 심리학자·인류학자 등 새로운 전문가들이 반드시 참여해야 할 것이라고 당부한다.

앞서 강조했던 홀의 접근방식들은 세 번째 저서 『문화를 넘어서』에서도 유지되어 맥락화 · 동시동작 · 행동연쇄 · 동일시 등 인지나 행동상의 문제를 인간에 관한 생물학적 · 심리학적(정신분석학적) 기초사실에 근거하여 풀어내고 있다. 특히 교육과 관련해서는 현대의 제도화된 교육 패턴이 간과해온 것들을 최근의 연구성과를 동원하여 영장류로서의 인간이라는 유기체의 생리학적 · 신경학적 구조를 설명함으로써 개선점을 제시하고 있다. 쉽게 말하자면, 지금의 교육제도는 고도로 논리정연하고 수리능력이 탁월한 학생들만이 큰 혜택을 받도록 고안된 것으로, 두뇌와 재능이 뒤져서가 아니라 그 특별한 재능이 교육제도와 부합되지 않기 때문에 좌절하거나 배제되는 학생들이 많다는 것이다. 이 점에서 홀은 서구의 문화가 학습을 제도화시키는 과정에서 인간의 기본 본성은 엄청난 모욕을 감내할 수밖에 없었다고 지적한다.

또한 이문화 간의 차이를 극복하기 위해 홀이 마련한 구체적 방법으로, 드러나지 않은 숨겨진 차원의 문화를 파악하기 위한 악보(그는 문화를 읽어내기 위한 자신의 작업을 음악에서 악보를 만드는 작업에 비유한다), 즉 문화를 구성하는 다양한 요소를 분석하고 통합하는 작업이 제시된다. 그리고 오늘날과 같이 수많은 정보가 범람하는 세계에서 자신의 전문분야에서조차 시대의 흐름에 뒤지고 있는 듯한 불안감과 외부세상과의 연결점을 놓친 듯한 소외감에서 벗어날 수 있는 자신감을 부여하기 위해 맥락(context)을 파악하는 능력을 강조하고 과잉정보의 맹점을 집어내는 혜안을 갖출 수 있는 준거의 틀을 마련하고 있다. 여기에서 특별히 옮긴이의 관심을 끈 대목은 번역과 관련된 홀의 생각으로, 네 번째 책에서도 거듭 강조되듯이, 엄청난 시간과 돈을 쏟아부었음에도 컴퓨터가 결국

해내지 못한 번역작업의 실패요인이 다름 아닌 언어코드를 전체적인 맥락과 연관짓는 일에 있다는 것이다.

홀은 인간이 자신의 연장물, 특히 언어·도구·제도를 진화시키면서 스스로 창조한 괴물을 통제할 능력을 잃게 된 현상을 '연장의 전이'라고 명명하면서 인간은 스스로 연장시켜온 자신의 일부를 대가로 지불하고 진보해왔으며, 그 결과 인간의 본성은 다양한 형태로 억압되고 말았다고 주장한다. 이 시점에서 인간은 자신의 외부세계에 집중하던 관심을 방향전환시켜 내부의 상실되고 소외된 본연의 자아를 다시 찾는 일로 향하게 하지 않으면 안 된다는 홀의 염려가 이어지고 있다.

네 번째 책이 다루고 있는 주제가 바로 그것이다.『생명의 춤』은 인간의 생명 그 자체를 이해하기 위한 지표로서 인류의 두 철학적 전통, 즉 서양철학과 불교철학을 기반으로 한 상이한 두 문화권의 비교를 통해 서로 얻고 배울 점을 논하고 있다. 이 책은 앞서의 책들에서 거론된 모든 개념을 되짚어나가면서, 특히 커뮤니케이션의 90퍼센트를 점하는 기층문화의 무의식적이고 숨겨진 문법이 사람들의 세계관을 규정하고 가치를 결정하며 생활의 기본적 템포와 리듬을 설정한다는 점을 염두에 두고 문화에 따른 시간관념의 차이를 재고찰하고 있다.

그는 여기에서 시간과 문화를 불가분의 관계로 보고 뉴턴적 모델에 입각한 절대적인 시간관념과 서구인의 우월감을 비판하고 있다. 홀은 시간이 하나의 문화가 발달하는 방식뿐만 아니라 그 문화에 속한 사람들이 세계를 경험하는 방식과도 밀접한 관련을 지니고 있다고 보고 다양한 시간의 고찰을 통해 문화의 드러나지 않은 속박에서 벗어나는 길을 모색하고 있다.

네 권의 책을 통해 홀이 일관되게 유지하고 있는 기본 정서는 무엇보다도 인류의 미래에 대한 우려와 기대이다. 그는 공평무사한 사람으로 문화 간의 갈등, 나아가 인간 내면의 갈등을 바라보는 시각 또한 보편타당한 인지상정을 기반으로 한다. 그는 이렇게 말한다.

"모든 사람, 모든 문화에 등급을 매기는 일을 멈추어야 한다. 진리에 이르는 길은 여러 갈래로서 진리를 추구하는 데 어떤 문화가 다른 문화보다 불리하거나 유리한 점은 없다는 사실을 인정하지 않으면 안 된다."

컴퓨터가 하지 못하는 인간의 일이기에 번역은 어쩔 수 없이 오역을 면하지 못하리라는 변명을 덧붙인다. 독자 여러분의 관심 있는 지적을 기대한다.

옮긴이 최효선

숨겨진 차원

옮긴이의 말 ǀ 공간의 인류학을 위하여	17
머리말	27
1 커뮤니케이션으로서의 문화	33
2 동물의 거리조정	41
3 밀집과 동물의 사회적 행동	61
4 공간지각: 원격 수용기관―눈·귀·코	83
5 공간지각: 근접 수용기관―피부와 근육	95
6 시각 공간	113
7 지각의 단서로서의 예술	127
8 공간의 언어	147
9 공간의 인류학: 조직화의 모델	161
10 인간관계의 다양한 거리	175
11 문화적 맥락의 프록세믹스: 독일·영국·프랑스	197
12 문화적 맥락의 프록세믹스: 일본과 아랍세계	219
13 도시와 문화	239
14 프록세믹스와 인간의 미래	261
부록 제임스 깁슨의 13가지 원근법 개요	273
참고문헌	279
찾아보기	295

머리말

　일반적으로 진지한 독자의 흥미를 끄는 것은 두 가지 유형의 책이다. 하나는 특수한 지식체계를 전달하기 위해 씌어진 내용중심적인 책이고 다른 하나는 구조, 즉 일이 조성되는 방식을 다룬 책이다. 책을 쓰는 사람은 이 두 유형 중 어느 한쪽을 택하여 일관성을 유지하기가 힘들겠지만 그 차이점은 인지하고 있는 것이 바람직하다. 독자의 만족 또한 대개 그 표명되지 않은 기대에 좌우되기 때문에 독자에게도 이와 똑같은 말이 적용된다.

　숱한 정보원으로부터 넘쳐 흐르는 자료에 압도당하는 이 시대를 살고 있는 우리는, 사람들이 자기 자신의 분야조차 따라잡지 못하고 있다는 느낌을 받는 이유를 어렵지 않게 이해한다. 텔레비전의 존재에도 불구하고, 아니 어쩌면 바로 그것 때문에 사람들은 세상 전반사와의 연결에 상실감을 가진다. 과잉정보로 인해 급속히 변화하는 정보더미를 통괄하기 위한 조직적인 준거의 틀에 대한 필요성이 증가하고 있다.『숨겨진 차원』은 커뮤니케이션의 한 체계로서의 공간 및 건축과 도시계획의 공간적 측면에 대해 그러한 조직적인 하나의 틀을 제공하려는 시도이다.

이와 같은 유형의 책들은 어떤 학문분야에도 속하지 않기 때문에 특정한 독자나 분야에 국한되지 않는다. 적확한 해답을 구하는 독자나 내용과 전문분야에 따라 모든 것이 분명하게 분류된 것을 원하는 독자는 이 책의 학문지향성 결여에 실망할 것이다. 그러나 이 책이 초학문분야적일 수밖에 없는 이유는 공간이 모든 것과 연관되어 있기 때문이다.

사람들의 공간이용──사람들이 서로간에 유지하는 공간, 그리고 도시·가정·사무실에서 자기 주변에 설정하는 공간──에 관한 나의 연구를 책으로 내는 목적은 우리가 당연하게 여겨오던 바를 의식하도록 만듦으로써 자기인식을 증진시키고 소외감을 축소시키는 데 있다. 요컨대 사람들이 자기 자신을 아는 데 도움이 되었으면 하는 바람이다.

이 책의 구성에 대해 반드시 언급해두어야 할 점이 있다면 그것은 내가 인류학자로서 지니게 된 습관상 시원을 거슬러올라가 인간행동의 원천이 되는 생물학적 구조를 탐구한다는 것이다. 이러한 접근방법은 인류가 시종일관 하나의 생물학적 유기체라는 사실을 강조하는 것이다. 동물의 왕국에서 인간을 나머지 동물들과 구분짓는 간격은 사람들 대부분이 생각하는 만큼 크지 않다. 사실, 동물에 관한 지식이나 진화과정에서 생겨난 복잡한 적응기제에 관한 이해가 깊어질수록 이러한 연구방법들은 인간의 복잡다단한 문제를 해결하는 데 더욱 도움이 될 것이다.

나의 책들은 모두 **문화에 의해 형성된 경험의 구조**를 다룬 것인데 그것은 다름 아닌, 한 문화를 공유하는 구성원들이 부지불식간에 그를 바탕으로 의사소통을 하며 다른 모든 일들의 판단배경이 되는 표명되어 있지는 않지만 뿌리 깊고 공통된 경험을 말한다. 문화적 차원을 다양한 수준의 방대하고 복잡한 커뮤니케이션으로 이해해야 할 필요성은 사실 두 가지 이유 때문인데, 세계 도처의 사람들과 우리의 관계가 점차 증가하고 있다는 점과 미국 내에서도 농촌지역과 외국에서 많은 사람들이 도시로 유입되어 우리의 하부문화가 갈수록 혼용되그 있다는 점이다.

문화체계 간의 마찰이 국제관계에만 국한되지 않는다는 사실은 나날이 명백해지고 있다. 그러한 마찰은 미국 내에서 점차 중요한 비중을 차지해가며 도시밀집현상에 의해 악화되고 있다. 일반적인 생각과는 달리 미국을 구성하는 다양한 집단은 놀라울 정도로 자신들만의 독자적인 동일성을 고수하는 것으로 입증되어왔다. 피상적으로 보면 외모와 언어가 다소 흡사한 집단들이라 할지라도 그 저변을 살펴보면 시간·공간·물질·관계 등을 구성하는 방법에서 암묵의 비정형화된 복잡한 차이들이 존재한다. 문화가 다른 사람들이 접촉할 때 서로의 호의에도 불구하고 의미의 왜곡이 속출하는 이유는 바로 이러한 차이 때문이다.

이 책을 쓴 덕분에 나는 미국 전역에 초대받아 건축과 관련된 수백의 청중에게 강연하였으며 건축 프로젝트의 조언을 의뢰받았다. 그러한 대담과 자문은 계발적이었으며 사회변동에 관한 자료더미를 체계화하는 데 유익하였다. 내 목적의 하나는 공간을 단지 시각적으로만이 아니라 다감각적으로(multisensory) 경험하는 건축가들과의 의사소통이었는데 그들은 또한 자신의 시각적 상상력의 질과 강도에서 사물을 시각화하는 능력이 남다른 사람들이었다. 공사가 완료되기 전까지는 집이나 방, 정원, 거리의 교차 등을 시각화하지 못하는 사람들도 있는데 건축가들은 그러한 문제가 없기 때문에 건축가가 될 수 있었던 사람들이다. 그러나 그들이 곧잘 망각하는 점은 자신의 고객이 그러한 능력이 없을 수도 있다는 사실이다.

내 목표의 3분의 1은 다음과 같은 점을 단호히 역설하는 것인데, 그것은 건물과 도시가 사회적 부정의를 벌충할 수는 없다 해도 그리고 민주

주의의 역사(役事)에 필요한 것이 좋은 도시를 계획하는 것보다 훨씬 중요한 일이라 해도 인류와 그 연장물 사이에는 떼려야 뗄 수 없는 관계가 있다는 엄연한 사실이다. 천지개벽을 해도 인간세상에서는 공간을 배치(setting)하는 일이 있게 마련이며 그 배치된 구도(design)는 사람들의 공간구성작용에 뿌리 깊고 끈질긴 영향을 미친다.

내가 거둔 가장 큰 성과는 그러한 생각을 젊은 건축가들에게 확산시켜 왔다는 것이다. 내 연구성과는 부분부분 인정받고 적용되었지만 누구나 자신의 감각을 통하여 주변환경에 관한 모든 정보를 얻는다는 생각을 포함하는 체계화된 틀로 자리잡지는 못했다. 환경이 인간에게 미치는 영향력을 이해하려면 다양한 감각 및 감각을 통해 입력된 것들이 뇌에서 처리되는 방식에 관해 상당한 지식이 요구된다.

나는 항상 건축에서 미학이 중요하다는 점을 믿어왔지만 그렇다고 그 미학이 건물에 깃들여 사는 사람들보다 우선하는 것은 아니다. 불행히도 오늘날 대부분의 건물은 사람을 위한 디자인이 우선권이 낮다는 메시지를 단적으로 전달하고 있다. 모든 건축가나 설계가는 손익분기점에만 관심이 있는 재정전문가의 결정에 무력해지기 십상이다. 금전적인 산술은 근본적으로 인간적인 요구에 대한 이해나 그를 무시함으로써 치르게 될 궁극적인 대가를 고려하는 법이 거의 없다.

사람들은 자신이 중요한 존재이며 건축가와 설계가가 그러한 자신의 편안함을 염두에 두고 있는지 알고 싶어하지만 그 기본적인 메시지를 전해주는 구조는 드문 실정이다. 국제관계라는 맥락에서도 공간이라는 언어가 말이라는 언어 못지않게 다르다는 사실을 아는 것이 중요하다. 무엇보다도 중요한 점은 공간이 모든 생명체, 특히 인간에게 있어 기초적이고 근원적인 조직화된 체계의 하나라는 사실이다. 이러한 진술이

참인 근거를 밝히는 것이 바로 이 책의 주제이다.

무슨 책이든 출판되기까지는 없어서는 안 될 숱한 사람들의 적극적인 협조와 참여가 필요하다. 그들 중에는 항상 보다 분명한 역할을 담당한 특별한 분들이 있게 마련이며 그들의 도움 없이는 원고를 출판사에 넘기지조차 못할 것이다. 이 자리를 빌려 그분들의 기여에 감사드린다.

책을 쓰는 사람에게 무엇보다도 필요한 것은, 옆에 붙어앉아 그가 아는 내용과 글로 씌어진 내용을 명확하게 구분하지 못할 경우 필자의 성마름을 참아가며 그것을 지적해주는 사람이다. 나로서는 글쓰기가 수월한 일이 아니라서 일단 쓰기 시작하면 만사가 중단된다. 그런 탓에 다른 사람들은 큰 부담을 안을 수밖에 없다. 가장 먼저 감사해야 할 사람은 늘 그렇듯이 아내인 밀드레드 리드 홀인데, 그녀는 또한 내 작업파트너로서 여러모로 내 연구를 크게 도와주었기 때문에 종종 그 결과가 그녀의 것인지 나 자신의 것인지 분간하기 힘들 정도이다.

나는 국립정신건강연구소와 웨너-그렌 인류학연구재단으로부터 연구기금을 넉넉히 지원받았다. 또한 독특한 연구소인 워싱턴 정신의학교에도 특별한 감사를 드리고 싶다. 나는 수년 동안 그 학교의 연구원이자 임원으로 지내면서 그곳의 독창적인 연구를 접함으로써 지대한 덕을 입었다.

원고작성을 도와준 편집인들로는 로마 맥니클, 더블데이 출판사의 리처드 윈슬로와 안드레아 발칸, 아내 밀드레드 홀이 있다. 이들의 도움이 없었다면 이 책의 출판은 불가능했을 것이다. 또한 이 책의 삽화를 그려준 구드런 휴든과 주디스 욘커스에게도 값지고 충실한 도움을 받았다.

또한 다음과 같은 인용을 허락해준 분들에게도 감사를 드린다. 생텍쥐페리의 *Flight to Arras*와 *Night Flight*에 대해서는 Harcourt, Brace & World 출판사에게, 마크 트웨인의 *Captain Stormfield's Visit to Heaven*에 대해서는 Harper & Row 출판사에게, 제임스 깁슨의 *The Perception of the Visual World*에 대해서는 Houghton Mifflin 출판사에게, 프란츠 카프카의 *The Trial*과 가와바타 야스나리(川端康成)의 「설국」(雪國) 영역판(UNESCO 현대문학시리즈 가운데 Edward G. Seidensticker의 번역)에 대해서는 Alfred A. Knopf, Inc.사에게, 에드워드 사피어의 *The Status of Linguistics as a Science*에 대해서는 Language 잡지사에게, 워프의 *Science and Linguistics*에 대해서는 MIT에게, 또 워프의 *Language, Thought, and Reality*에 대해서는 The Technology Press와 John Wiley & Sons사에게, 에드먼드 카펜터의 *Eskimo*에 대해서는 토론토대학출판부에게, 에드워드 데비의 *The Hara and the Haruspex: A Cautionary Tale*에 대해서는 The Yale Review와 예일대학출판부에게 감사드린다.

이 책 제10장의 일부 내용은 전에 신경정신병연구협회의 학회보에 「사회적 커뮤니케이션에 있어서 침묵의 가설」이라는 제목의 기사로 실린 적이 있다. 재수록의 허용에 대해서도 깊이 감사드린다.

에드워드 홀

1 커뮤니케이션으로서의 문화

이 책의 중심적인 주제는 사회적 공간과 개인적 공간 그리고 그에 대한 인간의 지각이다. 나는 구체화된 문화의 역작(力作)으로서 인간의 공간사용법을 상호연관적으로 관찰하고 이론화하기 위해 프록세믹스(proxemics)라는 용어를 만들었다.

이 책에 전개되는 개념들은 독창적인 것은 아니다. 이미 53년 전에 보아스(Franz Boas)는 내가 주장하는 바, 커뮤니케이션은 문화의 핵심을 이루며 사실 삶 그 자체라는 견해의 기초를 놓은 적이 있다. 그 후 20년에 걸쳐 보아스 그리고 인도-유럽어를 사용하는 다른 두 인류학자, 사피어(Edward Sapir)와 블룸필드(Leonard Bloomfield)는 자신들의 언어와는 근본적으로 다른 아메리칸 인디언과 에스키모의 언어와 씨름하였다. 이 전혀 다른 두 언어체계 사이의 대조가 언어 자체의 성질에 관한 혁명을 불러일으켰다. 이전까지 유럽의 학자들은 인도-유럽어를 모든 언어의 모델로 여겨왔다. 마침내 보아스와 그의 계승자들은 어족(語族, language family)이 저마다 고유한 규칙을 지닌 폐쇄적인 체계임을 발견해냈으며, 그 각각의 패턴을 밝히고 설명하는 것이 언어학자의 임무라고 말했다. 언어학자는 자신이 연구하고 있는 언어에 자기 모국어의 드러나지 않은 규칙들을 투사시키는 함정에 빠지지 않도록 각별히 신경을 써야 한다.

1930년 대에 화학자이자 공학자면서 언어학 분야에는 아마추어인 워프(Benjamin Lee Whorf)는 사피어와 공동연구를 시작했는데, 호피(Hopi) 인디언과 쇼니(Shawnee) 인디언에 관한 연구를 근거로 한 그의 논문은 사고와 인식에 대한 언어의 관계에 혁명적인 의미를 부여한 바 있다. 그의 말에 의하면 언어는 단순히 생각을 표현하기 위한 매개체 이상이다. 사실 언어란 사고의 형성에 작용하는 주요 요소이다. 나아가 오늘날의 비근한 예로 보자면 인간의 주변세계에 대한 인식은 컴퓨터가 프로그램되어 있듯이 자신이 말하는 언어에 의해 프로그램화된다. 컴퓨터와 마찬가지로 인간의 정신도 그 프로그램에 따라서만 외부의 실질을 기록하고 구성하게 된다. 언어에 따라 동일한 부류의 사건이 전혀 다르게 프로그램되는 경우가 종종 있기 때문에 어떤 신념이나 철학체계든 그 언어를 떠나 생각해서는 안 된다.

워프가 생각한 내용의 의미는 최근에 와서야 몇몇 사람들에게만 밝혀지게 되었다. 그 의미들을 이해하기는 힘들지만 곰곰이 생각해보면 다소 놀라운 것이었다. 워프의 주장은 사람들이 자기가 말하고 있는 언어를 당연시하는 한 누구나 그 언어의 포로일 수밖에 없다는 사실을 지적하고 있기 때문에 인간의 '자유의지'설을 뿌리째 뒤흔드는 것이었다.

이 책과 이보다 앞서 출판된 『침묵의 언어』의 주제는 워프와 그의 동료 언어학자들이 언어와 관련해 주장한 원칙들이 나머지 모든 인간행동, 사실 모든 문화에도 적용된다는 것이다. 우리는 모든 사람이 공유하는 경험을 통해 언어와 문화의 장벽은 언제 어떻게든 피할 수 있으며 경험에 의지하면 자기와 다른 인간과도 통할 수 있다고 오랫동안 믿어왔다. 경험과 관련된 인간의 이러한 암묵적인(종종 명시적인) 신념이 근거 삼고 있는 가설은, 같은 '경험'을 하는 인간들의 각 중추신경계에는 동일한 자료가 입력되며 뇌에 기록되는 것도 비슷하다는 것이다.

프록세믹스의 연구는 특히 문화가 다른 경우, 이 가설의 타당성에 진지한 의문을 던지는 것이다. 이 책의 제10장과 제11장에서는 다른 문화에 속한 인간은 다른 언어를 말할 뿐만 아니라, 더욱 중요할지도 모르는 것은, 상이한 감각세계에서 살고 있다는 사실을 설명하고 있다. 문화에 따라서 감각자료의 선별기능(selective screening)이 여과시키는 대상도 달라지기 때문에 문화마다 패턴화(양식화)된 감각 스크린을 통과하여 인지되는 경험도 전혀 다르다. 인간이 창조하는 건축물과 도시환경은 이러한 선택적 여과 과정의 표현들이다. 실제로 인간이 변화시켜놓은 그러한 환경을 통하여 사람들이 감각을 사용하는 방식이 얼마나 다른지도 알 수 있다. 그러므로 경험에 의지해서 어떤 확고한 참고기준을 세울 수는 없는 노릇이다. 왜냐하면 경험이란 여태껏 인간이 만들어낸 환경에서 일어나기 때문이다.

제4장에서 제7장에 걸쳐서는 이러한 맥락에 따른 감각의 역할을 설명했는데, 이 논의에는 독자의 이해를 위해 인간이 그 인식세계를 구축하는 데 사용하는 장치에 관한 약간의 기본적인 자료가 포함되어 있다. 이러한 방식으로 감각을 설명하는 것은 말하기 과정을 이해하기 위한 기초로서 발성기관을 설명하는 것과 유사하다.

사람들이 생물 그리고 무생물의 주변환경과 상호작용할 때 사용하는 감각이 민족에 따라 어떻게 다른지 살펴보면, 예컨대 아랍인과 미국인의 차이 같은 것들에 대한 구체적인 자료를 얻을 수 있다. 요컨대 그 상호작용의 원천에서부터 감각의 취사선택 작용이 크게 다르다는 것을 간파할 수 있다.

나는 지난 5년간의 연구를 통해 미국인과 아랍인은 대체로 상이한 감각세계에 살고 있으며 대화 중에 유지하는 거리에서조차 느끼는 감각이 다르다는 사실을 입증하였다. 나중에 살펴보겠지만 아랍인은 미국인에 비해 후각과 촉각을 많이 사용하며 감각자료를 해석하고 결합시키는 방식 또한 다르다. 아랍인이 자아(ego)와 관련해 신체를 느끼는 경험마저도 우리와는 분명 다르다. 미국에서 아랍 남성과 결혼하여 그의 인격 중 미국에서 습득된 측면만을 알고 있던 미국 여성이 남편의 고국으로 돌아가 생활하게 되면, 이내 아랍식 커뮤니케이션에 젖어들어 그 지각작용에 사로잡히는 남편의 전혀 다른 인격을 관찰하게 되는 경우가 많다. 말하자면 그 남편은 여러 가지 의미에서 전혀 다른 사람이 되는 것이다.

문화적 체계가 행동을 근본적으로 다른 방식으로 양식화(패턴화)한다는 사실에도 불구하고 그 체계들은 생물학과 생리학에 깊이 뿌리내리고 있다. 인간은 놀랍고도 특이한 과거를 지닌 유기체로서 내가 명명한 바 있는 인간의 '연장물'(延長物, exten-sion)을 정교하게 만들어왔다는 사실에 의해 다른 동물과는 구별된다. 인간은 자신의 연장물들을 발전시킴으로써 다양한 기능을 개선시키고 정교화할 수 있었다. 예컨대 컴퓨터는 두뇌의 부분적인 연장물이고 전화는 음성을, 바퀴는 다리와 발을 연장시킨 것이다. 시간적으로나 공간적으로 경험을 연장시킨 것이 언어라면 쓰기(기록)는 언어의 연장이다. 인간은 자신의 연장물들을 너무나 정교하게 만들어왔기 때문에 그 인간성이 동물적 본성에 뿌리를 두고 있다는 사실을 망각하는 경향이 있다. 인류학자인 라 바르(Weston La Barre)는 인간의 진화가 신체로부터 연장물로 이전되어 이루어짐으로써 그 진화과정이 엄청나게 가속화되었다고 지적한 바 있다.

그러므로 현대문화의 일부인 프록세믹스 체계를 관찰하고 기록하고 분석하기 위해서는 그 체계들이 기초하고 있는 행동체계를 고찰할 때 반드시 초기의 생활형태에서 나타난 바를 고려해야 한다. 이 책의 제2장과 제3장에서는 공간과 관련된 동물의 행동 중에서도 더욱 복잡하게 발달된 인간의 행동을 고찰하는 데 유용한 기초와 전망을 제시하고자 했다. 이 책에 수록된 자료에 대한 생각과 해석의 대부분은 동물행동학자, 즉 동물의 행동 및 생명체와 그 환경의 관계를 연구하는 과학자들이 최근 몇 년 동안 이루어낸 커다란 진보에 영향을 받은 것들이다.

동물행동학의 연구결과에 비추어 보면, 결국 인간이란 자신의 연장물들을 계발하고 정교화시켜 신속하게 대체시킴으로써 자연을 지배하는 수준까지 이른 유기체로 보는 것이 합당하리라. 다시 말해서 인간은 하나의 새로운 차원, 즉 문화적 차원을 창조해왔는데 프록세믹스는 그 일부에 지나지 않는다. 인간과 문화적 차원의 관계는 **인간과 그의 환경이 서로를 만들어내는 데 참여하는** 관계이다. 이제 인간은 사실 동물행동학자들이 생활권(biotope)이라고 지칭하는, 인간이 살아가는 세계 전체를 창조하는 위치에 있다. 그 세계를 창조하는 과정에서 인간은 실질적으로 **스스로 되고자 하는 유기체의 모습을 결정해나가는** 것이다. 이 점은 인간이 자신에 관해 아는 바가 거의 없다는 견지어서 놀라운 생각임에 틀림없다. 또한 이 점을 깊이 되새겨 보면, 우리의 도시가 그 슬럼가, 정신병원, 감옥, 외곽지대에서 각기 다른 유형의 사람들을 만들어내고 있다는 것을 의미한다. 이러한 미묘한 상호작용으로 인해 도시를 재개발한다거나 소수집단을 주류문화에 통합시키거나 하는 문제들이 흔히 예상 밖으로 어려워지는 것이다. 마찬가지로 우리가 이른바 세계 저개발 국가의 기술개발과정에서 혼선을 빚고 있는 것도 각 민족과 그 생활권의 관계를 충분히 이해하고 있지 못하기 때문이다.

  문화가 다른 사람들이 만나 관계를 맺게 되면 어떤 일이 벌어지는가? 나는 『침묵의 언어』에서 커뮤니케이션은 완전한 의식상태에서 무의식에 이르기까지 다양한 의식수준에서 동시적으로 이루어진다고 말한 바 있다. 최근 들어 이 견해를 더욱 확산시킬 필요가 생기고 있다. 사람들이 의사소통을 할 때에는 단순히 대화를 공처럼 주고받는 것 이상으로, 나뿐만 아니라 다른 이들의 연구에 의하면, 마치 비행기의 자동조종장치처럼 대화에도 문화적 조건에 따라 교묘하게 조절되어 생활의 안정을 유지시키는 일련의 자동제어장치가 개재되어 있다. 자신의 말과 행동에 반응하는 상대방의 태도에 나타나는 미묘한 변화에 민감해지는 것은 누구나 마찬가지다. 대개의 경우 사람들은 내가 명명한, 커뮤니케이션의 예시적 또는 전조적인 부분이 겨우 인지될 정도의 불안감의 징후로부터 노골적인 적대감으로 고조되는 것을 피하고자 처음에는 무의식적이지만 나중에는 의식적으로 노력하게 된다. 동물의 세계에서 이 예시적인 과정이 단축되거나 생략될 경우 격렬한 싸움이 유발되기 쉽다. 인간세계에서는 서로 다른 민족과 문화가 상호관계하는 장에서 이러한 예시를 제대로 읽어내지 못함으로써 발생하는 숱한 곤란을 추적할 수 있다. 그 경우 사람들은 그 사태를 제대로 파악하기도 전에 이미 심각해질 대로 심각해져 돌이킬 수 없는 지경에까지 이르게 된다.

  이어지는 장들에서는 무엇보다도 대화하는 양측 모두 각자가 다른 지각세계에 살고 있다는 점을 의식하지 못하기 때문에 커뮤니케이션의 장애가 되는 여러 사례들을 수록하였다. 또한 양측은 저마다 상대의 언사를 (무의식적인) 행동과 배경까지 아우르는 맥락에서 해석하게 되므로 결국 처음의 우호적인 분위기를 긍정적으로 이끌어나가려는 노력은 흐지부지되거나 아예 사라지고 마는 경우도 있다.

사실, 오늘날 로렌츠(Konrad Lorenz) 같은 동물행동학자들은 삶에서 공격성은 필수적인 요소이며 그것이 없었다면 현재와 같은 삶은 아마 불가능했으리라고 믿는다. 일반적으로 공격성은 동물들이 적절한 간격(공간)을 유지하게 함으로써 지나친 번식을 방지하 주변환경이 파괴되는 것을 막고 환경과 조화를 이루며 살아가도록 이끈다. 수가 늘어나 지나치게 밀집되면 상호작용이 강화되고 그에 따라 스트레스도 점점 커진다. 심리적으로나 정서적으로 스트레스가 쌓이면 인내심이 줄어들고 미세하지만 강력한 변화들이 신체의 화학반응을 일으키게 된다. 사망률이 급격히 늘어나는 반면 출생률은 줄어들어 이른바 인구격감사태가 발생하게 된다. 그와 같은 증가와 격감의 순환주기는 이제 온혈 척추동물뿐만 아니라 모든 생명체에서도 일반적으로 자연스러운 현상으로 인지되고 있다. 속설과는 달리 식량공급은 그와 같은 순환주기에 간접적으로밖에 연관되어 있지 않다는 사실이 크리스천(Johr. Christian)과 윈-에드워즈(V.C. Wynne-Edwards)에 의해 입증되었다.

인간은 문화를 발전시키면서 스스로 길이 들었고 그 과정에서 각기 다른, 일련의 전혀 새로운 세계를 창조하였다. 각각의 세계는 고유의 감각적 입력(inputs)을 지니기 때문에 사람들의 이목을 집중시키는 대상도 문화에 따라 다르게 마련이다. 마찬가지로 어떤 민족에게는 공격성을 유발시켜 스트레스를 주는 행동이 다른 민족에게는 정당한(neutral) 행동일 수도 있다. 이 점에도 불구하고 미국 도시에 모여사는 흑인들과 에스파냐 문화권 민족들이 심각한 스트레스를 받고 있다는 사실은 명약관화하다. 그것은 그들이 적합하지 않은 환경에 살고 있기 때문만이 아니라 그들의 스트레스가 스스로 감당할 수 있는 한계를 넘어섰기 때문이다. 미국은 이 두 집단의 창조적이고도 감각적인 사람들이 파괴되어가는 과정에서 마치 삼손이 그랬듯이 우리 모두가 깃들여 있는 구조를 붕괴시킬지도 모를 위험에 처해 있다. 그러므로 이 나라가 파국을 면하기 위해서 건축가와 도시계획자 그리고 건축업자가 반드시 주지해야 할 점은, 인간의 프록세믹한(적절한 공간을 유지하고자 하는) 욕구를 거의 무시한 채 이루어지고 있는 현행의 도시건설을 재고하여 인간을 그 환경과 맞물린 존재로서 다시 생각하지 않으면 안 된다는 것이다.

돈을 벌어 정부를 지탱하는 세금을 내고 있는 사람들에게 말하건대, 우리의 도시를 재건하는 비용이 아무리 많이 든다 해도 미국이 살아 남기 위해서는 치를 수밖에 없다. 우리의 도시를 재건하는 데 무엇보다도 중요한 점은, 인간의 욕구에 대한 이해 및 미국의 각 도시에 거주하는 상이한 민족집단의 다양한 감각세계에 관한 인식을 도모하는 연구에 기초하지 않으면 안 된다는 것이다.

이어지는 장들에서는 인간의 본성 및 인간과 그 환경의 관계에 관한 기본적인 메시지를 전하고자 했다. 그 메시지란 다음과 같다.

인간이 처한 상황에 대한 우리의 안목을 수정하고 확장해야 할 필요성, 말하자면 타인에 대해서만이 아니라 우리 자신에 대해서도 보다 포용력 있고 현실적일 필요성이 크다. 그러기 위해서 우리는 활자화되고 언표되는 커뮤니케이션 못지않게 무언중에 주고받는 커뮤니케이션을 수월히 읽어내는 법을 익혀야 한다. 그렇게 하지 않고는, 국내외를 막론하고 다른 민족과의 접촉이 늘어나면서 그러한 필요성이 증가하고 있는 이때 그들을 이해할 길이 없는 것이다.

2 동물의 거리조정

　공간에 대한 인간의 요구가 얼마나 그 환경으로부터 영향을 받는가를 알기 위해서는 동물과의 비교연구가 도움이 된다. 인간을 대상으로 해서는 결코 기대할 수 없는, 이용가능한 공간의 크기에 따라 변화하는 행동의 방향·정도·내용을 동물을 대상으로 관찰할 수 있는 것이다. 동물의 세대간격은 비교적 짧기 때문에 동물을 이용하면 시간을 가속화할 수 있다. 예컨대 한 과학자가 40년 동안 관찰할 수 있는 생쥐는 440세대를 거치지만 인간은 고작 2세대에 그친다. 그리고 물론 동물의 생명에 대해서는 비교적 냉정한 태도를 취할 수 있다.

　게다가 동물은 자기 행동을 합리화시킴으로써 문제를 흐려 놓는 일이 없다. 동물은 자연스러운 상태에서 놀라우리만큼 일관적인 태도로 반응하기 때문에 반복적인 행위, 사실 동일한 행위를 관찰할 수 있다. 특히 동물이 공간을 다루는 방식에 국한하여 관찰한 연구결과를 인간의 상황에 적용함으로써 얻을 수 있는 지식은 엄청난 것이다.

　동물의 행동을 연구하는 데 하나의 기본개념이 되는 영토권이란, 한 생명체가 특징적으로 한 영역을 설정하여 동일 종의 다른 구성원으로부터 그것을 방어하는 행동이라고 일반적으로 정의되어 있다. 이 용어는 영국의 조류학자인 하워드(H. E. Howard)의 1920년판 저서『조류의 생활에 나타난 영토권』(*Territory in Bird Life*)에서 처음 설명된 최신 개념이다. 이보다 훨씬 앞서 17세기의 박물학자들도 하워드가 영토권의 표명으로 인지한 다양한 사례들을 서술해 놓은 바 있지만 그는 그 개념을 상세히 설명하고 있다.

영토권의 연구는 이미 동물의 생활뿐만 아니라 인간의 생활에 대한 기본개념을 많이 바꾸어 놓고 있다. "새처럼 자유롭다"는 표현은 자연과의 관계에 대한 인간의 개념을 요약한 말이다. 그렇게 말한 사람은, 자신은 사회에 감금되어 있지만 동물들은 세계를 자유롭게 돌아다닌다고 생각하는 것이다. 그러나 우리는 영토권 연구를 통하여 오히려 그 역이 진실에 가까우며 동물들은 자신의 영토에 갇혀 있는 경우가 많다는 사실을 알게 된다. 만약 프로이트(Freud)에게 동물과 공간의 관계에 관해 오늘날 밝혀진 지식이 있었더라면, 과연 그가 인간의 진보를 문화적으로 부과된 금기에 의해 억압된 에너지의 승화 덕으로 보았을지 의심스럽다.

영토권이란 개념에는 중요한 내용이 많이 표현되어 있으며 계속해서 새로운 내용이 발견되고 있다. 취리히의 저명한 동물심리학자 헤디거(H. Hediger)는 영토권의 가장 중요한 측면들을 서술하면서 그것이 작용하는 다양한 메커니즘을 간명하게 설명해 놓았다. 그에 의하면 영토권은 밀도를 규제함으로써 종의 번식을 보장해준다. 영토권은 행동이 이루어지는 테두리, 이를테면 학습장소·놀이터·은신처를 정해줌으로써 한 집단의 활동을 조정하고 집단을 결속시킨다. 동물들은 영토권에 의해 서로 의사소통이 가능한 거리를 유지함으로써 식량이나 적의 출현을 즉시 알릴 수 있는 것이다. 자신의 영토를 차지하고 있는 동물은 지형적 특징에 대한 일련의 반사작용을 발달시킬 수 있다. 그러한 동물들은 위험이 닥칠 경우 따로 숨을 곳을 찾지 않고도 홈그라운드의 이점을 살려 자동적으로 반응하게 된다.

최초로 자연환경에서 원숭이를 관찰했던 심리학자 카펜터(C. R. Carpenter)는 종의 보전과 진화에 관련된 중요한 기능을 포함하여 영토권의 32가지 기능을 열거했다. 그 목록은 완벽한 것도 모든 종을 대표하는 것도 아니지만 하나의 행동체계, 즉 해부학적 체계가 진화해온 방식과 아주 흡사하게 진화해온 체계로서 영토권이 지닌 근본적인 성격을 지적하고 있다. 사실 영토권의 차이는 이미 광범위하게 인정되고 있으므로 해부학적 특징에 못지않게 종을 구별하는 근간으로 이용되고 있다.

영토권은 약탈자로부터 종을 보호하기도 하지만 영토를 수립하고 방어하지 못할 정도로 약한 부적합자를 약탈에 노출시키기도 한다. 그리하여 덜 지배적인 동물일수록 영토를 수립하지 못하는 경향이 있기 때문에 영토권은 선택적으로 번식한 종의 지배를 강화시킨다. 한편으로 영토권은 안전한 삶의 터전을 제공해줌으로써 번식을 원활하게 해주며 보금자리와 그 안의 새끼를 편안히 보호해준다. 어떤 종들은 오물을 한 곳에 처리하여 기생충을 억제하고 예방한다. 그러나 무엇보다도 가장 중요한 영토권의 기능은 적절한 공간확보로서 이것은 한 종의 생존이

걸려 있는 환경의 과잉착취를 막아준다.

종과 환경의 보전 이외에 개인적·사회적 기능도 영토권과 관련이 있다. 카펜터는 영토권의 맥락에서 성적(sexual) 활력과 지배력의 상대적인 역할을 조사하여 다음과 같은 사실을 알아냈다. 성적 매력이 상실되면 대개 사회적인 지위도 박탈되게 마련이지만 그러한 암비둘기라 할지라도 자신의 영토 내에서는 정규적으로 정상적인 수비둘기와 시험적인 조우를 하게 된다. 그러므로 비록 지배적인 동물들이 종이 발전하는 전반적인 방향을 결정하기는 해도 지배받는 동물들도 자신의 보금자리를 얻어 번식할 수 있다는 사실이야말로 종의 다양성을 넓히고 그리하여 지배적인 동물들이 진화의 방향을 동결시키지 않도록 예방함으로써 종의 유연한 적응력을 유지하도록 돕는 것이다.

영토권은 지위와도 관련이 있다. 영국의 조류학자 베인(A. D. Bain)은 박새를 대상으로 행한 일련의 실험을 통해 먹이 위치의 변화에 따라 이웃 새들과의 관계가 달라지거나 뒤바뀌기까지 한다는 것을 알아냈다. 즉 먹이 위치가 어떤 새의 둥지에 가까워질수록 그 홈그라운드에서 멀리 떨어져 있을 때에는 누리지 못했던 이점이 저절로 생기게 된다.

인간 역시 영토권을 가지며 자신의 땅·영역·터전으로 여기는 것을 방어하는 다양한 방식을 고안해왔다. 대개 서구세계에서는 경계표지를 제거하거나 남의 소유권을 침범하는 행위는 처벌대상이다. 영국의 수세기에 걸친 관습법에 의하면 사람의 가옥은 그의 성(castle)이며 법에 의하지 않고는 정부관리라 할지라도 수색하거나 압수할 수 없도록 보호받고 있다. 개인의 영토인 사유지와 집단의 영토인 공유지의 구분 또한 엄밀하다.

이렇게 영토권의 기능을 대략 훑기만 해도 그것이 인간을 포함한 모든 생명체에 특징적인 하나의 기본적 행동체계라는 사실을 충분히 입증하고도 남는다.

동물의 공간유지법칙

특정 구획으로 확인할 수 있는 영토 외에도 동물들은 제각기 개체간의 적절한 간격을 유지하도록 해주는 일련의 거품이나 불규칙한 형태의 풍선으로 둘러싸여 있다. 헤디거는 대부분의 동물이 제각기 다른 형태로 이용하는 것으로 보이는 그와 같은 다양한 거리를 밝혀내어 설명해 왔다. 그 가운데 도주거리와 치명적 거리는 다른 종의 개체들이 마주칠 때 이용되는 거리인 반면, 개인적 거리와 사회적 거리는 같은 종의 개체끼리 상호작용하는 동안 관찰할 수 있는 거리이다.

도주거리

관찰력이 예리한 사람이라면 야생동물이 사람이나 다른 힘센 적이 일정 거리에 접근할 때까지는 잠자코 있다가 그 이상 다가가면 달아난다는 사실을 알아차릴 것이다. '도주거리'란 이러한 종들간의 공간유지법칙(spacing mechanism)을 두고 헤디거가 만든 용어이다. 대체로 동물의 크기와 그 도주거리 사이에는 명확한 연관성이 있다. 즉 몸집이 큰 동물일수록 자신과 적 사이에 유지해야 하는 거리가 커지는 것이다. 영양은 침

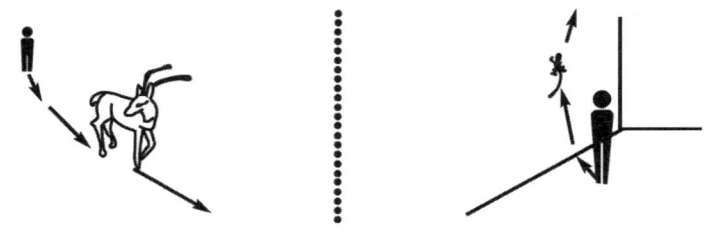

입자가 500야드 밖에만 있어도 달아나는 반면 도마뱀의 도주거리는 6피트 정도이다.

물론 그 밖에도 약탈자에 대처하는 방법, 이를테면 변장, 방호기관이나 가시, 공격적인 냄새 등이 있지만 도주는 움직이는 생물의 기본적인 생존 기제이다. 동물을 길들이기 위해서는 그 도주반응을 제거하거나 대폭 약화시키지 않으면 안 된다. 동물원의 동물들이 사람을 겁내지 않고 돌아다니고 자고 먹기 위해서는 그 도주반응이 충분히 개조되어야 한다.

인간은 스스로 길들여진 동물이지만 그 순화과정은 부분적으로 이루어질 따름이다. 그 점은 동물의 도주반응과 매우 흡사한 경험을 하는 것으로 보이는 특정한 정신분열증 환자를 통해 확인할 수 있다. 그런 환자들은 사람이 아주 가까이 다가가면 동물원에 갇힌 지 얼마 안 되는 동물 같은 모습으로 겁을 먹는다. 그와 같은 환자들이 자신의 느낌을 설명할 때면 문자 그대로 **자신의 내면**에서 일어나는 바를 자신의 '도주거리' 내에서 발생한 일처럼 말한다. 말하자면 자아의 경계를 신체 외부로 확장시키는 것이다. 정신분열증 환자를 다루는 치료사들이 그러한 경험을 기록한 것을 보면 우리가 알고 있는 자아실현이란, 경계를 명확히 하는 과정과 밀접하게 연관되어 있음을 알 수 있다. 그러한 경계와 자아의 관계는 제11장에서 다루게 될 이문화간의 교류라는 맥락에서도 똑같이 관찰될 수 있다.

치명적 거리

치명적 거리 또는 지대는 도주반응이 나타나는 데에는 언제 어디서나 존재한다. '치명적 거리'(critical distance)란 공격거리와 도주거리가 구분되는 빙둘러진 협소한 지대를 말한다. 동물원의 사자는 사람이 접근하면 뛰어넘을 수 없는 장애물에 닿을 때까지 달아난다. 그러나 사람이 계속 접근하여 마침내 사자의 치명적 거리 안까지 침범하게 되면 궁지에 몰린 사자는 그 지점에서 방향을 바꾸어 슬며시 사람에게 다가오기 시작한다.

서커스의 전형적인 동물쇼에서는 사자와 사람 사이에 의자같이 매개적인 장애물을 두어 사자의 접근을 교묘하게 조작한다. 조련사는 사자를 의자에 머물게 하기 위해 어느 지점까지 다가서다가 재빨리 치명적 거리 밖으로 물러서는데 사자는 바로 그 지점에서 추적을 중지한다. 조련사의 의자·채찍·총 같은 근사한 '방어' 장비들은 모두 눈속임에 불과하다. 헤디거는 자기가 알고 있는 동물들의 치명적 거리는 매우 정확하여 센티미터로 잴 수 있을 정도라고 말한다.

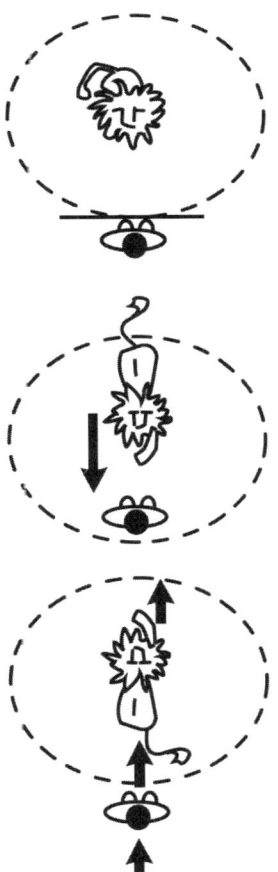

접촉성 동물과 비접촉성 동물

공간의 이용과 관련해서 동물의 세계에서는 기본적이고도 때로는 설명이 불가능한 이분법을 관찰할 수 있다. 떼지어 몰려다니면서 신체접촉을 필요로 하는 종이 있는가 하면 접촉을 철저히 기피하는 종도 있다. 어떤 종이 어느 범주에 속하는지 분류할 수 있는 명확한 원칙은 없지만 대개 바다코끼리, 하마, 돼지, 갈색박쥐, 잉꼬, 고슴도치 등이 접촉성 동물에 속하고 말, 개, 고양이, 쥐, 사향뒤쥐, 매, 검정머리 갈매기 등이 비접촉성 동물에 속한다. 흥미로운 점은 밀접한 인척관계의 동물들도 다른 범주에 속할 수 있다는 것이다. 예컨대 황제펭귄은 접촉성 동물로서 대집단으로 떼지어 돌아다니면서 서로 몸을 비벼 체온을 보전함으로써 추위에 대한 적응력을 키운다. 이들의 서식지는 남극의 광범위한 지역에 퍼져 있다. 그런데 이보다 작은 아델라이 펭귄은 비접촉성 동물이기 때문에 황제펭귄에 비해 추위에 대한 적응력이 다소 떨어지고 그 서식지도 보다 제한적이다.

접촉행위가 그 밖에 어떤 기능을 하는지는 알려져 있지 않지만 과감히 추측해보건대, 접촉성 동물들은 서로 더 '긴밀하게 연관'되어 있으므로 그들의 사회조직이나 어쩌면 환경에 대한 이용태도가 비접촉성 동물의 그것과는 다를지도 모른다. 생각건대 비접촉성 동물들은 밀집에 의한 스트레스에 비교적 약할 것이다. 모든 온혈동물은 접촉단계에서 삶을 시작하는 것이 분명한데 비접촉성 동물의 대부분은 부모품에서 떠나자마자 이 단계를 벗어나 혼자가 되므로 이 단계는 일시적인 데 불과한 것이다. 그렇지만 양쪽 모두 생명주기상 이미 그 시점부터 개체 간에 일정한 공간을 유지하고 있음을 관찰할 수 있다.

개인적 거리

　개인적 거리란 비접촉성 동물들이 자기들끼리 보통 유지하는 거리를 두고 헤디거가 붙인 용어이다. 이 거리는 생명체를 에워싸는 보이지 않는 거품으로 작용한다. 그 거품 밖에서는 각 생명체의 거품이 겹쳐질 때만큼 서로 긴밀하게 개입되어 있지 않다. 사회조직은 개인적 거리의 한 요인이다. 이를테면 지배적인 동물들은 사회적 위계에서 낮은 지위를 점하는 동물들보다 개인적 거리가 더 넓은 편인 반면, 복종적인 동물들은 지배적인 동물들에게 공간을 양보하는 모습이 관찰된 바 있다. 호주의 낙농학 교수 맥브라이드(Glen Mcbride)는 가금류의 공간관계가 지배의 한 기능임을 상세히 관찰해왔다. 그의 '사회조직과 행동' 이론에서 공간관리는 중요한 요소 중 하나다. 개인적 거리와 지위의 상관관계는 다양한 형태로 척추동물세계 전반에 걸쳐 다양한 양태로 나타나는데 조류와 대부분의 포유동물에 관한 보고가 있으며, 특히 나고야 부근의 일본 원숭이 센터에서 지상서식종인 구세계(Old World) 원숭이군(群)에 대한 연구보고도 있다.

　공격성은 척추동물의 구조상 불가결한 요소이다. 강하고 공격적인 동물이 저보다 약한 상대를 제거할 수 있다. 공격성은 자기과시와도 관련이 있는 것으로 보이는데 공격적인 동물일수록 자기과시에 열심이다. 또한 그런 이유로 과시와 공격성은 자연선택의 과정에서 보조적인 역할을 수행한다. 그렇지만 종의 생존을 보장하기 위해서는 공격성이 규제될 필요가 있다. 그 규제는 위계질서를 발달시키거나 공간유지법칙을 확립시키는 두 가지 방식으로 가해질 수 있다. 동물행동학자들의 일치된 견해에 따르면 후자가 보다 원시적인 방법인데 그 이유는 지극히 단순할뿐만 아니라 융통성도 떨어지기 때문이다.

사회적 거리

사회적 동물은 끊임없이 서로 접촉할 필요가 있다. 집단과의 접촉이 단절되면 약탈자에게 노출되는 등 여러 이유에서 치명적일 수 있다. 사회적 거리란 단순히 한 동물이 자기 집단과의 접촉이 끊어지는 거리, 즉 더 이상 자기 무리를 볼 수도, 들을 수도, 냄새를 맡을 수도 없을 정도로 떨어진 거리를 말하는 것이 아니라 오히려 무리의 한계를 벗어나 불안감을 갖기 시작하는 심리적인 거리를 말한다. 그것은 한 집단을 결속시키는 보이지 않는 끈이라고 생각할 수 있다.

사회적 거리는 종에 따라 달라서 플라밍고처럼 몇 야드에 불과할 정도로 짧은 새도 있지만 상당히 먼 새들도 있다. 미국의 조류학자 길리아드(E. Thomas Gilliard)는 암수가 떨어져 사는 정원사새(bowerbird: 『문화를 넘어서』 제2장 참조-옮긴이)의 수컷무리가 어떻게 "수천 피트 상공에서도 힘찬 휘파람과 거칠게 끽끽대는 소리로" 서로 접촉을 유지하는지 이야기한다.

사회적 거리는 항상 엄격하게 고정되어 있는 것이 아니라 부분적으로 상황에 의해 결정되는 것이다. 원숭이나 인간의 어린 것이 기어다니기는 하지만 아직 엄마의 목소리를 듣고 행동할 정도가 아닐 때 그 사회적 거리란 엄마의 손길이 미칠 수 있는 거리가 될 것이다. 이 점은 동물원의 비비(baboon)에게서 쉽게 관찰된다. 새끼가 어느 지점까지 나아가면 어미는 팔을 뻗쳐 새끼의 꼬리끝을 잡아당겨 자기에게 되돌아오도록 한다. 위험 때문에 통제를 강화할 필요가 생기면 사회적 거리도 단축된다. 이 현상을 인간에게서 찾아보려면 올망졸망한 아이들의 손을 꼭 잡고 번화가의 건널목을 건너는 가족을 보는 것으로 충분하다.

인간의 사회적 거리는 전화·TV·워키토키 등으로 연장되어 있으므로 상당한 거리를 둔 집단의 행동도 통합시킬 수 있다. 사회적 거리가 확대됨에 따라 최근에야 연구에 착수한 방식에 의해 사회적·정치적 제도가 재편되고 있다.

인구조절

북해(the North Sea)의 찬 바닷물에는 게의 일종인 히아스 아라네우스(Hyas araneus)가 살고 있다. 이 동물의 현저한 특징은 생명주기상 어느 단계가 되면 동종의 다른 게들에 대해 무방비 상태가 되고 일부는 희생되어 전체 숫자를 꾸준히 감소시킨다는 점이다. 주기적으로 게가 껍질을 벗는 시기가 오면 그 유일한 방어책은 여전히 단단한 껍질 단계에 있는 게들로부터 떨어져 있는 거리뿐으로, 껍질 있는 게가 그렇지 않은 게의 냄새를 맡을 정도로 접근하면, 즉 일단 후각의 경계를 통과하기만 하면 단단한 껍질의 약탈자에게 즉시 먹히고 만다.

히아스 아라네우스는 '치명적 공간'과 '치명적 상황'에 대한 적절한 사례를 제공한다. 이 용어를 처음으로 사용한 프랑크푸르트 자연사박물관장 셰퍼(Wilhelm Schäfer)는 기초적 생명과정을 이해하기 위한 연구의 일환으로 생명체가 공간을 다루는 방식을 최초로 조사한 사람이다. 그의 1956년도 연구는 생존의 위기에 관심을 돌리게 만든 독특한 것이었다. 그에 의하면 동물사회는 치명적 밀도에 달할 때까지 계속 증가하다가 그 사회의 생존문제에 직면할 정도의 위기에 처하게 된다. 셰퍼의 중요한 공헌은 생존위기들을 분류하고 하등동물들이 그러한 위기를 몰고 온 과밀현상에 대처하는 다양한 방식의 패턴을 발견한 것이다. 셰퍼는 인구조절이 그 밖의 중요한 생명문제들과 연관되는 과정을 분석하였다.

이미 살펴보았듯이 모든 동물은 최소한의 공간적 요구를 갖는데 그것이 충족되지 않으면 생존이 불가능하다. 그것이 바로 생명체의 '치명적 공간'으로, 인구가 크게 증가하여 더 이상 그 공간을 확보할 수 없게 되면 '치명적 상황'이 벌어지게 된다. 그 상황을 가장 간단하게 해결하는 방법은 개체를 일부 제거하는 것이다. 그것은 다양한 방식으로 이루어질 수 있는데 그 일례를 히아스 아라네우스가 보여주고 있다.

게는 고독한 동물이다. 성장단계에서 번식을 위해 다른 게를 만나야 할 시기가 오면 그놈들은 냄새로 서로를 구별한다. 그러므로 그 종의 생존은 서로 냄새를 맡을 수 있는 거리를 크게 벗어나지 않고 돌아다니는 것에 달려 있다. 그러나 게들에게 필요한 치명적 공간 역시 정해져 있다. 치명적 공간이 확보되지 않을 정도로 그 수가 증가하면 껍질 벗은 단계의 게들이 충분히 잡아먹혀 개체들이 충분한 공간을 차지하게 되는 수준까지 수효를 줄인다.

가시고기의 행동순서

진화의 사다리에서 게보다 몇 단계 위에 있는 가시고기는 유럽의 얕고 깨끗한 하천에서 흔히 볼 수 있는 작은 물고기다. 가시고기가 유명해진 것은 네덜란드의 동물행동학자 틴베르헨(Niko Tinbergen)이 그 복잡한 번식절차를 확인한 후이다. 그 후 그는 그 절차를 단축시키면 수효도 감소한다는 사실을 밝혔다.

봄이 되면 수놈 가시고기는 원형으로 파서 자기 영토를 표시해놓고 모든 접근자들을 여러 차례 물리치면서 둥지를 만든다. 이때 원래 눈에 잘 안 띄는 가시고기의 잿빛 몸색깔은 턱과 배는 밝은 적색으로, 등은 청백색으로, 눈은 청색으로 변하는데 그렇게 변화된 색으로 다른 수놈을 쫓고 암놈을 끌어들인다.

불룩하게 알을 밴 암놈이 그 수놈집 영역으로 들어오면 그놈은 자신의 안면과 화려한 몸빛을 번갈아 과시하면서 지그재그로 암놈에게 다가간다. 이 두 단계의 접근의식을 여러 차례 반복해야만 마침내 암놈은 수놈을 따라 둥지 안으로 들어오는 것이다. 그러면 수놈은 시각적인 커뮤니케이션에서 더 근본적인 접촉을 통한 커뮤니케이션으로 행동을 바꾸어 암놈의 가시 밑부분을 리드미컬하게 코로 비벼대면서 암놈이 알을 낳게 한다. 그 다음에는 수놈이 둥지로 들어가 알을 수정시키고 암놈을 쫓아낸다. 수놈은 너댓 암놈의 알이 자신의 둥지를 가득 채울 때까지 그 순서를 반복한다.

그러한 구애충동이 진정될 즈음 일련의 새로운 반응이 나타난다. 수놈의 몸은 본래의 잿빛으로 돌아가고, 이제 그놈의 임무는 둥지를 방어하고 계속해서 가슴지느러미로 둥지에 물을 퍼넣어 알에 산소를 공급하는 일이다. 알이 부화되면 수놈은 새끼들이 스스로를 방어할 만큼 성장할 때까지 보호해준다. 수놈은 너무 멀리 돌아다니는 새끼들을 조심스럽게 입으로 물어다 둥지에 되돌려놓기까지 한다.

싸우고 짝짓고 새끼를 돌보는 가시고기의 행동순서가 너무나 정확하므로 틴베르헨은 그 밖의 다른 충동에 반응하는 메시지 체계나 신호에 대해서도 유효한 통찰을 제공하는 일련의 실험을 행할 수 있었다. 수놈이 암놈에게 지그재그로 접근하는 것은 성적 욕구가 생기기 전에 거쳐야 하는 공격 욕구에 대한 반응이다. 알을 잔뜩 품은 암놈의 불룩한 배는 수놈의 구애반응을 유발시킨다. 암놈이 알을 낳고 나면 붉은 색에도 더 이상 이끌리지 않게 된다. 그리고 암놈은 수놈이 비벼줘야만 비로소 알을 낳는다. 이와 같이 시각과 촉각에 의해 행동순서의 여러 요인이 촉발된다.

행동순서의 예측가능성 덕분에 틴베르헨은 수놈이 너무 많아 개체가 차지하는 영토가 좁아짐으로써 행동순서가 방해받으면 어떤 일이 일어나는가도 실험을 통해 관찰할 수 있었다. 붉은 빛의 수놈이 너무 많으면 구애행위에 방해가 된다. 행동순서의 일부 단계가 생략되면 둥지에다 알을 낳지 않거나 수정이 안 되거나 한다. 지나치게 밀집된 상황에서는 수놈끼리 싸워서 몇 놈이 죽을 수밖에 없다.

맬서스 이론의 재고

게와 가시고기는 번식과 인구조절에 대한 공간의 관계에 관해 유용한 정보를 제공한다. 게의 후각은 개체가 필요로 하는 거리를 조절하는 관건이 되며 바다의 일정 지역에서 서식할 수 있는 게의 최대수를 결정한다. 가시고기의 경우에는 시각과 촉각에 촉발되어 번식을 위해 거쳐야 하는 일련의 과정이 순서대로 진행된다. 과밀은 이 순서를 교란시켜 번식을 방해한다. 두 동물 모두 후각·시각·촉각 또는 복합적인 감각 같은 수용기관의 예민성은 개체가 생존하고 계속 번식을 반복할 수 있는 거리를 결정한다. 이 거리를 적절하게 유지하지 못하면 기아와 질병, 약탈자에 앞서 자기들끼리의 싸움에서 지고 만다.

　인구를 식량공급과 연관시킨 맬서스의 이론은 재고의 필요성이 커지고 있다. 스칸디나비아인들은 바다를 향해 돌진하는 북극쥐들을 수세기에 걸쳐 목격해왔으며 토끼에게서도 대규모의 인구증가에 이어지는 인구격감시기에 그와 유사한 자살행위가 관찰되고 있다. 어느 태평양 군도의 원주민들은 쥐에게서도 이와 유사한 행위를 보아왔다. 이러한 일부 특정 동물들의 불가사의한 행동에 대해 그동안 온갖 상상력이 동원된 설명이 가해졌지만 최근에야 비로소 북극쥐가 바다로 돌진하는 배후 요인에 대한 약간의 통찰이나마 가능해졌다.

　제2차 세계대전 무렵, 몇몇 과학자들은 인구조절에서 약탈자나 식량공급 이상의 요인이 있거나 북극쥐와 토끼의 행동에 그 밖의 다른 요인이 숨겨져 있을지도 모른다고 의심하기 시작했다. 대량사망의 시기에는 오히려 식량이 풍부했던 것으로 나타났으며 사체에서도 기아의 흔적을 찾아볼 수 없었다.

　이 현상을 연구하던 과학자들 중에 병리학을 수련한 동물행동학자 크리스천(John Christian)이 있었는데 그는 1950년 포유동물의 수적 증감은 '밀도'에 반응하는 생리학적 메커니즘에 의해 조절된다는 이론을 제시했다. 그는 일정 지역 내에서 동물의 수가 증가하면 스트레스도 커지다가 마침내 인구붕괴를 몰고오는 내분비 반응이 촉발되고 마는 현상을 입증했다. 크리스천은 더 많은 자료를 필요로 했고 실제적인 붕괴과정에서 포유류의 인구문제를 연구할 기회를 모색하고 있었다. 연구의 이상적인 조건은 인구붕괴 이전과 도중, 이후의 내분비 변화가 관찰가능한 상황일 것이다. 다행히 늦기 전에 그의 주목을 끈 사례가 제임스 섬 사슴의 수효급증이었다.

제임스 섬 사슴의 대량사망 원인

제임스 섬은 메릴랜드 주 케임브리지 읍에서 서쪽으로 14마일 가량 떨어진 체서피크 만 1마일 안쪽 해상에 위치하는 대략 반 제곱마일(280에이커) 면적의 무인도이다. 1916년에 시카 사슴(Sika, Cervus nippon) 너덧 마리를 이 섬에 방목했는데 자유롭게 꾸준히 번식하여 급기야 에이커당 1마리 밀도꼴인 280에서 300마리까지 늘어났다. 그런 상태에서 1955년이 되자 너무 늦기 전에 무슨 조치를 취하지 않으면 안 되었다.

1955년 크리스첸은 조사의 일환으로 사슴 5마리를 잡아서 부신·흉선·비장·갑상선·생식선·신장·간·심장·폐·기타 세포조직을 떼어 세밀한 조직학적 연구를 시작하였다. 사슴의 체중을 재고 위 속의 내용물을 기록하고 연령, 성별, 일반적 상태뿐만 아니라 피하·복부·근육 사이의 지방층 유무를 기록해두었다.

일단 기록을 해둔 다음 관찰자들은 잠자코 기다렸다. 1956년과 1957년에는 아무런 변화도 일어나지 않았다. 그러나 1958년 들어 3개월 동안 사슴의 절반 이상이 죽었고 161구의 사체가 수거되었다. 그 다음해에는 더 많은 사슴이 죽었고 수효는 더욱 감소했다. 그러다가 80마리 정도에서 그 수효가 안정되었다. 1958년 3월에서 1960년 3월에 걸쳐 12마리의 사슴을 수거하여 조직학적 연구를 행했다.

2년 동안 190마리나 되는 사슴이 갑자기 죽은 원인은 어디에 있을까? 식량공급은 적당했으므로 기아는 아니었으며 사실 수거된 사슴 모두 양호한 상태로서 털빛은 윤이 나고 근육도 잘 발달되어 있었으며 근육 사이의 지방층도 적당했다.

1959년에서 1960년 사이에 수거한 사체는 한 가지 점을 제외하면 1956년과 1957년의 그것과 외적인 면에서 모두 유사했다. 수효격감 이후 안정을 되찾은 시기에 조사한 사슴은 대량사망시기와 그 직전에 조사했던 사슴에 비해 몸집이 훨씬 컸다. 1960년의 수놈들은 1958년의 수놈들보다 평균 34퍼센트가 더 무거웠고 암놈들은 1955~57년보다 1960년이 28퍼센트 무거웠다.
　밀도가 가장 높았던 시기에서 대량사망시기에 이르기까지 1955년에서 1958년 사이에 시카 사슴의 부신선(腺)의 무거는 일정했다. 1958년에서 1960년 사이에 체중은 46퍼센트가 감소했다. 죽은 사슴의 대부분을 차지하는 미성숙 사슴의 경우에는 대량사망 이후 부신의 무게가 81퍼센트나 떨어졌다. 또한 부신의 세포조직에 중요한 변화가 있었는데 그것은 생존한 사슴까지도 심한 스트레스를 받았다는 점을 말해준다. 한편 두 사슴에게서 발견된 간장염은 부신의 과잉반응으로 인해 스트레스에 대한 저항력이 약화된 결과로 생각된다.
　크리스천의 자료를 해석하는 데에는 부신선의 의미를 밝히는 것이 중요하다. 부신은 성장, 생식, 신체의 방어수준을 조절하는 중요한 역할을 한다. 이처럼 중요한 부신선의 크기와 무게는 고정되어 있지 않고 스트레스에 의해 반응한다. 동물들이 잦은 스트레스에 지나치게 시달리면 그 긴급사태에 대응하기 위해 부신이 과민해지고 커진다. 그러므로 스트레스의 정도를 나타내는 특징적인 세포조직인 부신이 커졌다는 것은 매우 의미심장한 일이다.
　또 한 가지 스트레스의 요인이 되었음에 틀림없는 사실은 1958년 2월의 기후가 너무 추워서 평소 사슴들이 육지로 헤엄쳐 건너가 적어도 일시적이나마 과밀을 피할 수 있었던 습관적 여행을 할 수 없었다는 점이다. 이 한파에 뒤이어 대량사망이 발생했다. 섬에 갇혀 벗어날 길도 없는데다가 스트레스의 원인으로 밝혀진 추위까지 겹쳐 불행이 잇달았을 것이다.

1961년에 열린 과밀, 스트레스, 자연선택에 관한 심포지엄에서 크리스천은 이렇게 요약했다. "조직학적 자료에 의해 판단해보건대, 사망원인은 아마도 장기간에 걸쳐 부신이 과민하게 활동한 결과 심각한 신진대사의 혼란에 의한 쇼크 때문임에 틀림없다. 그 밖에 이 대량사망을 설명해줄 만한 요인, 즉 질병이나 기아 또는 명백한 원인은 찾아볼 수 없었다."

생리학적인 측면에서 크리스천의 연구는 완벽하여 더 바랄 여지가 없다. 그렇지만 아직 스트레스를 받는 사슴의 행태에 관한 몇 가지 의문이 남아 있는데 그 점은 또 다른 기회에 연구를 통해 밝혀져야 할 것이다. 예컨대 사슴들에게 과연 증대된 공격성이 나타났던가? 그리고 대량사망시기에 희생된 사슴 열 마리 가운데 아홉이 암놈과 새끼였던 이유 중 하나가 그 공격성이었던가? 다음번에는 일년 내내 관찰가능한 연구가 이루어지기를 기대한다.

약탈과 인구

맬서스의 이론으로는 대개의 대량사망을 설명할 수 없다는 또 다른 증거를 제공하는, 덜 극적이지만 더 유용한 이론이 에링턴(Paul Errington)의 약탈에 관한 연구조사다. 에링턴은 죽은 올빼미 위장의 내용물을 조사하여 그 상당한 비율이 어리고 미성숙한, 또는 늙고 병든 동물들(약탈자로부터 도망가기에는 동작이 너무 느려서)이었음을 발견하였다. 그는 또한 사향뒤쥐(muskrat)의 연구에서 그 사망요인이 육식 밍크의 포식에 의한 것보다는 과밀로 인해 저하된 저항력 때문에 병에 걸려 죽는 경우가 분명 더 많다는 사실을 발견하였다. 1년에 두 차례나 병사한 사향뒤쥐가 한 오두막에서 발견되었다. 에링턴은 사향뒤쥐 역시 인간이나 한가지로 과밀로 인해 스트레스를 받으면 야만성이 증대되는 경향이 있다고 말한다. 그는 또한 일정 수준을 넘어선 과밀상태는 사향뒤쥐의 출산율을 저하시키는 결과를 초래한다는 사실을 보여주었다.

이제 대부분의 동물행동학자가 다다른 결론에 의하면, 약탈자와 그 먹이의 관계는 약탈자가 인구의 증감을 지배하는 존재가 아니라 오히려 종의 개선에 작용하는 일정한 환경적 압박이 되는 존재라는 미묘한 공생관계이다. 매우 흥미롭게도 이러한 연구들은 거의 주목받지 못했다. 최근의 예로는 북극에서 늑대에게 살육되는 순록의 수를 파악하기 위해 캐나다 정부가 파견한 생물학자 모와트(Farley Mowat)의 상세한 보고가 있다. 순록떼가 감소함에 따라 명백히 늑대도 멸종추세에 있었다. 그가 발견한 사실은 ①늑대 때문에 죽은 순록은 소수에 불과하다는 점, ②늑대는 순록떼가 건강과 강인함을 유지하는 데 중요한 존재라는 점(에스키모는 줄곧 이 사실을 인지하고 있었다), ③순록떼를 감소시킨 이유는 **사냥꾼과 덫을 놓는 사람들**이 겨울에 개를 먹이기 위해 순록을 죽였기 때문이라는 점이었다.

모와트가 자신의 저서 『늑대는 결코 울지 않는다』에 피력해 놓은 그에 관한 믿을 만하고 사려 깊게 정리된 증거에도 불구하고 오늘날 늑대들은 체계적으로 독살되고 있다 한다. 북극에서 늑대가 사라지면 어떤 결과가 초래될지 미리 예측할 수는 없지만 간과되어서는 안 될 교훈이 있다. 그것은 근시안적인 물욕이 얼마나 자연의 균형에 위협이 될 수 있는지를 보여주는 숱한 사례 중 하나에 불과하다. 늑대가 사라지면 순록떼도 계속 감소할 것이다. 왜냐하면 사냥꾼들은 여전히 존재할 테니까 말이다. 또한 남아 있는 순록들도 이전에 늑대에 의해 제공되었던 건강관리적인 압력이 사라짐에 따라 예전처럼 강인할 수 없을 것이다.

  이상의 예는 일반적인 범주의 자연 실험에 속한다. 그런데 동물에게 통제의 요소를 가해 약탈자가 없는 환경에서 풍부한 먹이를 주면서 자유롭게 번식할 수 있도록 해준다면 어떻게 될까? 다음 장에 설명한 실험과 연구는 약탈자와 식량공급이 우리가 생각하는 것만큼 중요하지 않을지도 모른다는 점을 명백히 드러내고 있다. 이 자료들은 인구조절의 한 요인이 되는 과밀로 인한 스트레스의 여파를 상세히 보여주고, 인구조절의 생화학적 메커니즘에 대한 몇몇 통찰을 제시한다.

3 밀집과 동물의 사회적 행동

캘훈의 실험

1958년 메릴랜드 주 로크빌 교외의 도로를 주행했던 사람 중 길에서 약간 떨어진 곳에 세워진 평범한 석조 헛간 한 채를 주목해본 이는 거의 없을 것이다. 그런데 그 구조물은 동물행동학자 캘훈(John Calhoun)이 길들인 노르웨이 흰쥐떼에게 필요한 물건들을 갖추어 놓은 것으로 언제라도 쥐떼의 행동을 관찰할 수 있는 환경을 만들그자 설치한 것이었다.

사실 그 헛간의 실험은 14년에 걸친 연구 프로그램 중에서 최종 단계에 불과한 것이었다. 1947년 3월 캘훈은 자연죠 조건하에서의 인구동태에 관한 자신의 연구를 5마리의 새끼 밴 야생 노르웨이 쥐를 4분의 1에이커 넓이의 옥외 축사에 집어넣는 것으로부터 시작해서 28개월에 걸쳐 그것을 관찰했다. 충분한 식량을 공급했고 약탈자로부터의 압박이 없었는데도 쥐의 수효는 결코 200마리를 넘지 않았고 150마리 정도로 안정되었다. 이들 연구에서는 실험실에서 벌어지는 일들과 보다 자연적인 조건하에서 살아가는 야생쥐에게 일어나는 일의 차이도 감안되었다.

캘훈은 28개월의 연구기간에 5마리의 암컷이 5만 마리까지 번식할 수 있다는 점을 지적했다. 그러나 제한된 공간으로 그 정도의 수효를 수용할 수는 없지만, 1마리당 2제곱피트를 확보할 수 있다면 1만 제곱피트에는 5천 마리의 쥐가 건강한 상태로 사육될 수 있다. 또한 쥐들을 8인치로 줄이면 5만 마리를 수용할 수 있을 뿐만 아니라 건강한 상태를 유지할 수도 있다. 캘훈이 제기한 의문은 왜 야생상태에서 쥐의 수효가 150마리 수준을 넘지 않았는가 하는 것이었다.

캘훈은 4분의 1에이커의 축사에 150마리의 쥐들 사이에서도 어미쥐가 정상적으로 새끼를 돌볼 수 없을 정도로 싸움이 너무 잦아 살아 남는 새끼쥐가 얼마 안 된다는 사실을 발견하였다. 게다가 쥐들은 우리 전체에 되는대로 흩어져 있는 것이 아니라 12, 13구역으로 나뉘어 12마리 정도씩 떼를 지었다. 그는 또한 12마리 정도가 자연스러운 집단을 이루어 사이좋게 지낼 수 있는 최대수이고, 그 정도 수에서도 제2장 끝에서 설명한 생리학적 측면의 모든 부작용이 유발될 수 있다는 점에 주목하였다.

옥외 축사에서 얻은 실험결과를 바탕으로 캘훈은 쥐들이 서로 행동에 영향을 미치지 않도록 하면서도 자세히 관찰할 수 있는 상황하에 자유롭게 번식할 수 있는 실험 환경을 조성할 수 있었다.

그러한 실험의 결과들은 상세히 설명할 수 있을 정도로 충분히 놀라운 것이었다. 그 결과들만 가지고도 생명체가 과밀상태의 다양한 조건하에서 어떻게 반응하는지 상당한 지식을 얻을 수 있으며, 과밀상태에 따른 사회적 행동이 얼마나 중요한 생리학적 결과를 가져올 수 있는지 새롭게 조명할 수 있다. 앞서 언급한 크리스천의 연구나 그 밖에도 족제비와 생쥐에서 인간에 이르기까지 온갖 동물에 관한 수백 건의 실험과 관찰에 더하여 캘훈의 연구는 중요한 의미를 추가하고 있다.

캘훈의 실험은 전통적으로 이러한 유형의 연구를 수행한 심리학자들이 한두 가지 마음대로 조작할 수 있는 변수를 제외하고는 모든 것을 통제하거나 제거시키려 했던 것과는 다른 점이 있다. 또한 그들의 연구는 대부분 개체의 반응에 적용되는 것이지만 캘훈의 실험은 적절하게 크고 복잡한 집단을 대상으로 한 것이다. 그는 수명이 짧은 동물들을 실험대상으로 선택함으로써 집단의 행동을 연구하는 데 범하기 쉬운 과오, 즉 대체로 연구기간이 너무 짧아서 조작된 환경이 여러 세대에 걸쳐 누적시키는 결과를 살피지 못하는 과오를 시정할 수 있었다.

캘훈의 방법은 과학적 전통에서 최상급에 속한다. 그는 쥐의 번식과정을 16개월씩 단지 한두 차례 관찰하는 것에 만족하지 않고 1958년에서 1961년에 이르기까지 여섯 차례나 거듭하였다. 이러한 연구를 통해 얻은 지식은 너무나 다양하고 광범위한 의미를 함축하고 있어서 정당하게 평가하기가 힘들 정도이며 앞으로도 몇 해 동안은 변함없이 새로운 통찰력을 부여해줄 것이다.

실험설계

캘훈은 로크빌의 헛간 내부에다 가로 10피트 세로 14피트짜리 방을 세 개 만들어 건초 간의 바닥에 가로 3피트 세로 5피트짜리 관찰용 유리창을 끼웠다. 이 장치는 밤이고 낮이고 쥐를 방해하지 않고 불켜진 실내에서 철저하게 관찰할 수 있도록 한 것이었다. 각 방은 전기장치에 의해 네 개의 작은 우리로 구분되어 있고 우리마다 완벽한 주거환경을 갖추어 먹이통, 물통, 잠자리(관찰하기 좋게 고층건물 형태로 굴을 파놓았다), 그리고 안식에 필요한 물건 등이 비치되었다. 전기장치가 된 칸막이 위에 램프(입체교차로 따위의 연결용 경사로)를 설치하여 각 우리를 연결했는데 공간을 절약하기 위해 붙여 놓은 첫칸과 끝칸은 연결되지 않았다.

야생쥐로 실험해본 결과 한 방에 40~48마리를 넣을 수 있음을 알았다. 우리를 같은 크기로 나누면 각 우리에 12마리씩 들어가는데 그 수는 쥐가 과밀로 인한 심각한 스트레스를 받지 않고 정상적으로 모여 살 수 있는 최대치이다.

실험의 첫 단계로 캘훈은 출산이 임박한 암쥐를 우리에 각각 한두 마리씩 집어넣고 램프를 제거한 다음 새끼가 자라도록 기다렸다. 남는 짝을 제거해서 새끼의 성비(性比)가 균형을 유지하도록 하여 첫 실험은 암놈 5마리의 후손인 32마리로 시작했다. 그런 다음 램프를 다시 설치하여 모든 쥐들이 4개의 우리를 마음대로 돌아다닐 수 있게 했다. 두 번째 실험은 56마리로 시작했으며 젖을 떼자마자 어미쥐와 떼어놓았다. 첫 번째 실험에서처럼 새로 자라난 쥐들이 4개의 우리를 돌아다닐 수 있도록 연결 램프를 다시 설치해주었다.

그 후로는 새끼가 너무 많은 경우 제거해주는 일말고는 사람이 전혀 관여하지 않았는데 그 일은 스트레스가 확연히 드러나게 되는 40마리의 두 배가 되는 80마리의 한계를 넘어서지 않도록 하기 위함이다. 캘훈은 이 안전 수준을 유지시키지 못하면 시카 사슴의 경우와 마찬가지로 수효격감이나 대량사망 현상이 나타나 다시 회복하지 못하리라고 추측했다. 그의 전략은, 극도로 스트레스를 받는 상황에서 그 수효를 유지한 채 세 세대에 걸쳐 번식한 쥐들을 대상으로 개체뿐만 아니라 여러 세대에 걸친 스트레스의 영향을 연구하는 것이었다.

싱크의 발생

'싱크'(sink)라는 말은 오물이나 폐기물을 받는 그릇이라는 상징적인 의미로 쓴 것이다. 캘훈은 로크빌 헛간에서 대다수의 쥐들에게 나타난 총체적인 행동의 왜곡을 지칭하기 위해 '행동의 싱크'라는 용어를 만들어냈다. 그의 생각에 의하면, 그러한 현상은 "비정상적으로 많은 수의 동물을 한군데 몰아넣는 모든 행위에서 발생하는 결과로서 이 용어가 풍기는 건강치 못한 함의는 우연이 아니다. 오컨대 행동의 싱크는 집단 내에서 발견될 수 있는 모든 병리적 형태를 악화시키는 작용을 한다".

행동의 싱크에는 집짓기, 짝짓기, 교미 행위, 생식, 그리고 사회조직의 붕괴가 포함된다. 쥐를 해부한 결과 생리학적으로 심각한 영향을 받은 것이 드러났다.

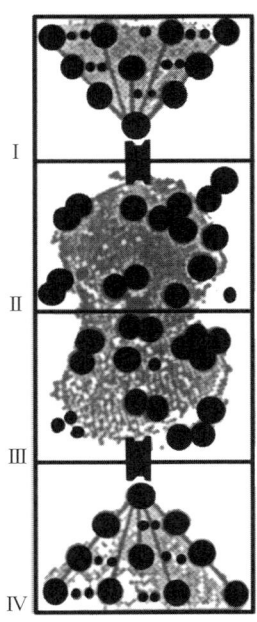

싱크 현상은 과밀로 인한 스트레스가 야생쥐 집단에서 관찰된 스트레스의 최대치에 거의 두 배가 될 때 나타났다. '밀도'라는 용어는 단순히 개체가 이용할 수 있는 공간의 비율이라는 의미 이상이다. 극단적인 경우를 제외하고는 동물이 밀도 그 자체만으로 스트레스를 받는 일은 거의 없다.

캘훈의 생각을 이해하기 위해서 우리는 새끼 때부터 관찰하여 네 개의 우리를 자유롭게 돌아다닐 수 있게 된 후 싱크가 발생하기까지의 쥐들의 행동을 추적할 필요가 있다. 과밀하지 않은 정상 상태에서도 아직

어리지만 신체적으로 성숙한 수놈들은 상당히 안정된 사회적 위계질서를 수립하기까지 잠시 서로 다투는 기간이 있다. 여기에서 설명한 로크빌 헛간의 두 실험 중 첫 번째 경우, 강력한 쥐 두 마리가 첫 번째와 네 번째 우리에 자신의 영토를 확보하고 각기 8~10마리의 암놈을 거느린 후궁(後宮)을 둠으로써 4분의 1에이커 우리에서 관찰한 바 있는 자연스러운 집단형성을 균형 있게 유지하였다. 나머지 14마리의 수놈들은 두 번째와 세 번째 우리로 나뉘어 들어갔다. 쥐의 수가 60마리 이상으로 늘어나자 쥐가 혼자 먹이를 먹을 수 있는 기회가 최소화되었다. 왜냐하면 깔때기 모양의 먹이통 주둥이에 철망을 설치해 먹잇덩이가 빠져나오는 데 시간이 걸리도록 했기 때문이다. 그리하여 두 번째와 세 번째 우리의 쥐들은 다른 쥐들과 함께 먹는 것에 길들여졌다. 캘훈의 관찰에 의하면, 가운데 우리들의 먹이통이 양끝 우리들의 그것보다 3~5배까지 쓰일 만큼 쥐들의 활동이 왕성해지면 싱크가 발생하기 시작한다. 또한 쥐들의 정상적인 행동 패턴은 다음과 같이 붕괴되었다.

구애와 교미

정상적인 노르웨이 쥐의 구애와 교미는 정해진 순서대로 행해진다. 수놈은 짝을 고르는 데 기본적으로 세 가지 점을 구별할 수 있어야 한다. 우선 일반적인 암수 구별을 해야 하며 성숙한 암놈을 식별할 수 있어야 한다. 그런 다음 암놈이 발정기인지 확인해야 한다. 수놈은 자신의 시각과 청각에 이러한 적합성이 확인되면 그 암놈을 쫓아간다. 그러면 암놈은 달아나지만 그다지 빨리 뛰지는 않으며 굴 속으로 뛰어든 다음 몸을 돌려 머리를 들고 수놈을 쳐다본다. 수놈은 굴 입구를 돌면서 가벼운 춤을 춘다. 춤이 끝나면 암놈이 굴에서 나와 짝짓기가 이루어진다.

교미 중에 수놈은 자신의 이빨로 암놈의 목을 부드럽게 물어준다.

그러나 가운데 우리들에서 싱크가 발생되었을 때 모든 것이 뒤바뀌었는데 수놈에게 나타난 그러한 변화들의 몇 가지 유형이 확인되었다.

1. 세 마리 정도의 공격적이고 강력한 수놈들은 정상적인 행동을 보였다.
2. 수동적인 수놈들은 싸움도 교미도 회피했다.
3. 종속적이면서 과잉활동적인 수놈들은 암놈 꽁무니를 쫓는 데 시간을 보냈다. 한 암놈을 동시에 서너 마리가 쫓아다니면서 괴롭혔다. 쫓는 동안에도 암놈이 '굴'로 피신하면 입구에서 기다리며 쉴 틈을 주는 대신 굴 안으로 쫓아들어가 호의적인 관계를 지키지 못했다. 교미 중에도 2, 3초 정도만 암놈의 목덜미를 무는 것이 정상적인 데 반해 수분씩 놓아주지 않는 경우가 많았다.
4. 범성적(凡性的) 경향의 수놈들은 아무 쥐하고나, 즉 발정기건 아니건, 암놈이건 수놈이건, 어리건 늙건, 상대를 가리지 않고 닥치는 대로 교미하려고 했다.
5. 어떤 놈들은 사회적·성적 교류를 끊고 주로 다른 쥐들이 잠든 사이에 다른 곳으로 가버렸다.

둥지짓기

둥지짓기에는 암수가 함께 참여하지만 일은 대부분 암놈이 한다. 둥지를 지을 재료를 굴 안으로 옮겨와 쌓은 다음 새끼를 두기 위한 구멍을 파낸다. 로크빌 실험에서는 양끝 우리의 후궁에 살던 암놈들이나 또 싱크 상태까지는 가지 않았던 암놈들은 '훌륭한 주부'였다. 말하자면 청결하고 둥지 주변도 말끔히 치웠다. 그러나 싱크가 발생한 가운데 두 우리의 암놈들은 둥지를 완성하지 못하는 경우가 많았다. 램프 위로 둥지를 지을 재료를 옮기다가 갑자기 떨어뜨리는 경우를 볼 수 있었고 가까스로 둥지까지 옮겨온 재료도 제대로 놓지 못해 더미가 쌓여 새끼들을 보호할 구멍을 파내지 못했다. 그래서 새끼들은 낳자마자 흩어져 몇 마리 살아 남지 못했다.

새끼돌보기

정상적으로 암놈들은 열심히 새끼들을 건사하고 낯선 새끼가 둥지로 들어오면 밖으로 내보낸다. 또 둥지가 노출되면 새끼들을 더 안전한 새로운 장소로 옮긴다. 그러나 로크빌 실험에서 싱크 상태의 어미들은 자기 새끼를 가려내지 못했다. 새끼들은 뒤섞여 밟히기도 했고 둥지에 침입한 난폭한 수놈에게 잡아먹히는 일도 흔했다. 둥지가 노출되면 어미는 새끼를 옮기고자 했지만 제대로 옮기지 못했다. 다른 둥지로 옮기는 과정에서 새끼를 놓치거나 다른 쥐에게 잡아먹히는 경우가 많았다.

영토성과 사회조직

노르웨이 쥐들은 10~12마리 정도가 집단을 이루어 공동의 영토를 방어하면서 위계질서를 유지하는 단순한 사회조직 패턴을 발달시켰다. 이 집단은 성숙한 수놈 한 마리의 지배 아래 다양한 비율의 암수로 구성되어 있다. 지위가 높은 쥐들은 낮은 쥐들만큼 다른 쥐에게 순종하지 않아도 된다. 쥐들의 지위는 허용된 영토 내에서 각기 왕래하는 영역을 보면 어느 정도 알 수 있다. 지위가 높을수록 많은 영역을 드나들 수 있다.

싱크 상태의 강력한 수놈은 영토를 제대로 차지할 수 없기 때문에 공간을 시간으로 대체한다. 즉 하루에 세 차례 먹이통 주변에서 난투극이 벌어지는 소란스러운 '근위병 교대식'을 치른다. 각 집단은 단 한 마리의 수놈이 지배하게 마련인데 교대되는 세 마리의 수놈은 지위는 서로 동등하지만 자연 상태에서 지극히 안정된 정상적인 위계질서와는 달리 싱크 상태의 사회적 지위는 매우 불안정하다. "이들 최고위의 수놈들은 활동하는 시간에 일정한 간격을 두고 주도권이 다른 수놈에게 넘어갈 때까지 자유경합을 벌인다."

또 하나의 사회적 특징은 영토를 공유하면서 유사한 행동을 보이는, 캘훈이 쥐들의 '계급'이라고 부르는 것이다. 계급의 기능은 쥐들 사이의 마찰을 줄이는 것임에 틀림없다. 정상적으로 한 집단에는 세 개의 계급이 있다.

인구밀도가 증가함에 따라 계급 및 하부계급도 늘어난다. 지극히 활동적인 수놈들은 암놈을 쫓아다닐 때 굴 속까지 침입하여 짝짓기 규범을 어길 뿐만 아니라 다른 영토적 규범도 어겼다. 그놈들은 떼거지로 몰려다니면서 밀치고 돌진하고 들쳐보고 건드려보곤 했는데, 명백히 두려워하는 존재가 있다면 양끝 우리에서 어떤 침입자로부터도 자신의 영토와 후궁을 보호하면서 램프 아래 잠들어 있는 강력한 수놈뿐이었다.

종이건 개체건 영토와 안정된 위계질서를 누리는 동물들이 지닌 이점은 첫 번째 우리의 쥐들을 보면 확실히 알 수 있다. 방의 천장에 낸 관찰용 창을 통해서 램프 아래 잠들어 있는 크고 건강한 쥐를 내려다볼 수 있다. 램프 위에서는 지극히 활동적인 소규모 수늠 집단이 안으로 들어갈 수 있는지 알아보려고 잠자는 쥐를 살피는 경우가 있는데, 이때 큰쥐는 눈을 뜨는 것만으로도 침입을 막을 수 있다.

이따금 암놈 하나가 수놈이 잠든 틈을 타 몰래 램프를 타고 굴을 빠져나갔다가 얼마 후 극성맞은 수놈 떼거지에 쫓겨 되돌아오는데 램프까지 오면 그들은 멈추고 만다. 이 지점 너머의 암놈들은 싱크 상태에 있는 쥐들의 끊임없는 소동에 괴롭힘을 당하거나 방해받지 않고 새끼를 배고 키울 수 있다. 이 암놈들의 어미로서의 실적은 싱크 상태의 암놈에 비해 10~15배이다. 출산율이 두 배일 뿐만 아니라 젖을 뗀 이후 살아 남는 새끼의 수도 절반 이상이었다.

싱크의 생리학적 영향

시카 사슴의 경우와 마찬가지로 싱크로 인해 가장 심한 타격을 받는 것은 암놈과 새끼들이다. 싱크 상태에서의 사망률은 암놈이 수놈의 3.5배였다. 싱크가 절정일 때에는 갓 태어난 558놈 중에서 젖뗄 때까지 살아 남은 새끼는 4분의 1에 불과했다. 새끼를 밴 쥐들은 유산율이 현저히 높아졌을 뿐만 아니라 자궁과 난소, 나팔관에 문제가 생겨 죽어가는 등 임신기간 내내 어려움을 겪었다. 해부 결과 유선(乳腺)과 생식기관에서 종양을 확인할 수 있었다. 신장·간·부신 역시 부어 있거나 병들어 있었고 대개 극도의 스트레스와 연관되어 나타나는 증상들이 보였다.

공격적 행동

독일의 동물행동학자 콘라트 로렌츠가 『인간과 개의 대적』(Man Meets Dog)에서 입증했듯이, 정상 상태의 공격적 행동에는 상대가 '충분히 당했다'고 생각되면 공격적 충동이 사라지는 신호들이 수반된다. 싱크 상태의 수쥐들은 서로 공격성을 제압하지 못하고 매우 방대하게 이유 없이 예측불허의 꼬리물기 싸움을 자주 벌였다. 그러한 행동은 약 3개월 간 지속되다가 나중에 큰쥐들이 자기들끼리의 꼬리물기 싸움을 제압하는 새로운 방법을 찾고 나서야 중단되었다. 그러나 꼬리를 물리지 않는 방법을 미처 터득하지 못한 어린 쥐들은 계속해서 여기저기 상처를 입었다.

싱크의 미발생

두 번째로 행한 일련의 실험에서는 싱크 상태의 쥐와 일정하게 조건 지어진 쥐가 다른 쥐들과 함께 먹이를 먹어야 하는 상황에서 일어나는 서로의 전략적 관계를 보여주고 있다. 이 실험에서 캘훈은 먹이 형태를 덩어리에서 가루로 바꾸어 재빨리 먹을 수 있게 만들었다. 먹이는 다른 쥐들과 함께 먹도록 한 반면, 물은 분수처럼 천천히 분사시켜 각자 마실 수 있도록 해두었다. 그러한 조건을 마련해주자 우리마다 쥐들이 더 골고루 분산되었다. 왜냐하면 보통 쥐들은 잠에서 깨나자마자 물을 마시고 자기 잠자리에 더 머물러 있고 싶어했기 때문이다(이전 실험에서는 대부분의 쥐들이 먹이가 있는 우리로 옮겨갔었다). 두 번째 실험으로 알게 된 사실은, 싱크는 결국 발생하게 마련이지만 그 이유는 여러 가지라는 점이다. 수쥐 한 놈은 다른 쥐들을 모두 쫓아버리고 우리 III과 IV를 독차지했다. 또 다른 놈은 우리 II에 대한 영토권 주장을 진행시키고 있었다. 실험이 종결된 시점에서 수놈의 80퍼센트가 우리 I에 몰려 있었고 한 놈을 제외한 나머지는 우리 II에 있었다.

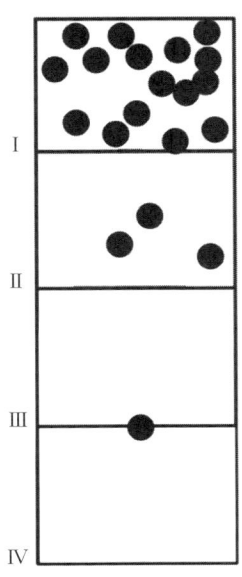

실험 요약

캘훈의 실험을 통해 쥐조차도 무질서를 견디지 못하고 괴로워하며 사람과 마찬가지로 때로는 혼자일 필요를 느낀다는 사실이 분명해졌다. 둥지에 들어앉은 암쥐는 특히 공격받기 쉽고 태어나서 젖뗄 때까지 보호가 필요한 새끼도 그러하다. 또한 임신한 쥐를 심하게 괴롭히면 출산 때까지 갈수록 힘들어한다.

지금까지 관찰해온 증상들을 과밀 그 자체로 인한 병리적 현상으로 볼 수는 없지만 그렇다 해도 밀집이 중요한 사회적 기능을 방해하여 결과적으로 조직을 붕괴시키고 마침내 인구감소와 대량사망을 초래하는 것은 분명하다.

싱크 상태에서는 쥐들의 성규범이 혼란되며 범성적 관계나 사디즘이 만연한다. 새끼를 기르는 일도 거의 전반적으로 해이해진다. 수놈들의 사회적 행동은 악화되어 꼬리물어뜯기가 벌어지며 사회적 위계질서는 불안정하고 영토권상의 금기사항들도 폭력이 아니면 지켜지지 않는다. 암놈의 사망률이 극도로 높아져 성비가 균형을 잃게 되면 살아 남은 암놈들은 발정기의 수놈들에게 더욱 시달리게 되어 상황은 한층 악화된다.

불행히도 야생쥐에 대해서는 극도의 스트레스를 받는 상태에서의 인구 변화나 붕괴과정을 다룬 캘훈의 연구에 견줄 만한 자료가 없다. 그러나 캘훈이 자신의 연구를 더 지속했다면 싱크의 영향이 위기 상태까지 갔을지도 모른다. 사실 캘훈의 실험을 통한 증거는 위기일발의 상태를 보여주었음에 틀림없다. 어떻게 보든지 쥐의 실험은 극적이고도 복합적이다. 그러나 적절한 인구균형을 유지시키는 데 요구되는 수많은 상호작용의 복합적 요인들이 노르웨이 백쥐의 관찰만으로 밝혀질 수 있는지는 여전히 의문스럽다. 그러나 다행스럽게도 다른 동물의 관찰을 통해서도 자기보전의 기능으로서 자체의 인구밀도를 규제하는 과정이 밝혀져 왔다.

밀집의 생화학

밀집은 우리가 사슴·가시고기·쥐 같은 다양한 동물에서 관찰해온 극적인 결과들, 즉 공격성을 비롯한 여러 가지 형태의 비정상적인 행동, 대량사망에 이르기까지의 현상들을 어떻게 일으키도록 만드는가? 이러한 물음에 대한 해답을 모색한 결과 광범위한 의미를 지닌 통찰을 얻게 되었다.

파크스(A.S. Parkes)와 브루스(H.M. Bruce)라는 두 영국인 연구자는 조류와 포유류에 대해 시각적 자극과 후각적 자극 간의 상이한 영향력을 조사하던 중, 『사이언스』지에 다음과 같은 사실을 보고했다. 한 암쥐가 임신 직후 4일 동안 임신시킨 수놈이 아닌 다른 쥐가 옆에 있다는 사실 때문에 임신이 억제되었다는 것이다. 처음에는 유산될 위험이 높은 그 기간에 다른 수놈으로 하여금 그 암쥐와 짝을 짓도록 했으나 나중에 밝혀진 바로는 그 수놈이 우리에 있다는 사실만으로도 임신이 저지될 수 있었다. 마침내 알게 된 사실은 암놈을 다른 수놈이 있었던 자리에만 갖다두어도 임신이 저지될 수 있다는 것이었다. 수놈이 옆에 없는데도 그 암놈이 영향을 받는 점으로 보아 시각보다는 후각이 그 동인(動因)임이 확실했다. 이 가설은 암쥐의 뇌에서 후각엽을 파괴하자 낯선 쥐의 임신 저지력이 효력을 잃게 된 사실로 입증되었다.

임신이 저지된 암쥐를 해부한 결과 자궁벽에 수정란을 착상시키는 태반이 생성되지 않았음이 밝혀졌다. 정상적인 태반의 형성은 프롤락틴이라는 호르몬에 의해 촉진되며 이러한 임신저지현상은 ACTH를 주사하여 방지할 수 있다.

외분비계

파크스와 브루스는 자신들의 연구결과를 통해 미묘하게 균형을 유지하고 있는 신체의 통제 시스템과 외부세계의 연관성에 관한 기존의 학설을 근본적으로 수정했다. 관(管)이 없는 내분비선은 실질적으로 신체의 모든 부분에 영향을 미치는데, 학자들은 오랫동안 이것을 외부세계와는 간접적으로밖에 연결되어 있지 않은 신체 안의 폐쇄체계로 생각해왔다. 파크스와 브루스의 실험은 그것이 항상 그렇지만은 않다는 사실을 입증했다. 그들은 '외분비계'(내분비계와 대응시켜)라는 용어를 만들어 넓은 의미의 화학적 조절물을 지칭함으로써 포유류의 몸에 흩어져 있는 냄새선의 분비물까지 거기에 포함시켰다. 냄새를 발산시키는 물질은 해부학적으로 동물마다 다양한 부위에 자리하고 있는 특수한 선(腺), 예컨대 사슴의 발굽새, 영양의 눈밑, 쥐의 발바닥, 아라비아 낙타의 뒤통수, 사람의 겨드랑이 등에서 분비된다. 한 유기체의 체외 분비물은 다른 유기체의 신체 생화학에 직접적으로 영향을 주며 다양한 방식으로 집단의 활동을 통합시키는 데 기여한다는 것은 이제 널리 인정된 사실이다. 체내 분비물이 개체를 통합시키는 것처럼 체외 분비물은 집단을 통합시키는 데 일조한다. 이 두 체계가 상호연관되어 있다는 사실은 인구조절에 대한 자기규제적 성격과 과밀에서 비롯되는 비정상적인 행동을 일부 설명하는 데 도움이 된다. 스트레스에 대한 신체의 반응으로 한 가지 증세가 되풀이되는 것이다.

오타와에서 오랫동안 스트레스 연구에 종사해온 오스트리아인 셀리

(Hans Selye)는 동물이 반복해서 스트레스를 받으면 쇼크로 죽을 수도 있다는 사실을 입증했다. 생명체에 대한 요구가 증가하면 그만큼의 에너지가 보충되지 않으면 안 된다. 포유류의 에너지원은 혈당인데 되풀이되는 요구로 혈당의 공급원이 고갈되어버리면 동물은 쇼크를 일으킨다.

당분은행 모델

예일 대학의 생물학자 디비(Edward S. Deevey)는 최근 「산토끼와 창자점쟁이」(*The Hare and the Haruspex*)라는 호기심을 자아내는 제목하에 스트레스와 쇼크의 생화학을 이해하기 쉬운 은유로 설명했다.

신체의 필수적인 요구량은 은행 역할을 하는 간에 저장된 설탕으로 지불될 수 있다고 말해도 좋다. 평소의 인출은 은행상담원 역할을 하는 췌장과 부신골수에서 나오는 호르몬으로 무리없이 해결되지만 최상급의 결정(예컨대 성장을 할 것인가 아니면 번식을 할 것인가 하는 문제)은 은행 간부 격인 부신피질과 뇌하수체가 담당한다. 셀리의 의견에 따르면, 스트레스는 호르몬 관리에 혼란을 초래시키고 그로 인해 은행의 당분이 과잉인출되면 쇼크가 일어난다.

은행 모델을 조금만 살펴보아도 그 가장 중요한 작동기제, 즉 현금출납부 격인 부신피질과 이사회 격인 뇌하수체 사이의 놀라울 정도로 관료적인 협력관계가 드러난다. 부상과 감염은 흔한 스트레스의 유형으로 그것을 이겨내기 위해 염증을 조절함에 있어서 부신피질은 간에서 수표를 인출한다. 스트레스가 지속되면 코르티손이라는 호르몬이 뇌하수체에 경고 메시지를 보낸다. 뇌하수체는 전체를 관장해야 하기 때문에 부사장 격인 ACTH, 즉 문자 그대로 부신피질을 지원하는 역할을 맡은 부신피질자극 호르몬을 보낸다.

파킨슨 학도라면 예측할 수 있듯이 부신피질은 지원을 받아서 더 많은 활동요원을 동원하고 ACTH를 더 많이 소환하는 등의 활동을 넓혀 나간다. 이 긴박한 사태가 악화되리라는 것은 명약관화하며 또 대개는 그렇게 된다. 그러나 인출이 지속되는 동안은 (또 다른 작동기제의 역할에 의해) 순환되는 혈당량이 일정한 것처럼 보이기 때문에 해부해보기 전까지는 은행의 잔고를 파악할 길이 없다.

만약 뇌하수체가 지속되는 스트레스에 속아서 ACTH를 계속 더 지원하게 되면 결정적인 거래가 이루어져 긴축을 감내하기 시작한다. 예컨대 난소 호르몬의 공급이 감소되면 대뇌피질은 잘 자리잡은 자궁의 태아를 치료해야 될 염증으로 착각할 수도 있다. 마찬가지로 남성과 여성의 생식 호르몬의 원천도 혈당량 소모는 서로 다르지만 고갈되기 쉬운 것은 똑같다. 고혈압을 제외하더라도(왜냐하면 고혈압은 여기에서 논의할 필요가 없는 염분이라는 또 다른 축적물이 개입되므로), 고혈당은 치명적인 증세일 수 있다. 큰 소음 따위의 뜻밖의 스트레스는 그 정도가 그다지 심하지 않더라도 갑자기 들이닥친 은행감사에 해당한다. 부신골수가 소스라치게 놀라 갑자기 아드레날린을 근육으로 내보내게 되면 혈액의 혈당이 급격히 고갈되고 따라서 뇌는 갑작스러운 혈당부족을 겪는다. 쇼크가 인슐린 과잉 증세처럼 보이는 이유는 바로 이 때문이다. 긴박한 상황에서 제대로 기능하지 못하는 부신과 마찬가지로 과잉반응을 보이는 췌장도 금고에 손을 대는 믿을 수 없는 은행원에 비유된다.

부신과 스트레스

독자는 시카 사슴이 대량사망 직전과 도중에 부신선이 크게 확대되었던 사실을 기억할 것이다. 부신선의 확대는 아마 과밀로 인해 증가된 스트레스 때문에 ACTH의 요구가 증가된 것과 연관이 있을 것이다.

그 점에 착안하여 크리스천은 1950년대 말 우드척(북미 지역의 마멋류-옮긴이)의 계절에 따른 부신선 크기 변화를 연구하게 되었다. 4년에 걸쳐 872마리를 잡아 해부한 결과 3월에서 6월 사이에 우드척 부신의 평균무게가 60퍼센트나 증가한다는 사실을 알았는데 그 시기는 수놈들이 짝짓기 경쟁을 하는 때로서 하루에 활동시간이 긴 편인데다 **대부분이 동시에 일정 지역에 모여 있는 때였다.** 7월이 되자 대다수의 우드척은 여전히 활동적이지만 공격성이 아주 낮아졌기 때문에 부신의 무게가 줄어들었다. 8월이 되자 다시 부신의 무게가 급상승했는데 그 이유는 어린 우드척들이 새로운 영토를 차지하려고 여기저기 돌아다니면서 잦은 충돌을 일으켰기 때문이다. 그리하여 크리스천은 "여름에 부신의 무게가 감소하기 시작하는 가장 중요한 원인은 공격성이 사라진 때문인 듯하다"고 결론지었다.

진화를 통제하는 자연선택의 과정에서 한 집단의 지배적인 개체들이 유리하다는 점은 이제 널리 알려진 사실이다. 그러한 개체들은 스트레스를 비교적 덜 받기도 하지만 스트레스를 더 잘 견딜 수도 있는 것 같다. '인구과잉의 병리학' 연구에서 크리스천은 지배적인 동물보다 복종적인 동물의 부신이 더 많이 활동하고 커진다는 사실을 보여주었다. 또한 공격성과 개체간의 거리 사이에도 연관성이 있다는 점을 자신의 연구를 통해 입증한 바 있다. 번식기에 수놈 우드척의 공격성이 높아지면

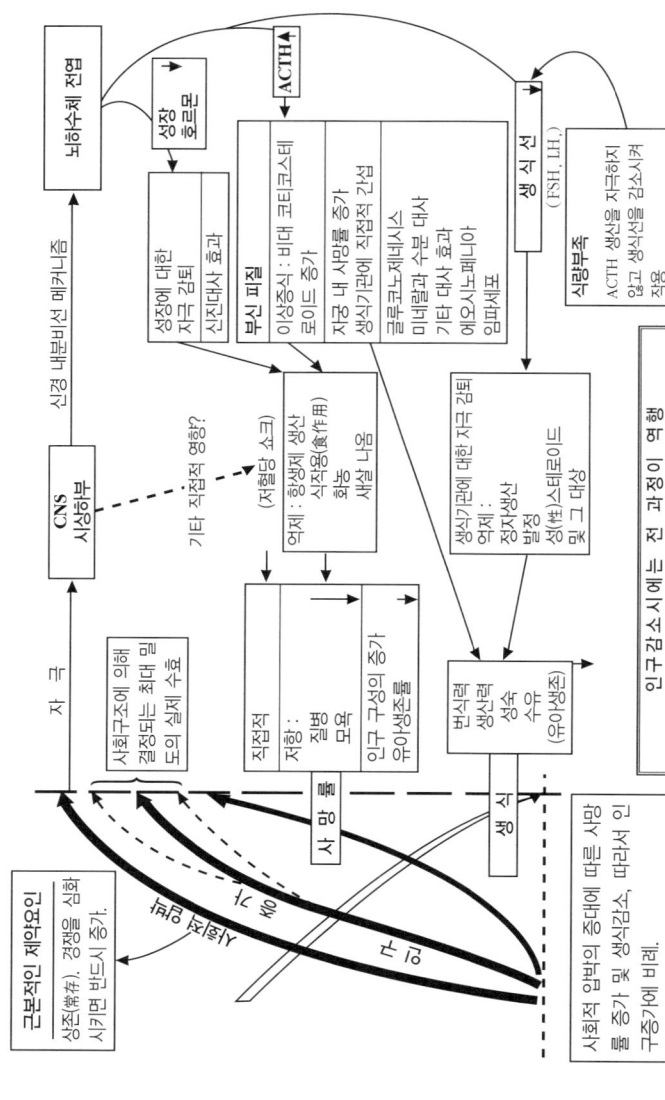

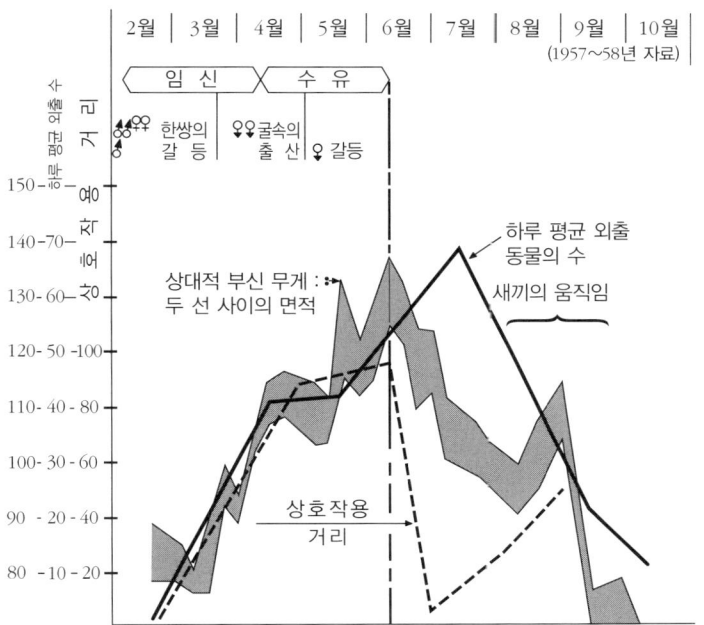

크리스천의 도표(1963)는 우드척의 수효에 따라 계절별로 변하는 부신 무게를 나타내고 있다. 3월에서 6월 사이에 상호작용의 거리, 갈등, 스트레스의 감소 및 부신 무게의 증가에 따른 수효증가의 양상을 주목하라. 번식기의 갈등은 스트레스를 폭증시킨다. 7월에는 새끼들이 나오기 때문에 상호작용의 거리가 증가하고 내분비선은 정상으로 돌아간다.

개체간 상호작용의 평균거리도 번잡해진다. 부신의 평균무게는 상호작용의 빈도와 더불어 평균거리와도 상호연관되어 있다.

크리스천의 연구를 다시 풀어 말하자면, 공격성이 증가하게 되면 동물들은 더 많은 공간을 필요로 한다는 것이다. 이때 공간이 부족하게 되면 인구가 최대치에 다다랐을 때 발생하는 하나의 연쇄작용이 일어나기 시작한다. 즉 공격성과 성적 활동이 폭증하고 그에 따른 스트레스의 증가로 부신에 무리가 간다. 그 결과 임신의 저하나 질병의 감염률 증가, 고혈당 쇼크로 인한 대량사망 등으로 인한 인구격감사태가 벌어진다.

이러한 과정이 진행되는 경우 지배적인 동물들은 유리한 입장이므로 대체로 살아 남는 것이다.

유능한 동물행동학자이자 아이오와 주립대학의 동물학 교수였던 폴 에링턴은 수년에 걸쳐 습지의 사향뒤쥐에게 미치는 과밀의 영향을 관찰했다. 그가 다다른 결론에 의하면 인구격감의 정도가 너무 심하면 그 회복기간도 기약할 수 없을 정도로 지연된다. 영국의 연구자 슈메이커(H. Shoemaker)는 위급한 상황에서 제때에 적절한 공간을 마련해줌으로써 과밀의 악영향을 상당히 완화시킬 수 있음을 보여주었다. 큰 새장에 한군데 몰아넣은 카나리아들 사이에는 즉시 지배적인 위계질서가 생겨 낮은 지위의 새들은 둥지짓기조차 방해를 받았는데 작은 새장을 따로 마련해주고 나서야 비로소 쌍쌍이 둥지를 짓고 새끼를 돌볼 수 있었다. 그리하여 낮은 지위의 수카나리아들도 침해받지 않는 자신의 영토를 차지해 이전보다 더욱 왕성하게 번식할 수 있게 되었다.

가족을 위한 개별적인 영토를 마련해주고 짝짓기 계절의 결정적인 시기에 동물들 사이에 적절한 장막을 쳐주면 과밀의 악영향을 막을 수 있는데, 이 점은 가시고기와 같이 진화의 사다리에서 낮은 단계에 있는 동물들에게도 해당된다.

스트레스의 이용

우리는 대개 과밀로 인한 결과들을 바람직하지 못한 것으로 여기지만 그로 인한 스트레스에는 긍정적인 면들도 있음을 잊어서는 안 된다. 그러한 스트레스는 우리가 잘 알고 있는 다른 종끼리(*inter*species)의 '피 튀기는' 경쟁보다도 같은 종 내부(*intra*species)의 경쟁력을 취하기 때문에 진화작용에서 효과적인 장치가 되어왔다.

진화상의 이 두 가지 압박 사이에는 매우 중요한 차이가 있다. 첫 번째 유형으로 발달할 수 있는 무대를 마련해주는 종들간의 경쟁은 같은 동물 중에서 어떤 종류에만 해당하는 것이 아니라 한 종 전체가 걸려 있다. 반면 한 종 내부의 경쟁은 종자를 세련시키고 그 종의 특징적인 면들을 강화시킨다. 다시 말해서 종 내부의 경쟁은 생명체의 초기 형태를 고양시키는 데 기여한다.

인간의 진화에 관한 현재의 가설들은 두 가지 압박의 영향을 모두 설명해준다. 원래 지상에 거주하던 동물인 인간의 조상들은 종내 경쟁과 환경의 변화에 밀려 지상을 떠나 나무 위로 올라가게 되었다. 수상(樹上) 생활은 예리한 시각을 요구한 반면 지상 생물에게 필수적인 후각에 대한 의존도를 감소시켰다. 그리하여 인간의 후각은 발달을 멈추고 시력이 크게 강화되었다.

커뮤니케이션의 한 중요한 매개체인 후각을 상실한 결과 인간관계에 하나의 변화가 생겼는데 그 때문에 인간은 과밀을 감내하는 능력이 커졌을지도 모른다. 만약 인간이 쥐 같은 코를 가졌더라면 주변에서 잇달아 일어나는 감정의 변화에 빠짐없이 영원히 얽매이게 되었을 것이다. 다른 사람의 분노도 냄새맡을 수 있으며 집에 찾아오는 사람의 신분이라든지 집 안에서 일어나는 모든 일의 정서적 의미도 냄새가 남아 있는 한 공공연하게 기록가능한 일들이었을 것이다. 정신병자는 우리 모두를 돌게 만들고 불안에 빠진 사람은 우리를 더욱 불안하게 만들 것이다. 최소한 생활은 훨씬 더 얽히게 되고 긴장될 것이며 의식적으로 통제하기가 어려워질 것이라고 말할 수 있다. 왜냐하면 뇌 속의 후각 센터는 시각 센터보다 더 오래되고 원시적이기 때문이다.

환경의 압박으로 인해 인간이 의존하는 바가 크에서 눈으로 옮겨간 변화는 인간의 상황을 완전히 새롭게 설정하였다. 눈은 더 광범위하게 수용하기 때문에 미리 계획하는 능력이 가능해졌다. 시각은 보다 복잡한 데이터를 광범위하게 코드화하기 때문에 추상적으로 사고하는 능력이 고양되었다. 반면에 후각은 지극히 감성적이고 감각에 호소하기 때문에 인간을 그 정반대의 방향으로 몰아간다.

　인간의 진화는 '거리 수용기관', 즉 시각과 청각의 발달로 특징지어져 왔다. 그리하여 실제 다른 모든 감각을 배제하고 이 두 감각만을 취하는 예술이 발달할 수 있었던 것이다. 시·그림·음악·조각·건축·무용 등은 완전히는 아니지만 주로 눈과 귀에 의존한다. 인간이 이룩한 의사소통체계(communications systems) 역시 그러하다. 우리는 다음 장들에서 인간이 발달시켜 온 시각·청각·후각에 대한 강조가 문화에 따라 다름으로써 공간의 지각 및 공간에서의 개별적인 인간관계가 얼마나 크게 달라지게 되었는가 하는 문제를 살펴볼 것이다.

4 공간지각: 원격 수용기관−눈·귀·코

……우리는 결코 세계를 있는 그대로 알 수 없으며 단지……감각 수용기관에 미치는 물리적 힘의 영향을 입을 뿐이다.
• F. P. 킬패트릭의 『교류심리학의 탐구』

동물의 행동, 해부학, 생리학에 나타난 독자적인 적응형태들의 연구를 통해 다다르는 익숙한 결론은, 동물들은 제각기 자기가 사는 특정 지역에 적합하게 진화해왔으며……또한 저마다 가까이서 관찰할 수 없는 개인적이고도 주관적인 세계에서 산다는 점이다. 그 세계는 각자의 감각기관이 메시지를 취하는 형식으로서 외부로부터 그 동물에게 전달되는 정보로 구성되어 있다.
• H. W. 리스먼의 「물고기들의 전기탐지」

이 두 인용문은 생명체마다 자기가 살고 있는 세계를 달리 지각함에 있어서 그 수용기관의 중요성을 지적하고 있으며 또한 이렇게 달리 지각된 세계의 차이는 간과될 수 없음을 강조하고 있다. 인간을 이해하려면 그 감각수용 체계의 특성 및 그 수용체가 받아들인 정보가 문화에 따라 어떻게 변용되는지를 알아야 한다. 인간의 감각기관은 대략 다음의 두 범주로 분류된다.

1. 원격 수용체—떨어져 있는 물체를 파악하는 기관, 즉 눈·귀·코.
2. 근접 수용체—가까이 있는 세계를 파악하는 기관, 즉 접촉을 통하거나 피부·점막·근육을 통해 받아들인 감각세계.

이보다 더 상세한 분류도 가능한데, 예컨대 피부는 주요 접촉 기관이지만 또한 온도의 상승과 하락에 민감하고 방사열과 전도열도 감지한다. 그러므로 엄밀히 말하면 피부는 근접 수용체이자 원격 수용체이다.

일반적으로 감각수용기관의 진화 기간과 그것이 중추신경에 전달하는 정보의 양과 질 사이에는 연관성이 있다. 촉각기관 혹은 접촉체계는 생명 그 자체만큼이나 오래되었는데, 사실 자극에 반응하는 능력은 생명의 기본조건 중 하나다. 시각은 인간에게 가장 나중에 발달된 가장 정교한 감각이다. 앞장에서 언급했듯이 인간의 조상들이 지상을 떠나 나무 위로 올라간 이후 시각의 중요성은 커지기 시작했고 후각은 그 반대였다. 수상(樹上) 생활에서는 입체적인 시각이 긴요하다. 그러한 시각이 결여되면 가지와 가지를 건너다니는 일이 매우 위태로워진다.

시각 공간과 청각 공간

여태껏 눈을 통해 얻는 정보량을 귀를 통한 것과 비교하여 정확하게 계산해낸 적은 없었다. 그러한 계산에는 정보의 환산 과정이 문제가 될 뿐만 아니라 과학자들이 무엇을 계산해야 하는지 모르는 곤란도 있기 때문이다. 그러나 일반적으로 이 두 기관의 상대적인 복잡성은 눈과 귀를 뇌의 중추부와 연결시키는 신경의 크기를 비교해봄으로써 파악될 수 있다고 생각한다. 시신경은 귀의 달팽이관 신경의 약 18배가 되는 뉴런을 갖고 있으므로 적어도 그만큼 많은 정보를 전달하리라고 가정할 수 있다. 실제로 정상적인 시각상태의 눈은 정보를 쓸어담는 기능이 귀의 천 배에 달할 정도로 효과적일 수 있다.

일상생활에서 맨귀로 들을 수 있는 거리는 매우 제한적이다. 20피트까지는 상당히 잘 들리지만 100피트 정도 멀어지면 평소 대화거리에서보다 다소 느리게 말해야만 한쪽의 말을 알아들을 수 있을 뿐이고 양쪽을 오가는 대화는 상당히 다른 양상을 띠게 된다. 이 거리보다 멀어지면 인간이 의지하는 청각기능은 급격히 와해되기 시작한다. 이에 반해 시각은 육안으로도 반경 100야드 이내의 놀라운 정보량을 쓸어모을 수 있으며 1마일 정도 떨어져서도 매우 효과적인 상호작용이 가능하다.

귀와 눈을 활동시키는 자극은 질적으로나 속도 면에서나 다르다. 해수면에서 기온 섭씨 0도(화씨 32도)일 때 음파는 초속 1100피트의 속도로 나아가고 주파수는 초당 50~15,000사이클로 들린다. 빛은 초속 186,000마일의 속도로 나아가고 초당 주파수 10,000조 사이클에서도 볼 수 있다.

눈과 귀를 연장시키는 데 사용되는 기구의 형태와 복잡성을 보면 이 두 기관이 다루는 정보의 양을 알 수 있다. 라디오는 텔레비전보다 오래 전에 훨씬 단순한 구조로 만들어졌다. 인간의 감각을 연장시키는 기술이 정교해진 오늘날에조차 소리의 재생과 시각의 재생에는 질적으로 큰 차이가 있다. 소리에서는 사람의 귀로 그 차이를 탐지할 수 없는 수준의 원음 재생이 가능한 반면 영상은 두뇌가 알아채기 전에 전달되도록 기억을 상기시키는 움직이는 시스템에 불과하다.

이 두 수용체계가 처리할 수 있는 정보의 양과 유형에 큰 차이가 있을 뿐만 아니라 각기 효과적으로 감지할 수 있는 공간의 크기에도 상당한 차이가 있다. 4분의 1마일 정도 떨어져 있는 방음벽은 알아채기가 힘들지만 시야를 가리는 높은 벽이나 장막의 경우에는 문제가 다르다. 그러므로 시각적 공간은 청각적 공간과는 전혀 다른 성격을 지닌다. 시각적 정보는 청각적 정보에 비해 덜 애매하고 더 집중적이게 마련이다. 중요한 예외로서 선택적으로 고도의 주파수를 통해 실내에서 물체의 위치를 감지하는 맹인의 청각이 있다.

물론 박쥐들은 모기와 같이 작은 물체도 식별할 수 있는 레이더 같은 것을 발생시키는 집중된 소리의 세계에 살고 있다. 돌고래 또한 시각보다는 고주파의 청각을 이용하여 헤엄치고 먹이를 찾아낸다. 이때 주목할 점은 물속에서의 소리 전달이 공기 중에서보다 4배나 빠르다는 사실이다.

시각 공간과 청각 공간의 상이한 효과에 대해서는 아직 기술적으로 밝혀지지 않고 있다. 예컨대 소리가 울리는 방에서는 맹인보다 정상인이 의자에 걸려 넘어지기 쉬운지, 상대의 말을 경청하기에는 확성기에서 퍼져 나오듯이 여러 군데서 크게 들려오는 것보다 한 지점에서 들려오는 것이 나은지 입증할 수는 없지만 그래도 청각 공간이 그러한 일에 영향을 미치는 한 요인이라는 다소의 자료는 있다. 음성학자 블랙(J. W. Black)의 연구는 실내의 크기와 소리의 반향 시간이 파악 능률에 영향을 미친다는 사실을 입증했다. 소리의 반향이 늦은 큰 방에서는 작은 방에서보다 말을 알아듣는 시간이 더디다. 내가 인터뷰했던 한 유능한 영국인 건축가는 뛰어난 통찰력으로 회의실의 시청각 환경을 개선하여 운영이 잘 안 되던 위원회를 활성화시켰다. 그 위원회는 의장의 적합성에 대한 불만이 너무 많아서 의장의 경질을 요구할 참이었는데 이 건축가는 의장보다 환경에 더 문제가 있다는 결론에 도달하였다. 그리하여 말없이 일을 추진함으로써 환경적 결함을 시정하고 의장을 그대로 머물도록 해주었다. 회의실은 번잡한 도로변에 접해 있었는데 차량의 소음이 딱딱한 벽과 양탄자를 깔지 않은 실내 바닥에 반향되어 더욱 크게 울렸던 것이다. 청각상의 방해요인을 제거하자 불필요한 긴장 없이 회의를 진행할 수 있게 되어 의장에 대한 불평도 사라졌다.

이 점에 관해 영국의 '초등학교' 상급반에서 음성을 적합하게 조절시키는 능력은 미국에 비해 훨씬 뛰어나다는 설명을 해둘 필요가 있다. 영국인은 청각상의 방해가 소리를 알아듣기 힘들게 만드는 고통을 절실히 경험한 바 있다. 영국인의 청각 공간에 대한 감수성을 보여주는 한 예로서 스펜서(Basil Spencer) 경에 의해 성공적으로 재건된 (제2차 세계대전 중 런던 대공습으로 파괴되었던) 코벤트리(Coventry) 성당이 있다. 그는 새롭고도 시각적으로 대담한 디자인을 이용하면서도 성당의 본래 분위기를 살렸다. 스펜서 경은 성당은 외양뿐만 아니라 음향도 성당다워야 한다고 생각해서 더럼(Durham)에 있는 성당을 모델로 선택하여 문자 그대로 수백 종의 석고반죽을 실험한 끝에 마침내 모든 청각효과를 만족시켜 주는 것을 찾아냈다.

공간의 지각은 지각시키는 능력의 문제일 뿐만 아니라 배제시키는 능력의 문제이기도 하다. 아이들은 성장해가면서 자신도 모르는 사이에 어떤 정보에는 세심한 주의를 기울이면서 어떤 정보는 배제하는 것을 습득하는데 이 취사선택은 문화에 따라 달라진다. 일단 익숙해지면 이

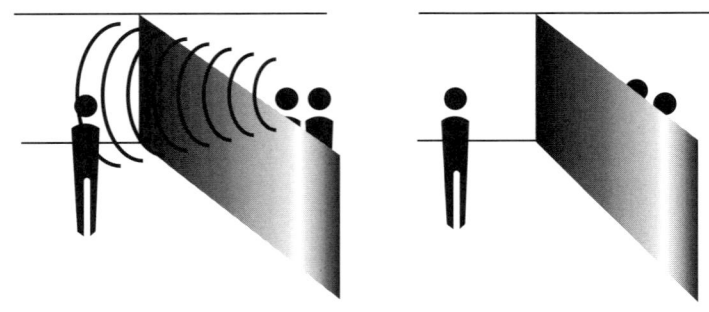

러한 지각 패턴들은 평생 고정되어 지속된다. 예컨대 일본인들은 시각적으로는 다양한 방법을 써서 차단하지만 청각적인 차단은 종이문만으로도 완전히 만족한다. 일본에 간 서구인이 옆방에 파티가 벌어지고 있는 한 여관방에서 밤을 지새는 것은 아주 낯선 청각적 경험이다. 이와는 대조적으로 독일인과 네덜란드인은 음을 차단하기 위해 두꺼운 벽과 이중문을 사용하며, 만약 소리를 잊기 위해 집중력을 동원해야 할 상황에 부딪히면 매우 힘들어한다. 같은 크기의 방이 두 개 있는데 하나는 방음이 되어 있고 하나는 되어 있지 않다면, 집중하고자 하는 예민한 독일인은 전자에서 훨씬 안정감을 갖게 되는데 그 이유는 방해를 덜 받는다고 느끼기 때문이다.

후각 공간

후각기관을 사용하는 데에는 미국인들이 문화적으로 뒤떨어져 있다. 미국의 공공장소는 탈취제를 과도하게 사용하며 냄새를 억제하기 때문에 세계 어느 곳에서도 찾아보기 힘들 정도로 냄새가 획일화되고 순화된 곳이다. 이러한 순화로 말미암아 공간의 구별이 없어져 우리 생활의 풍부함과 다양성이 박탈되었다. 또한 후각은 시각이나 청각보다 훨씬 깊은 기억을 불러일으키기 때문에 그 순화가 기억을 모호하게 만들었다. 미국인의 후각적 경험은 너무나 일천하므로 생물학적 활동으로서의 후각 기능을 간략히 훑어보는 게 좋을 것이다. 후각은 과거에 중요한 기능을 수행했음에 틀림없다. 그러므로 후각이 어떤 역할을 했으며 지금 문화에 의해 무시되거나 억제되고 있어도 여전히 남아 있는 기능이 있는지 의문을 제기할 만하다.

후각의 화학적 기초

냄새는 가장 먼저 발달한 커뮤니케이션의 원초적 방법 중 하나다. 그것은 무엇보다도 화학적 성질을 지니므로 화학적 감각이라고 지칭된다. 후각에는 다양한 기능이 있는데 개체를 구별할 뿐만 아니라 다른 생명체의 정서적 상태를 감지할 수 있다. 후각은 먹이를 찾아내고, 낙오자가 자기 무리나 집단을 찾아 따라갈 수 있도록 도와주며, 영토를 표시하는 수단이 되기도 한다. 냄새는 적의 존재를 드러내기도 하고 스컹크의 경우처럼 방어적으로 이용되기도 한다. 시골에 살면서 발정한 암캐가 수 마일 밖의 수캐를 유인하는 장면을 목격한 사람이라면 성적인 체취의 강력한 효력을 잘 알 것이다. 다른 동물들도 이와 유사하게 잘 발달된 후각을 갖고 있다. 예컨대 비단나방이는 2, 3마일 밖에서도 짝을 찾아낼 수 있으며 바퀴벌레 또한 놀라운 냄새 감각을 갖고 있다. 바퀴벌레 암컷은 성(性) 유인 분자 30개만으로도 수컷을 흥분시켜 날개를 치켜들고 교미하려 들게 만든다.

대체로 냄새는 바닷물과 같이 농도가 짙은 매체에서 강력한 힘을 발하며 농도가 옅은 매체에서는 그다지 효력이 없다. 연어가 수천 마일의 대양을 건너 자신들이 부화했던 강물로 돌아오는 데 사용되는 수단도 냄새임이 분명하다. 하늘에서처럼 매체의 농도가 옅어지면 후각은 시각에 그 역할을 양보하게 된다(하늘을 나는 독수리가 천 피트 아래 있는 쥐를 찾아내는 데 후각은 적합치 않을 것이다). 냄새의 주요 기능에는 다양한 유형의 커뮤니케이션이 있지만 일반적으로 신호나 메시지 시스템으로는 생각되지 않는다. 그리고 후각(외분비기관)과 체내의 화학적 조절체(내분비기관) 사이의 상관 관계도 최근에야 알려지기 시작했다.

내분비 조절체에 관한 오랜 연구사에 기초하여 화학적 커뮤니케이션은 고도로 선택적인 반응을 유발하는 데 가장 적합하다는 사실이 밝혀져 있다. 그러므로 화학적 메시지는 호르몬의 형태로 인접한 다른 세포에 영향을 주지 않으면서 미리 프로그램화되어 반응하도록 되어 있는 특정한 세포에 작용한다. 앞의 두 장에서는 스트레스에 반응하는 내분비선의 기능을 주목한 바 있다. 사실 고도로 발달된 신체의 화학적 메시지 시스템이 요구에 부응하여 하루 24시간 적절히 기능하지 않는다면 고등생물체는 생존할 수 없을 것이다. 신체의 화학적 메시지들은 그 구성과 복잡성에서 인간이 자신의 연장물로서 지금까지 발명해온 어떤 커뮤니케이션 시스템보다도 훨씬 뛰어나다고 말할 수 있을 정도로 완벽하고 정교하다. 여기서 말하는 의사소통체계에는 구어·

문어·수학기호 등을 비롯한 모든 형태의 언어뿐만 아니라 최신 컴퓨터를 이용한 다양한 정보조작까지도 포함된다. 신체의 화학적 정보체계는 매우 정교하고 정확해서 신체를 완벽하게 재생시킬 수 있으며 광범위한 비상사태하에서도 신체가 제대로 기능할 수 있도록 해준다.

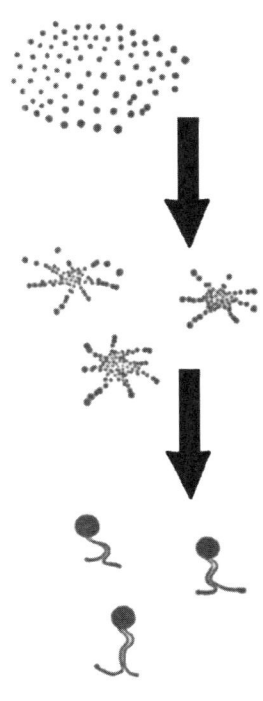

앞장에서 보았듯이 파크스와 브루스는, 적어도 특정 상황하에서는 쥐의 내분비계가 쥐들끼리 서로 깊이 연관되어 있는데 후각이 그 주요 **정보통로를 이루고 있다는 사실**을 입증했다. 그 밖의 예를 보아도 진화의 사다리에서 고등동물과 하등동물을 막론하고 화학적 커뮤니케이션이 행동을 통합하는 중요하고도 때로는 유일한 수단임을 알 수 있다. 이것은 생명의 가장 원초적 단계에서도 볼 수 있다. 미세한 단세포 생물체로 생명을 이루는 아메바도 화학적 방법에 의해 주변의 아메바와 일정한 거리를 유지한다. 먹이의 공급이 줄어들면 아메바는 즉시 아크라신이라는 화학적 탐지물질을 이용하여 둥글게 모여들어 끝부분에 작고 둥근 번식기공이 있는 줄기 모양을 만든다. 생물학자인 보너(Bonner)는 이러한 아메바의 '거리를 둔 활동' 및 사회적으로 공간을 취하는 방식을 논하면서 『사이언티픽 아메리칸』 1963년 8월호에 실린 타일러(John Tyler)의 논문 「변형균(Slime Molds)의 커뮤니케이션 방법」에서 다음과 같은 말을 인용했다.

그 당시 우리는 세포들이 모여 하나의 통일된 다세포군을 형성하는 과정에서 자기들끼리 어떤 대화를 나누는지에 대해서는 관심이 없었다. 우리는 세포군이 그 주변의 세포군과 나눌 수 있는 대화에 관심을 두게 되었는데, 다시 말하면 대화의 수준을 세포 간의 대화에서 여러 개의 세포들로 이루어진 유기체 간의 대화로 끌어올렸던 것이다. 이제 이 두 수준 모두에 동일한 커뮤니케이션의 원리가 적용된다는 사실이 밝혀졌다.

보너와 그의 동료들은 아메바의 사회적 군집들이 균일하게 거리를 두고 있음을 밝혀냈다. 공간유지의 메커니즘은 집단이 발산하는 가스로서 공기 1세제곱밀리미터당 250세포 한도 내로 인구밀도를 유지함으로써 과밀을 방지한다. 보너는 세포군 주변에 활성 목탄을 비치하여 실험적으로 밀도를 높일 수 있었다. 그는 목탄이 가스를 흡수함에 따라 인구밀도도 급증하는 것을 보여줌으로써 인구조절의 가장 단순하고 기본적인 시스템 하나를 입증하였다.

화학적 메시지에는 여러 종류가 있는데 그 중에는 시간을 두고 작용하는 것도 있다. 즉 어떤 일을 당한 한 동물이 다시 그 일을 당할 가능성이 있는 다른 동물에게 남기는 신호이다. 헤디거의 보고에 따르면, 순록은 자기 동족이 최근 위급한 일을 당해 놀랐던 지점에 이르면 그 놀란 순록의 발굽에서 분비된 냄새를 맡고 달아난다. 헤디거는 또한 황어(黃魚)의 손상된 살점에서 분비된 용액은 동료들에게 경각심을 불러일으킨다는 프리시(Frisch)의 실험결과를 인용하고 있다. 나는 비범한 경력을 가진 정신분석학자이자 유능한 임상학자와 후각적 메시지에 관해 논의하다가 그가 6피트 이상 떨어진 거리에서도 화가 난 환자를 냄새로 확실히 알아낼 수 있다는 사실을 알았다. 정신분열증 환자들을 오래 다룬 사람들은 그들에게 특징적인 냄새가 난다고 주장한다. 그렇게 자연스럽게 관찰된 의견에 따라 세인트루이스의 정신병의인 스미스(Kathleen Smith) 박사는 일련의 실험을 행하여 쥐들이 정신분열증 환자와 정상인의 냄새를 쉽게 구별한다는 사실을 밝혀냈다. 화학적 메시지의 강력한 효과에 비추어 생각하면 공포, 분노, 분열적 공포 등이 주변 사람들의 내분비계에 직접적으로 작용하지는 않으리라고 생각할 수도 있지만 그럴 수 있다는 의심도 가질 만하다.

인간의 후각

해외여행을 하는 미국인들은 지중해 연안국에 사는 사람들이 사용하는 향수 냄새가 지독하다는 이야기를 자주 한다. 미국인들은 북유럽 문화의 전통 때문에 그러한 일에 초연하기가 힘들다는 점을 알게 된다. 택시를 타면 미국인들은 차 안에 만연된 피할 수 없는 냄새를 가진 기사의 존재에 압도된다.

아랍인들은 성향과 냄새의 연관성을 분명하게 인정한다. 아랍의 결혼중매자는 좋은 짝을 맺어주려고 매우 세심한 주의를 기울이는 것이 보통인데 어떤 경우에는 신붓감의 냄새까지 맡아보고 '냄새가 좋지 않으면' 거절하기도 한다. 이 판단기준은 미학적인 것이라기보다는 분노나 불만의 냄새가 남아 있는지 아닌지일 것이다. 다른 사람을 향해 숨을 내쉬는 일은 아랍 국가에서는 보통이지만 미국인들은 조심하도록 배운다. 미국인들은 특히 공공 장소에서 가까운 사이가 아닌 사람들과 후각적으로 밀접한 거리에 있으면 곤란을 느낀다. 말하자면 당황하고 예민해져서 대화에 집중하기가 힘들어짐에 따라 자신의 감정을 제대로 조절하지 못하게 된다. 요컨대 이중으로 얽매여 우왕좌왕하게 된다. 이러한 후각 시스템의 차이로 인해 미국인과 아랍인 모두가 단순한 불편과 성가심 이상의 심각한 불익을 당하고 있다. 미국과 아랍의 문화적 접촉을 다룬 제12장에서는 이 점을 더욱 자세히 살펴볼 것이다. 몇 가지를 제외한 모든 냄새를 우리의 공공생활로부터 추방해버림으로써 미국인들이 자신에게 행한 일은 대관절 무엇이며 우리의 도시 생활에는 어떤 영향을 미치게 되는지 알아볼 것이다.

　북유럽 전통을 이어받은 미국인 대부분이 스스로 제거해버린 강력한 커뮤니케이션 채널의 하나가 바로 후각이다. 우리의 도시는 후각적으로나 시각적으로나 다양성이 결여되어 있다. 유럽의 마을이나 소도시의 거리를 거닐어본 사람이라면 거의 모든 곳에서 부근에 무엇이 있는지 금방 알 것이다. 나는 제2차 세계대전 중 프랑스에서 새벽 4시 오븐에서 갓 구워낸 프랑스 빵의 구수한 내음이 달리는 지프를 급정거시킬 수 있다는 사실을 목격했다. 미국에서 그런 일을 일으킬 만한 냄새가 있는지 생각해볼 일이다. 전형적인 프랑스 마을에서는 커피향, 향료와 야채 냄새, 금방 잡은 닭 냄새, 갓 빤 세탁물 냄새, 옥외 카페의 독특한 향 등을 맡을 수 있다. 이러한 냄새들은 살아 있다는 느낌을 부여해준다. 냄새의 변화와 이동은 공간적인 위치를 일깨워줄 뿐만 아니라 일상생활의 풍미를 더해준다.

5 공간지각: 근접 수용기관 – 피부와 근육

라이트(Frank Lloyd Wright)가 건축가로서 성공한 큰 이유는 사람들이 공간을 경험하는 방식이 매우 다양하다는 점을 인식했기 때문이다. 도쿄에 있는 오래된 '임페리얼 호텔'은 서구인에게 라이트가 다른 세계에 있음을 시각적으로, (근육)운동감각적으로, 촉각적으로 상기시켜 준다. 변화하는 지평, 위층으로 연결되는 원형의 벽으로 둘러싸인 좁은 층계, 그리고 작은 규모, 이 모두가 새로운 경험이다. 긴 회랑의 벽은 손을 뻗어 닿을 정도의 규모이다. 자재사용의 예술가인 라이트는 가장 거친 벽돌을 사용한 다음 표면에서 족히 반 인치를 파내어 부드러운 금빛 모르타르(회반죽)를 바름으로써 벽면을 이분하였다. 투숙객들은 이 회랑을 따라 걸으면 대개 그 팬 홈을 따라 손가락을 넣고 싶은 충동을 느끼는데, 그러나 라이트가 의도한 바는 이것이 아니다. 그 벽돌은 너무나 거칠어 그 충동대로 하다가는 손가락을 다치기 십상이다. 라이트는 이러한 설계를 통해 사람들이 건물의 표면에 직접 참여케 함으로써 공간에 대한 경험을 고양시켰다.

초기 일본 정원의 디자이너들은 공간에 대한 운동감각적(kinesthetic)

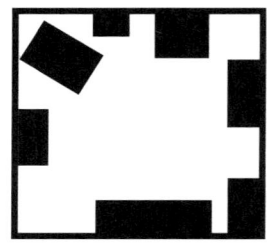

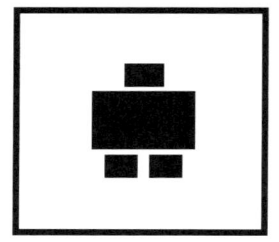

경험과 시각적 경험 사이의 상관관계를 이해했음에 틀림없다. 일본인들은 옥외에 넓은 공간이 부족하고 서로 밀집하여 살았기 때문에 작은 공간을 최대한 이용하는 법을 터득했다. 그들은 운동감각을 과장되게 관여시킴으로써 시각적 공간을 확장시키는 특별한 재능이 있었다. 일본 정원은 눈으로 보도록 디자인되었을 뿐만 아니라 일본 정원을 걷는 경험 속에 근육의 감각들이 평소보다 많이 동원되도록 꾸며져 있다. 관람객은 연못에 불규칙하게 놓인 디딤돌을 따라 걸음을 옮겨놓을 때마다 자신의 발을 내려다보지 않을 수 없다. 디딤돌마다 멈춰 서서 다음 디딜 곳을 살펴야 하는 것이다. 심지어 교묘하게 목근육까지 운동하도록 되어 있다. 위를 올려다보면 잠시 경치에 매료되지만 걸음을 옮기려고 발을 떼는 순간 중단되고 만다. 실내공간의 사용에서도 일본인들은 무슨 일이나 방 한가운데서 하기 때문에 방 가장자리는 비워두는 반면 유럽인들은 벽 가까이나 벽면에 가구를 비치하여 가장자리를 채우는 경향이 있다. 그렇기 때문에 일본인들이 서구식 방들을 보면 흔히 서구인들이 보는 것보다 덜 어수선하게 느낀다.

일본인과 유럽인의 공간경험에 대한 개념은 미국인의 그것과는 다른데 미국인의 개념은 훨씬 제한적이다. 미국에서는 사무실 직원들이 필요로 하는 공간에 대한 전통적인 개념을 작업에 필요한 실질적인 공간에 국한시킨다. 최소한도의 필요를 초과하는 것은 무엇이든지 대개 '가두리 장식'으로 간주된다. 그 이상 요구되는 공간이 있을 수도 있다는 생각을 꺼리는데 그것은 적어도 부분적으로는 미국인들이 주관적인 느낌으로 끌어대는 근거들을 불신하기 때문이다. 사람의 손이 닿을 수 있는 거리는 줄자로 잴 수 있지만 개개인의 갑갑한 느낌을 적절히 판단하는 데에는 전혀 다른 기준을 적용하지 않으면 안 된다.

미국 사무실의 숨겨진 지대

무엇이 이러한 주관적인 느낌을 자아내는가에 대한 정보가 거의 없기 때문에 나는 일련의 자유로운 인터뷰를 통해 사무실 공간에 대한 사람들의 반응을 조사했다. 이 인터뷰들을 통해 드러난 가장 중요하고 유일한 기준은 사람들이 무엇엔가 부딪히지 않고 자신의 업무를 수행할 수 있느냐 없느냐였다. 인터뷰 대상자 중에는 다른 크기의 여러 사무실에서 근무했던 여성이 있었다. 그녀는 똑같은 기관의 똑같은 업무를 다양한 사무실에서 수행하면서 이들 사무실이 각기 다른 공간경험을 부여한다는, 이를테면 적당한 느낌을 주는 사무실과 그렇지 못한 사무실이 있다는 점에 주목했다. 이러한 그녀의 경험들을 자세히 살펴본 결과, 많은 사람들이 그렇듯이 그녀도 책상으로부터 자신을 밀어내어 팔다리와 등을 뻗을 수 있도록 의자에 기대는 습관이 있다는 사실을 알아냈다. 책상에서 떨어진 간격은 매우 일정하며 그녀가 뒤로 기대었을 때 벽에 닿으면 너무 좁다고 느끼고 닿지 않으면 넉넉하다고 생각한다는 사실을 알았다.

100명 남짓한 미국인들과의 인터뷰에 근거하여 미국 사무실의 숨겨진 지대를 다음과 같이 세 가지로 분류할 수 있었다.

1. 책상머리와 의자라는 직접적인 작업영역
   2. 그러한 영역 밖으로 팔이 닿을 수 있는 일련의 지점들
   3. 실제 일어나지 않고도 작업으로부터 약간의 거리를 유지하기 위하여 책상에서 자신을 밀어낼 수 있는 한도로 표시되는 공간

첫 번째 영역 내에서의 움직임만 허용하는 사무실은 갑갑한 것으로 느껴지고, 두 번째 크기의 사무실은 작은 것으로 간주되며, 제3지대의 공간을 가진 사무실은 적당하거나 때로는 넓은 것으로 간주된다.

운동감각적 공간은 건축가와 디자이너들이 창출해낸 건물 안에서 매일매일을 살아가는 데 중요한 요인이다. 잠시 미국의 호텔들을 생각해보자. 호텔방 안에서 돌아다닐 때 물건에 부딪히지 않은 적이 없었던 나의 경험으로 미루어보면 대개의 호텔방이 너무 작은 것을 알 수 있다. 미국인들에게 똑같은 두 방을 비교해보라고 하면 자유롭게 움직일 수 있는 여지가 더 많도록 배치된 방이 대체로 더 넓게 느껴질 것이다. 확실히 우리 실내공간의 배치를 개선할 필요성이 크다. 그래야만 사람들이 늘상 서로 부딪치는 일이 없을 것이다. 내 표본자료의 한 여성(비접촉성)은 보통은 명랑하고 개방적인 사람이지만, 비록 현대식이긴 하더라도 잘못 디자인된 부엌 때문에 수십 번이나 분통이 터졌던 경험을 이렇게 말했다.

"나는 친한 사람들하고조차 닿거나 부딪치는 일이 싫어요. 그런데 이 부엌에서 식사준비를 하려면 누군가가 늘 걸리적거려 짜증이 나요."

공간적인 요구는 개인과 문화에 따라 커다란 차이가 있다(제10~12장 참조)는 사실은 이미 알고 있지만, 그래도 한 공간을 다른 공간과 구분짓는 데 어떤 요인들이 작용하는지는 어느 정도 일반화할 수 있다. 요컨대

그 안에서 무엇을 할 수 있는가가 주어진 공간을 어떻게 경험하는지를 결정한다. 한두 걸음으로 가로지를 수 있는 방과 열다섯에서 스무 걸음을 요하는 방은 전혀 다른 경험을 부여해준다. 천장에 손이 닿는 방과 11피트 높이의 방은 아주 다르다. 넓은 옥외공간에서 실질적으로 경험되는 널찍한 느낌은 여기저기 걸어다닐 수 있는지 없는지에 달려 있다. 베네치아의 산 마르코 광장이 매혹적인 이유는 그 규모와 균형미 때문만이 아니라 곳곳마다 직접 걸어볼 수 있기 때문이다.

열 공간

우리의 일상생활에서는 원격 수용기관(눈·귀·코)을 통해 받아들인 정보가 아주 중요한 역할을 하기 때문에 피부를 주요 감각기관의 하나로 생각하는 사람은 거의 없다. 그러나 열과 냉기를 인지하는 능력이 없어지면 인간을 포함한 생명체는 곧 사라질 것이다. 사람들은 겨울이면 얼어붙을 것이고 여름이면 과열될 것이다. 피부의 보다 미묘한 감각체(그리고 전달체)들도 대개 간과되고 마는데 그것들 또한 인간의 공간지각과 관계가 있다.

자기자극 수용체(proprioceptor: 自己자극에 감응하는 말초신경—옮긴이)

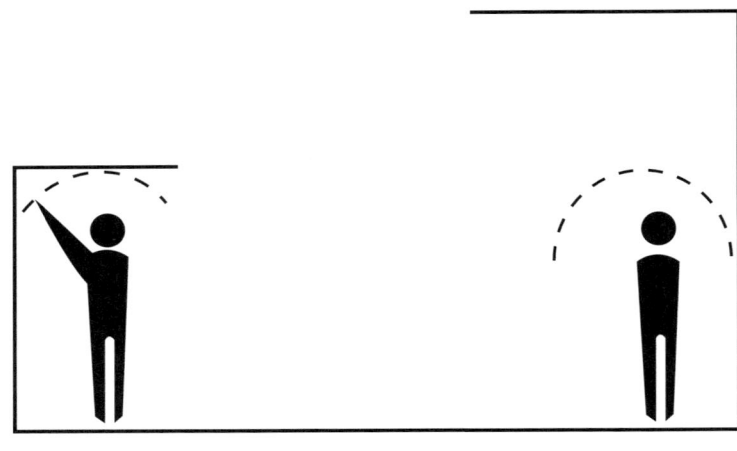

라고 불리는 신경은 인간이 근육을 움직일 때 일어나는 일을 계속 알려준다. 이들 신경은 인간이 신체를 부드럽게 움직일 수 있도록 해주는 피드백(역류정보)을 제공하기 때문에 운동감각적 공간지각에서 관건이 되고 있다. 외부자극 감수체(exterioceptor)라는 또 다른 일련의 신경은 피부에 위치하여 열·냉기·접촉·통증 등의 감각을 중추신경계로 전달한다. 이 두 신경계가 따로 작용하기 때문에 운동감각적 공간은 열 공간과는 질적으로 다르리라고 짐작할 수 있다. 이 두 신경계는 함께 작용하고 또 대부분 상호보완적으로 강화작용을 하지만 그럼에도 불구하고 정확하게 짐작대로이다.

피부의 열에 대한 몇 가지 현저한 특징은 최근에야 발견되었다. 확실히 복사(적외선)열을 방출하고 감지하는 피부의 능력은 놀라울 정도로 대단한데 그만큼 고도로 발달된 것을 보면 그 능력이 과거 인간의 생존에 중요한 역할을 했고 또 현재까지도 여전히 어떤 기능을 수행할지도 모른다고 가정할 수 있다. 인간은 신체 여러 부위에서 일어나는 피부 온도의 변화를 통해 자신의 감정적 상태에 대한 메시지를 보내고 받을 수 있도록 만들어졌다. 감정적 상태는 신체 여러 부위로 공급되는 혈액량의 변화에도 반영된다. 대개 얼굴을 붉히는 것을 시각적 표시로 알고 있지만 피부색이 검은 사람들도 얼굴을 붉히므로 그것은 분명 단순히 피부색의 변화에만 관계된 문제가 아니다. 피부색이 검은 사람들이 당황하거나 화를 낼 때 자세히 관찰해보면 관자놀이와 이마 주위의 혈관이 팽창하는 것을 볼 수 있다. 물론 그때 추가공급된 혈액은 상기된 부분의 온도를 상승시킨다.

새로운 기구의 발명으로 열방출에 관한 연구가 가능해져 이전에는 직접 관찰할 수 없는 영역이었던 사람들 간의 열에 의한 커뮤니케이션에 관한 상세한 연구가 궁극적으로 가능해질 것이다. 이 새로운 기구란 본래 인공위성과 유도 미사일을 위해 개발된 적외선 탐지장치와 카메라(온도기록장치)를 말한다. 온도기록장치는 부(副, sub)시각적 현상을 기록하는 데 아주 적합하다. 최근 『사이언스』지에 실린 반스(R. D. Barnes)의 논문에 의하면 인간의 신체 복사열을 이용하여 어둠 속에서 찍은 사진들에서 몇 가지 놀라운 점들이 발견되었다. 예컨대 피부색은 방출된 열의 양에 영향을 미치지 않는다. 즉 검은 피부가 방출하는 열의 양은 밝은 색의 피부보다 많지도 적지도 않다. 영향을 미치는 것은 신체의 일정한 부위에 공급되는 혈액의 양이다. 이 장치를 통해 달아오른 신체 부위의 온도는 실제로 주변 부위에 비해 몇 도 높다는 사실이 확인되었는데 이 점은 사람들이 보통 접촉으로도 감지할 수 있다. 혈액순환에 지장을 주는 혈관폐색이나 질병(여성의 유방암을 포함한)도 온도기록장치의 기술을 이용하여 진단할 수 있다.

다른 사람의 신체 표면에 열이 오른 것은 세 가지 방법으로 감지할 수 있다. 첫째로 두 사람이 충분히 가까이 있을 경우에는 피부의 열 감지체를 통해서, 둘째로 후각적인 상호작용의 강화를 통해서(향수나 로션의 냄새는 피부온도가 올라가면 보다 먼 거리에서도 맡을 수 있다), 셋째로 시각적인 검사를 통해서이다.

　내가 젊었을 때는 춤을 추면서 어떤 파트너는 보통보다 좀 뜨겁거나 차다고 느껴질 뿐만 아니라 같은 여성의 체온도 때에 따라 변한다는 점을 자주 경험했었다. 그럴 경우에는 항상 나 자신의 체온도 거기에 맞춰 상승하고 왠지 모르게 상대에게 관심을 갖게 되는 느낌을 받는데 그러면 이 젊은 숙녀들은 어김없이 "바람을 쐬고 싶다"고 제안하는 것이었다. 몇 년이 지난 후 다시 이러한 현상을 검토하면서 몇몇 여성 피실험자들에게 그 열 변화에 관한 이야기를 하자 자신들도 아주 익숙한 경험이라고 말했다. 한 여성은 어둠 속에서 3~6피트 떨어진 거리에서도 남자친구의 감정 상태를 분별할 수 있었다고 주장했다. 그녀는 분노나 욕망이 일어나는 시점도 감지할 수 있었다고 보고했다. 또 다른 여성은 춤출 때 파트너의 가슴에서 느껴지는 온도 변화에 따라 '도가 지나치기' 전에 행동을 다잡을 수 있었다고 말했다.

　한 과학적인 조사자에 의한 성(性)에 관한 보고서가 아니었다면 이러한 관찰들은 웃음거리가 되었을지도 모른다. 1961년 미국 인류학협회에 제출한 보고서에서 매스터스(W. M. Masters)는 천연색 슬라이드를 이용하여 관찰한 복부의 피부 온도 상승이 성적인 흥분의 아주 초기 현상 중 하나임을 밝혔다. 화가 날 때 얼굴이 붉어진다거나, 당황할 때 볼이 빨개지거나, '천천히 달아오르는' 현상이 양미간의 붉은 반점으로 나타나거나, 공포를 느낄 때 손바닥에 땀이 나거나 '식은땀'이 흐르거나, 열정으로 홍조를 띠거나 하는 것들은 그 자체만으로 보면 이상한 현상에 지나지 않는다. 그러나 하등 생물체의 행동에 관한 우리의 지식과 결부시켜 보면 그것들은 본래, 자신에게 일어나고 있는 바를 타인에게 알리려는 목적으로 기능했던 표현수단들, 이를테면 행동 화석들의 의미심장한 잔재로 간주될 수 있다.

이러한 해석은 힌데와 틴베르헨이 제시한 가능성, 즉 새들의 감정표현은 더위를 식히고 추위를 피하기 위해 깃털을 사용할 때와 동일한 신경통제하에서 이루어질 수도 있다는 가능성을 고려하면 더욱 그럴듯해 보인다. 그 메커니즘은 분명 다음과 같이 기능할 것이다. 다른 수컷의 존재로 인해 화가 난 수컷 새는 정교하고 복잡한 메시지(내분비선과 신경의)가 신체의 다른 부분에 전달되어 전투태세를 갖추게 된다. 이때 수반되는 많은 변화 중 하나는 체온상승으로 마치 더운 여름날에 하는 듯한 날갯짓을 유도하게 된다. 이 메커니즘은 초기의 자동차에 부착되어 모터가 뜨겁거나 차가울 때 라디에이터의 방열공을 여닫게 하는 온도조절기와 매우 흡사하다.

온도는 사람이 과밀을 어떻게 경험하는가와 밀접한 관계가 있다. 군중의 열을 발산할 공간이 넉넉지 못해 열기가 오르기 시작하면 일종의 연쇄반응이 일어나게 된다. 일정 정도의 편안함과 거리를 유지하려면 열기 속의 군중은 시원한 곳의 군중보다 더 넓은 공간을 필요로 한다. 나는 가족과 함께 비행기로 유럽여행을 할 때 그 점을 관찰할 기회가 한 번 있었다. 우리는 수속이 계속 지체되는 바람에 길게 줄을 서 있을 수밖에 없었는데 마침내 냉방이 된 공항청사에서 나와 한여름의 폭염 속에서 줄지어 기다려야 했다. 더위 속에서는 승객들이 더 가깝게 붙어선 것도 아닌데 훨씬 더 붐비는 느낌이 들었다. 이 변화의 주된 요인은 열기였다. 열 공간이 겹쳐지고 사람들 또한 서로의 냄새를 맡을 수 있게

되면 사람들은 훨씬 연루될 뿐만 아니라, 제3장에서 언급했던 브루스 효과가 인간에게도 적용된다면 서로간의 감정에 따른 화학적인 영향하에 놓일 수도 있다.

내 설문 대상자 중 몇몇은 다른 사람들이 방금 앉았다 일어선 덮개 씌운 의자에 앉기가 싫다고 말하면서 비접촉성인 사람들(낯선 사람들과의 접촉을 피하는 사람들)의 정서를 토로했다. 잠수함 승무원들의 잦은 불평은 '후텁지근한 침상'으로 보초 근무를 끝낸 승무원은 교대자가 바로 '기어나간 침낭'에 들어가 자야 하는 관행에 대한 것이다. 자신의 열기는 괜찮으면서 남의 열기는 싫은 이유가 무엇인지는 모르지만 아마도 우리가 미소한 온도 차이에 너무 민감한 탓일지도 모른다. 사람들은 자신에게 익숙지 않은 열 패턴에 부정적인 반응을 보이는 것 같다.

우리가 열감각수용체로부터 얻는 다양한 메시지의 의식(또는 무의식)에 대한 해석이 과학자들에게 제기하는 몇 가지 문제점을 보면 그 과정은 처음 드러난 것보다 훨씬 복잡하다. 예컨대 갑상선의 분비는 추위에 대한 민감도를 변화시킨다. 즉 과소분비는 추위를 느끼게 만들고 과다분비는 그 반대효과를 낳는다. 성별, 연령, 개개인의 화학작용 또한 열감각에 영향을 미치는 요인이다. 신경학적으로 열조절체는 뇌 깊숙이 자리잡고 있으며 시상하부의 통제를 받는다. 그러나 문화 역시 영향을 미치는 요인임에 틀림없다. 인간은 자신의 전체적인 열 시스템에 의식적인 통제를 거의 또는 전혀 가할 수 없다는 사실이 여태껏 이 문제가 거의 연구되지 않았던 이유를 설명해줄지도 모르겠다. 프로이트와 그의 후학들이 관찰했던 바대로 우리 자신의 문화는 통제될 수 있는 것은 강조하고 그렇지 못한 것은 거부하는 경향이 있다. 체열은 지극히 개인적인 것으로 우리 마음속의 유아적 경험이나 친밀감과 직결되어 있다.

영어에는 '깃밑이 뜨거운', '차가운 응시', '열띤 논쟁', '그는 나를 보고 달아올랐다' 따위의 표현이 풍부하다. 나는 프록세믹스를 연구하는 과정에서 얻은 경험을 통해 이러한 표현들이 단순한 비유적 표현 이상임을 확신하게 되었다. 사람들이 자기 자신이나 타인의 체온 변화를 지각하는 일은 너무나 일상적인 경험이기 때문에 이 표현들은 그러한 지각이 언어로 구체화된 것에 다름 아니다.

자신과 타인의 열 상태에 대한 사람들의 반응을 알아보는 또 하나의 방법은 자기 자신을 하나의 조절기준으로 삼는 것이다. 이에 관한 나의 인식이 커질수록 피부는 어느 정도 거리에서 내가 생각했던 것보다 훨씬 더 일정한 정보의 원천임을 깨닫게 되었다. 예를 들면, 언젠가 내가 만찬 파티에 참석했을 때 주빈이 일장 연설을 하고 모두가 그에게 주의를 집중하고 있었다. 그의 말을 경청하던 나는 무엇 때문인지 식탁 위에 올려놓은 내 손을 반사 속도로 끌어내렸음을 깨달았다. 무엇에 닿았던 것도 아닌데 알 수 없는 어떤 자극이 무의식적으로 내 손을 움직이게 하여 나를 놀라게 했다. 자극의 원인을 몰랐으므로 나는 다시 손을 원래의 자리에 두었다. 그때 옆자리 손님의 손이 식탁보 위에 놓여 있는 것이 내 눈에 들어왔다. 그리고 나는 희미하게나마 그녀가 경청하는 동안 손을 식탁 위에 올려놓는 이미지를 주변시야로 감지했던 것을 기억했다. 내 주먹은 열 범위 안에 있었는데 그 거리는 정확히 2.5인치임이 판명되었다! 또 다른 예로는, 사람들이 그림이나 책 속의 무엇인가를 주시하면서 내 쪽으로 몸을 기울이는 경우 그들의 얼굴에서 발산되는 열이

11~18인치 떨어진 거리에서도 충분히 지각되었다.

독자들도 자신의 민감도를 쉽게 시험해볼 수 있다. 입술과 손등은 많은 열을 발산하는데, 손등을 안면에 가까이 댔다 멀리 댔다 하면서 위아래로 천천히 움직여 보면 열이 쉽게 감지되는 지점을 찾을 수 있다.

맹인은 복사열의 민감도에 관한 훌륭한 자료원이다. 그러나 맹인은 기술적인 의미에서 자신의 민감도를 의식하지 못하며 열 감각에 대한 주의를 환기시켜 주지 않는 한 언급조차 하지 않는다. 이 점은 정신의학자 브로디(Warren Brodey) 박사와 나 자신이 함께 인터뷰를 진행하는 과정에서 밝혀졌다. 우리는 맹인 대상자의 감각 사용에 대해 조사하고 있었는데, 인터뷰하는 동안 그들은 창가의 공기 흐름에 관해 그리고 창문이 실내에서의 위치파악이나 실외에서의 거리확인에 맹인들의 비시각적 방향잡이로서 얼마나 중요한가에 관해 말했다. 그 때문에 우리는 맹인들이 그토록 잘 다닐 수 있는 데에는 고도로 발달된 청각 이상의 무언가가 있다고 확신했다. 이후 지속적인 조사 사례를 통해 맹인들은 사물의 복사열을 감지하는 외에도 방향을 잡는 보조수단으로 이용한다는 사실이 밝혀졌다. 어떤 거리의 북측 벽돌담은 인도의 도로폭 전체에 열을 반사하는 까닭에 맹인들에게 하나의 표지가 되는 것으로 확인되었다.

촉각 공간

촉각적 공간경험과 시각적 공간경험은 너무나 밀접하게 엮여 있기 때문에 분리가 불가능하다. 어린아이나 유아가 물건에 손이 미치는 대로 얼마나 잡고 물고 빨고 하는지 그리고 시각세계를 접촉 세계의 우위에 두도록 아이들을 훈련시키는 데 얼마나 오랜 세월이 소요되는지를 잠시 생각해보라.

화가 브라크(Braque)는 공간지각에 관해 언급하면서 시각적 공간과 촉각적 공간을 이렇게 구분하였다. '시각' 공간은 대상과 대상을 분리시키는 반면 촉각 공간은 대상과 관람자를 분리시킨다는 것이다. 그는 이 두 종류의 공간과 공간의 경험에 대한 그것들의 관계에는 차이가 있다고 강조하면서 '과학적' 지각이란 화가가 공간에 대한 온전한 경험을 전달할 수 없게 만드는 눈속임, 그것도 나쁜 속임수에 불과하다고 말했다.

심리학자 깁슨(James Gibson)도 시각을 촉감에 연관시킨다. 그에 따르면, 우리가 이 두 감각을 주체가 적극적으로 두 감각 **모두**를 사용하여 탐색하는(scanning) 정보의 통로로 생각한다면 감각기관이 받은 인상들의 흐름도 강화된다. 깁슨은 능동적인 촉감(촉각적으로 탐색함)과 수동적인 촉감(접촉을 당함)을 구별한다. 그의 보고에 의하면, 실험대상자들이 능동적 촉감을 사용할 경우에는 장막이 드리워져 볼 수 없는 추상적 물체들을 95퍼센트까지 정확히 재생할 수 있었으나 수동적 촉감으로 가능한 정확성은 49퍼센트에 불과했다.

밸린트(Michael Balint)는 『국제정신분석학지』에 기고한 글에서 두 가지 상이한 지각세계, 즉 **시각중심적** 세계와 **촉각중심적** 세계를 설명하고 있다. 그는 촉각중심적 세계가 시각중심적 세계보다 더욱 직접적이고 친숙하다고 본다. 왜냐하면 시각중심적 세계에서 공간은 친숙하지만 위험하고 예측불가능한 사물(사람)들로 가득 채워져 있기 때문이다.

피부는 정보수집 장치의 하나로 잘 알려져 있지만 그럼에도 불구하고 디자이너나 엔지니어는 촉감, 특히 능동적 촉감이 지닌 깊은 의미를 파악하지 못했다. 그들은 사람들이 자신이 살고 있는 세계와의 연관성을 유지하기 위해 얼마나 능동적 촉감을 필요로 하는지 이해하지 못했다.

우리 도로의 흐름을 방해하는 디트로이트산(産) 괴물(대형 승용차)을 생각해보자. 엄청난 규모, 대형소파식 좌석, 부드러운 스프링, 방음단열재를 갖춘 그 괴물을 탈 때마다 우리의 감각은 박탈된다. 미국산 자동차들은 도로의 굴곡을 가능한 한 느끼지 못하도록 디자인되어 있다.

　스포츠카를 타거나 좋은 유럽산 승용차를 탈 때조차 느낄 수 있는 즐거움은 대개 자동차와의 접촉뿐만 아니라 도로와의 접촉에서 느껴지는 감각에서 유래한다. 수많은 요트마니아들의 관점으로 본 요트타기의 매력 중 하나는 시각적·운동감각적·촉각적 경험의 상호작용이다. 요트를 타는 한 친구는 직접 키잡이를 잡고 있지 않으면 요트에 무슨 일이 일어나고 있는지 거의 느낄 수 없다고 말해주었다. 요트타기가 수많은 마니아들을 매료시키는 이유는 점차로 단절되고 자동화되는 우리의 생활로 인해 거부된 느낌, 즉 무언가와 접촉하고 있다는 참신한 감각을 부여하기 때문이다.

　재난시에 신체적 접촉을 피해야 할 필요성 때문에 위험한 지경에 처할 수도 있다. 내가 말하고자 하는 것은 일인당 가로 1.1, 세로 8.0제곱피트의 노예선처럼 재난을 유발하는 치명적인 과밀상태에서 벌어지는 일들이 아니라 지하철·엘리베이터·공습대피소·병원·감옥에서 보통 일어날 수 있는 상황이다. 과밀의 기준을 설정하기 위해 사용되는 대부분의 자료는 너무나 극단적이기 때문에 부적절하다. 과밀을 연구하는 사람들은 일정한 측정기준이 없기 때문에 정신이상이나 죽음까지 초래할 정도의 극단적인 과밀상태에서 벌어지는 일에 의거하게 마련이다. 사람이나 동물에 관한 지식이 쌓여갈수록 피부 그 자체는 과밀을 측정하는 경계 또는 기준점으로 매우 불만족스러운 것임이 분명해지고 있다.

　모든 물질을 구성하는 운동성의 분자와 마찬가지로 살아 있는 물체는 움직이고 있으며 따라서 다소 일정량의 공간을 필요로 한다. 그 척도의 최저치인 절대 0도는 사람들이 더 이상 움직일 수 없을 정도로 밀집되어 있는 상태이다. 이 절대치를 넘어서는 공간의 넓이란 사람들이 자유롭게 움직일 수 있거나 서로 밀어제치는 것이 가능하게 느껴지는 정도이다. 이 밀어제침에, 나아가 밀폐된 공간에 어떻게 반응하는가는 낯선 이와의 접촉을 어떻게 느끼는가에 달려 있다.

내가 다소 경험한 바 있는 두 집단, 일본인과 다랍인은 공적인 공간이나 운송기관에서의 과밀에 대해 미국인이나 북유럽인보다 인내심이 훨씬 강하다. 그러나 아랍인과 일본인은 분명 자신이 살고 있는 공간에 대한 요구조건에 미국인보다 더욱 관심을 갖는다. 특히 일본인은 생활 공간을 자신의 모든 감각으로 지각하는 데 적합하게 만들기 위해 많은 시간과 주의를 쏟는다.

질감(texture)에 관해서는 아직까지 거의 언급한 바가 없는데, 재질은 설사 시각적으로 볼 수 있다 해도 거의 전적으로 촉감을 통해 평가되고 감상된다. 몇 가지 예외는 있지만(나중에 언급하겠다) 우리는 촉각적 경험을 통한 기억으로 재질을 감상할 수 있다. 지금까지 재질의 중요성에 크게 관심을 두었던 디자이너는 소수에 불과하며 건축에서도 재질이 이용된 것은 대개 우연적이고 비공식적인 경우였다. 다시 말해서 건축물의 내외장 재질은 의식적으로 그리고 심리학적으로나 사회적인 인식하에 사용된 적이 거의 없었다.

일본인은 그들이 생산해내는 물건들에서 명백히 나타나듯이 재질의 중요성에 대한 의식이 훨씬 강하다. 만져서 브드럽고 즐거움이 느껴지는 그릇은 도공이 그 그릇과 그것을 사용하게 될 사람뿐만 아니라 자기 자신도 소중히 여겼음을 전달해준다. 중세의 장인들이 나무표면을 문질러 마감한 목기 또한 그들이 촉감에 부여한 중요성을 말해준다. 촉감은 모든 감각 중에서 가장 개인적으로 경험되는 것이다. 사람들은 대개 삶의 가장 익숙한 순간마다 연상되는 피붓결의 변화들에 관해 알고 있다. 원치 않는 접촉에 대해 경직되고 갑옷 같아진 피부의 반항 혹은 사랑을 나누는 동안 달아올라 변화가 지속되다가 마침내 만족감으로 벨벳같이 부드러워진 피부 등은 몸에서 몸으로 전달되는 보편적인 의미를 지닌 메시지들이다.

인간과 그 환경의 관계란 자신의 감각기관의 기능과 더불어 그 기관이 어떻게 반응하도록 조건지어져 있는가이다. 오늘날 자기 자신에 대한 무의식적인 상(picture), 즉 자기가 이끌어가는 삶, 순간순간 실존하는 과정은 대개 인위적으로 제조된 환경 속에서 개인이 감각적으로 반응하는 조각조각 단편화된 피드백으로 이루어진다. 직접적인 감각수용체를 살펴보면 도시와 도시 근교에 사는 미국인들은 자기 몸 그리고 자신이 차지하는 공간을 능동적으로 경험할 수 있는 기회가 갈수록 적어진다는 점이 무엇보다 먼저 부각된다. 우리의 도시공간은 유쾌한 자극이나 시각적 다양성을 거의 제공하지 못하고 있으며 실제 공간적 경험에 관한 운동감각적 레퍼토리를 만들 기회도 주지 않는다. 많은 사람들이 운동감각적인 기회를 박탈당하고 있으며 경직되기까지 하는 것으로 보인다. 게다가 자동차는 신체와 환경으로부터의 소외과정을 한걸음 앞서 재촉하고 있는 탓에 사람들은 자동차가 도시, 아니 어쩌면 인류 그 자체와 전쟁을 치르고 있다고 느낄 정도이다. 부가적인 두 가지 감각능력, 즉 열과 재질의 변화에 대해 피부가 느끼는 고도의 민감성은 타인의 감정적 변화를 파악하는 기능뿐만 아니라 자신의 환경으로부터 특히 개인적인 성격의 정보를 피드백시키는 기능을 한다.

인간의 공간 감각은 자신에 대한 감각과 밀접한 관계가 있는데 이 자신에 대한 감각은 자신의 환경과 직접적으로 교류한다. 인간은 자신의 환경에 의해 개발이 억제되거나 고양될 수 있는 자신의 시각적·운동감각적·촉각적·열감각적 측면들을 다양하게 지니고 있다고 볼 수 있다. 제6장에서는 인간의 시각세계 및 인간이 어떻게 시각세계를 형성하는가를 살펴보겠다.

6 시각 공간

 시각은 마지막으로 진화한 감각으로서 아직까지는 가장 복잡한 감각이다. 눈을 통해 신경계로 전달되는 정보의 비율은 만지고 듣는 것보다 훨씬 크다. 옥외에서 맹인이 수집하는 정보는 탄경 20~100피트 범위에 국한되지만 시력이 있다면 별도 볼 수 있다. 능숙한 맹인이 익숙한 지역에서 낼 수 있는 평균 **최대** 시속이래야 2, 3마일을 넘지 못하는데, 시력이 있다면 사물과의 충돌을 피하려는 조치가 필요해지기 전에 소리보다 더 빠르게 날아야 할 것이다(마하 1을 조금이라도 넘는 속도에서는 조종사들은 서로를 눈으로 확인하기 전에 상대 비행기의 존재를 알아야 한다. 그 속도에서 두 비행기가 충돌선상에 있을 경우 상대가 시야에 들어오면 이미 때가 늦은 것이다).
 사람의 눈은 많은 기능을 수행한다. 이를테면 다음과 같은 일들을 가능케 한다.

 1. 음식, 친구, 멀리 떨어져 있는 여러 물질의 물리적 상태를 식별한다.
 2. 있을 법한 어떤 지역에서라도 장애물과 위험을 피해 다닐 수 있다.

3. 도구를 만들고, 자신이나 타인의 외모를 돌보고, 전시품을 평가하고, 타인의 감정적 상태에 대한 정보를 수집한다.

눈은 일반적으로 인간이 정보를 수집하는 주요한 수단으로 간주된다. 그러나 '정보 수집체'로서의 눈의 기능도 중요하지만 정보를 전달하는 면에서의 유용성도 소홀히 해서는 안 된다. 예컨대 눈빛으로 상대를 벌주고, 격려하고, 압도할 수 있다. 동공의 크기 또한 관심과 무관심을 나타낼 수 있다.

종합체로서의 시각

인간을 이해하는 관건은 인간이 어떤 결정적인 지점에 이르면 경험을 종합한다는 사실을 인식하는 데 있다. 달리 이야기하자면 인간은 보면서 배우고 또 그렇게 배운 것은 보는 데 영향을 준다는 말이다. 이러한 과정을 통해 인간은 커다란 적응력을 키우고 과거의 경험을 이용할 수 있다. 만약 인간이 본 결과를 배우지 못한다면 예컨대 위장(카무플라주)은 항상 효과적일 것이며 따라서 인간은 위장에 능숙한 생물체에 대해 무방비 상태가 될 것이다. 위장을 꿰뚫어보는 인간의 능력은 학습의 결과로서 자신의 지각을 변경시킨다는 사실을 입증한다.

시각에 관한 논의에서는 망막에 비친 상과 인간이 지각하는 것을 반드시 구별해야 한다. 이 장에서 줄곧 언급하게 될 코넬 대학교의 유능한 심리학자 제임스 깁슨은 전자에 '시각장'(visual field), 후자에 '시각세계'라는 전문용어를 부여하였다. 시각장은 망막에 의해 기록되는 끊임없이 변화하는 빛의 패턴으로 이루어지며 인간은 이를 이용하여 자신의 시각세계를 구성한다. 인간이 망막을 자극하는 각각 인상과 자신이 본 것을 (자신도 의식하지 못한 채) 구별한다는 사실은 다른 정보원을 통한 감각자료들을 이용하여 시각장을 수정한다는 사실을 시사한다. 시각장과 시각세계의 기본적인 차이점을 자세히 알고 싶은 독자는 제임스 깁슨의 주요 저서 『시각세계의 지각』(The Perception of the Visual World)을 참조하기 바란다.

인간은 공간 속에서 움직일 때 자신의 신체를 통해 받아들인 메시지에 의존하여 시각적 세계를 안정시킨다. 그러한 신체의 피드백이 아니라면 대다수의 사람들은 현실과의 접촉을 잃고 환각에 빠질 것이다. 시각적 경험과 운동감각적 경험을 통합할 수 있는 능력의 중요성은 헬드와 하임이라는 두 심리학자에 의해 입증되었다. 그들은 새끼 고양이를 안고 미로를 따라가면서 다른 새끼 고양이들도 따라 걷도록 했는데 안고 간 고양이들은 제발로 따라온 고양이들만큼 미로를 배우지 못했기 때문에 '정상적인 시각적 공간파악능력'을 발전시키지 못했다. 시각 교정체로서의 근육운동감각(筋覺)은 에임스(Adelbert Ames)나 다른 교류심리학자들에 의해 여러 차례 실험적으로 입증되었다. 장방형으로 보이는 굴곡진 방에서 피실험자들에게 막대기를 주고 창문 가까이의 한 지점을 맞추도록 했는데 한결같이 처음 몇 차례는 제대로 맞추지 못했다. 그러다 점점 자신의 목표물의 위치를 제대로 파악함에 따라 막대 끝으로 정확히 지적할 수 있게 되자 비로소 그들은 그 방이 육면체가 아니고 실제로는 뒤틀린 형태임을 깨달았다. 보다 개인적인 또 다른 예로는 한 산을 여러 번 오르는 등반가는 두 번 다시 같은 산을 보지 못하리라는 것이다.

여기 제시된 생각들의 대부분은 새로운 것이 아니다. 250여 년 전 버클리(Berkeley) 주교는 현대 시각이론의 개념적 기초가 된 몇 가지 이론을 제시했다. 비록 버클리가 주장했던 이론들의 대부분은 동시대인들에게 배척당하기는 했지만, 특히 그 당시 과학의 전반적인 수준에서 볼 때 정말로 놀라운 이론들이었다. 버클리의 주장에 의하면 실제 인간은 여러 감각들끼리의 그리고 과거 경험과의 상호관계의 결과로서 거리를 판단한다. 또한 우리는 "무엇을 볼 때에는 빛과 색, 형태 그리고 들을 때에는 음 이외에는 아무것도 즉각적으로 지각하지 못한다". 버클리는 이를 보이지 않는 마차 소리를 듣는 것에 비유했는데, 그에 따르면 사람들은 엄격히 말해서 마차 소리를 듣는 것이 아니라 머릿속에 마차로 연상되어온 소리를 듣는 것이다. 극장에서의 음향효과는 청각적인 단서에 근거하여 시각적 세부사항을 '채워 넣는' 인간의 능력을 이용한 것이다. 같은 의미에서 버클리는 거리가 즉각적으로 눈에 들어온다는 것을 부인한다. '높은', '낮은', '왼쪽', '오른쪽'과 같은 단어들이 우선적으로 적용되는 것은 운동감각적 경험과 촉각적 경험이다.

……예컨대 사람인지 나무인지 탑인지 분명치 않지만 1마일 가량 떨어진 거리에 있다고 판단되는 무언가를 보고 모호한 개념을 지각한다고 가정해보자. 솔직히 말해서 나는 정말로 내가 본 것이 1마일 떨어져 있는지 또는 1마일 밖에 있는 무언가의 이미지나 유사물인지 확신할 수 없다. 왜냐하면 내가 그 물체에 한 걸음씩 다가갈 때마다 그 모습은 모호하고 작고 희미한 것에서 점차 크고 선명하고 뚜렷하게 변해가기 때문이다. 그리고 끝까지 다가갔을 때에는 내가 처음 보았던 것은 아주 사라져버리고 그와 비슷한 어떤 것도 찾지 못한다.

버클리는 과학자와 예술가의 고도로 자의식적인 시각장을 묘사하고 있다. 그를 비판한 자들은 자신들의 문화에 의해 패턴화된 '시각세계'에 대한 판단에 근거하고 있다. 버클리보다 훨씬 후대의 피아제(Piaget)도 신체와 시각의 관계를 강조했으며 '공간에 대한 개념들은 내면화된 행동'이라고 말했다. 그러나 심리학자 제임스 깁슨이 지적했듯이, 버클리는 시각과 신체적 지각(근각) 사이의 상호작용을 인식하지 못했다. 공간 지각에 대한 순수 시각적인 단서가 있다면 그것은 시각장이 대상에 가까이 다가갈 때에는 확장되고 멀어질 때에는 축소된다는 사실 등이다. 이 점을 명확히 밝힌 것이 깁슨의 위대한 공헌 중 하나다.

최근 광범위하고 다양한 분야의 과학자들이 인간의 '주관적인' 경험의 근저를 이루는 기본적인 과정에 관해 더 알아야 한다는 요구를 인지하고 있다. 감각자료의 입력에 관해 지금까지 밝혀진 지식은 뇌의 상위 수준에서 종합이 이루어지지 않으면 감각적 입력들은 아무런 효과도 낼 수 없다는 점을 입증해준다. 역설적이게도 문·집·탁자 등은 그것을 인지하는 각도상의 큰 변화에도 불구하고 항상 같은 형태와 색상으로 보인다. 눈의 움직임에 관한 연구가 이루어지자마자 망막에 비친 상은 눈이 끊임없이 움직이기 때문에 결코 똑같을 수 없다는 사실이 밝혀졌다. 일단 이 점을 지각하자 망막에 끊임없이 움직이는 것으로 기록된 것을 정지한 것으로 볼 수 있도록 해주는 과정을 발견하는 일이 긴요해졌다. 뇌 속에서의 종합에 의해 이루어지는 이러한 묘기는 사람들의 말소리를 듣는 경우에도 마찬가지다.

언어학자들의 말에 따르면, 말하는 소리를 상당한 일관성과 정확성을 기해 자세히 분석하고 기록해보면 어떤 소리들은 음과 음 사이를 명확히 구분하기 어려울 경우가 종종 있다고 한다. 외국에 처음 도착했을 때 자기 나라에서 배웠던 언어인데도 전혀 이해할 수 없는 경우를 당하는 것은 여행자들이 겪는 공통된 경험이다. 그 나라 사람들은 자기 선생님처럼 발음하지 않으니 당혹스러울 수밖에! 완전히 낯선 언어로 말하는 사람들 가운데 있어 본 사람이라면 처음 들은 말소리가 구별이 안 되는 윙윙거림이었음을 알 것이다. 어느 정도 지나서야 가장 단순한 문장 패턴이 들리기 시작한다. 그러나 일단 그 언어를 잘 배우고 나면 아주 복잡하게 얽힌 사건도 해석할 수 있을 정도의 종합능력이 생긴다. 예전 같으면 전혀 알아듣지 못했을 횡설수설까지도 거의 이해할 수 있게 된다.

말하기와 이해하기가 종합적인 과정이라는 이론은 시각이 종합적이라는 개념보다는 받아들이기가 수월한데 그것은 우리가 능동적으로 보는 것보다는 말하는 것을 더 잘 의식하기 때문이다. '보는' 방법을 배워야 한다고 생각하는 사람은 아무도 없다. 그렇지만 이 개념이 수용된다면, 정적이고 균일한 '실체'가 수동적인 시각 수용체에 기록되기 때문에 누구에게나 보이는 것은 똑같으며 따라서 보편적인 준거점으로 사용될 수 있다는, 지금까지 우세했던 개념하에서 가능했던 것보다 훨씬 많은 것들을 설명할 수 있을 것이다.

자연스러운 상황에서 두 사람이 능동적으로 눈을 사용하여 볼 때 정확히 똑같은 것을 보는 것은 아니라는 개념을 충격적으로 받아들이는 사람도 있을 것이다. 왜냐하면 이 말은 누구나 한결같은 방식으로 자신의 주변세계와 관계하는 것은 아니라는 뜻을 함축하기 때문이다. 그러나 이러한 차이를 인식하지 못한다면 하나의 지각세계를 또 다른 지각세계로 풀이하는 과정이 불가능할지도 모른다. 같은 문화에 속한 두 사람의 지각세계 사이의 거리는 문화가 다른 두 사람의 그것보다는 확실히 좁겠지만 문제점들은 여전히 나타날 수 있다.

젊었을 때 나는 여러 해에 걸쳐 여름이면 애리즈나 주 북부의 고지대 사막과 유타 주 남부에서 학생들과 함께 고고학 탐사를 하면서 보냈는데 여기에 참가한 사람들 모두가 석기, 특히 화살촉을 찾는 데 열중했었다. 우리는 고고학 탐사반의 전형적인 모습 그대로 고개를 숙이고 땅을 샅샅이 살피면서 일렬로 행군했다. 화살촉을 찾으려는 간절한 바람에도 불구하고 내 학생들은 땅 위에 버젓이 드러나 있는 화살촉을 그대로 지나쳐버리는 일이 다반사였다. 그들에게는 미안한 일이었지만 나는 단지 '눈이 가야' 할 것과 지나쳐버려도 좋을 것을 이미 터득한 탓에 학생들이 보지 못한 것을 줍기 위해 몸을 굽히곤 했다. 나는 그들보다 탐사경력이 많아서 무엇을 살펴보아야 하는지는 알고 있었지만 무엇이 화살촉의 이미지를 그토록 뚜렷이 드러내도록 하는지 아직도 그 단서를 확인할 수는 없다.

나는 사막에서 화살촉을 찾아낼 수 있을지는 모르지만, 내게 냉장고는 이내 길을 잃고 마는 정글과 같다. 그러나 내 아내는 내가 보는 앞에서 숨어 있는 치즈나 먹다 남은 고기를 헤매지 않고 집어낸다. 그런 수많은 경험을 통해 나는 남자와 여자는 흔히 전혀 다른 시각세계에 살고 있다고 확신하게 되었다. 이러한 차이들을 시각적인 예리함의 정도가 다른 탓으로 돌릴 수만은 없다. 남자와 여자는 단지 매우 다른 방식으로 자신의 눈을 사용하도록 배워왔던 것이다.

다른 문화에서 성장한 사람들이 다른 인식 세계에서 산다는 점을 입증해주는 중요한 증거는 공간 속에서 자신의 방향을 잡는 태도, 즉 사람들이 어떻게 돌아다니며 한 장소에서 다른 장소로 옮겨 다니는가 하는 데에서 찾아볼 수 있다.

나는 언젠가 베이루트에서 한 건물을 찾았던 경험이 있는데 내가 헤매던 곳은 그 건물 근처였다. 내가 한 아랍인에게 방향을 묻자 그는 그 건물의 위치를 말해주고는 내가 가야 할 대략의 방향을 몸짓으로 가리켰는데, 그의 행동으로 미루어 자신이 그 건물 위치를 가리키고 있다고 생각한다는 것은 알 수 있었다. 그렇지만 나는 도대체 그가 어떤 건물을 가리키는지, 심지어 우리가 서 있는 곳에서 빤히 보이는 세 길 가운데 어느 길가에 있다는 것인지도 알아들을 수 없었다. 우리는 분명 전혀 다른 방향체계를 사용하고 있었던 것이다.

보는 메커니즘

두 사람의 시각세계가 어떻게 그토록 다를 수 있는가는 망막(눈에서 빛을 감지하는 부분)이 적어도 세 개의 다른 부분 또는 영역, 즉 중심와(fovea), 황반(macula), 주변시각이 생기는 구역으로 구성되어 있다는 점을 알면 더욱 분명해진다. 각 영역은 서로 다른 시각적 기능을 수행하여 전혀 다른 세 가지 방식으로 볼 수 있도록 해준다. 그런데 이 상이한 세 시각 유형은 동시에 그리고 서로 혼합되어 기능하기 때문에 보통은 구별되지 않는다. 중심와는 망막 중앙에 작은 원형으로 팬 곳으로서 대략 2만 5천 개의 색에 민감한 원추꼴로 빽빽한데 각각의 원추꼴은 자체의 신경섬유를 지니고 있다.

중심와에는 1제곱밀리미터당(핀의 머리부분만한 크기) 16만 개의 세포가 믿을 수 없을 정도로 빼곡히 들어차 있다. 보통사람은 중심와를 통해 눈에서 12인치 떨어진 거리에서 96분의 1인치에서 4분의 1인치 정도에 이르는 작은 원을 아주 예리하게 볼 수 있다. 조류와 유인원에게서도 발견되는 중심와는 최근에 진화된 것이다. 유인원에게 중심와의 기능은 나무에서 생활하는 데 요구되는 몸가짐과 예리한 원거리 시각이라는 두 활동과 연관된 것으로 보인다. 중심와의 시각으로 가능한 인간의 활동이라면 바늘꿰기, 가시뽑기, 조각하기 등을 들 수 있는데 중심와가 없었다면 기계도구, 현미경, 망원경 따위도 없었을 것이다. 요컨대 과학도 기술도 없었을 것이다!

중심와가 커버하는 영역이 얼마나 작은가는 간단한 실험으로 입증할 수 있다. 바늘과 같은 예리하고 빛이 나는 물체를 집어들어 팔길이 정도 떨어진 거리에 고정시킨 다음, 다른 손으로 그와 비슷한 뾰족한 물체를 집어들어 두 개의 뾰족한 점이 하나의 분명한 시야에 들어와 눈동자를 전혀 옮기지 않아도 선명하게 보일 때까지 천천히 첫번째 물체 쪽으로 움직여 보라. 그 정도로 선명하게 보이려면 두 점은 거의 겹쳐져야 할 것이다. 이때 가장 힘든 부분은 두 눈을 고정된 점으로부터 움직이는 점으로 향하지 않도록 하는 일이다.

중심와를 둘러싸고 있는 것이 황반인데, 색에 민감한 세포들로 이루어진 타원형의 노란 물질이다. 황반은 수직면에서는 3도, 수평면에서는 12~15도의 시각적 각도를 커버한다. 황반의 시각은 상당히 선명한 편이지만 중심와의 세포처럼 빽빽하지는 않기 때문에 중심와의 시각만큼 선명하고 예리하지는 않다. 무엇보다도 인간은 황반을 사용하여 독서를 한다.

곁눈질로 움직임을 감지하는 사람은 주변적으로 보는 것인데 망막의 중앙 부분에서 멀어질수록 시각의 특징과 성질은 급격히 변화한다. 색에 민감한 원추꼴이 드물어짐에 따라 색을 보는 능력도 저하된다. 각기 자체의 뉴런을 갖고 있는 빽빽한 감각수용 세포(원추꼴)와 연관된 선명한 시각이 매우 성긴 시각으로 변함에 따라 운동에 대한 인지력은 고양

된다. 200여 개의 막대를 단 한 개의 뉴런에 연결시키면 세부사항에 대한 지각은 감소하는 반면 움직임에 대한 지각은 확대되는 효과가 생긴다. 주변적 시각은 두개골 중앙부를 관통하는 두 개의 선이 이루는 대략 90도 각도로 표현된다. 시각의 각도와 움직임에 대한 감지력은 다음과 같은 실험을 통해서도 입증될 수 있다. 양손의 집게손가락을 편 채 주먹을 쥐고 양귀의 약간 뒤쪽 가까이로 움직여 보라. 똑바로 앞을 향한 채 손가락을 소폭으로 흔들면서 움직임이 감지될 때까지 양손을 서서히 앞쪽으로 가져와 보라. 비록 사람이 보는 반경이 1도 미만에 불과하더라도 눈은 시각세계의 세부적인 그림까지 섭렵할 만큼 재빨리 움직여 시각장에 실제로 반영되는 것보다 훨씬 선명하고 광범위한 영역을 본 듯한 인상을 갖게 된다. 또한 주의력이 중심와의 시각과 황반의 시각에 번갈아 집중된다는 사실도 광범위하고 선명한 시각의 환영을 유지시켜 주는 요인이다.

  망막의 각기 다른 영역으로부터 받아들이는 정보의 유형을 설명하기 위해서 제한된 설정을 해보자. 미국인의 관습은 다른 사람들을 쳐다보는 것을 금하고 있다. 그러나 정상적인 시각을 가진 사람이라면 레스토랑에 다른 사람들이 앉아 있는 식탁에서 12~15피트 떨어진 곳에 앉아 곁눈질로 다음과 같은 것들을 볼 수 있다. 그는 그 식탁에 사람들이 앉아 있는지 그리고 특히 어떤 움직임이 있으면 몇 명인지도 셀 수 있다. 45도 각도에서는 여자가 입고 있는 옷의 천까지는 식별할 수 없지만 색깔은 알 수 있고 여자의 머리색도 분별할 수 있다. 그는 또한 여자가 자기 파트너를 바라보고 대화를 나누고 있는지는 알 수 있으나 손가락에 반지를 끼고 있는지는 알 수 없다. 그리고 여자를 에스코트하는 사람의 커다란 동작은 볼 수 있지만 손목에 찬 시계는 볼 수 없으며 그 사람의 성별·체격·연령 등은 대략 알 수 있지만 자신이 아는 사람인지 아닌지는 알 수 없다.

눈의 구조는 공간의 디자인에 여러 의미를 갖는다. 내가 아는 바로는 그러한 의미들이 일련의 원칙들을 결정하거나 경감시킨 적은 없었지만, 눈의 구조와 기능에 관한 지식에 입각한 디자인이 아직도 유아기에 머물러 있다는 점에 대한 이해와 더불어 몇 가지 시사점을 제공해줄 수는 있다. 예컨대 운동은 눈의 주변부에서 과장된다. 직선으로 쭉 뻗은 가장자리나 흑백선의 밴드 등은 특히 눈에 잘 띈다. 이는 터널이나 복도에서 벽이 가까울수록 운동감이 더욱 생생해진다는 뜻이다. 같은 이유로 가로수나 규칙적으로 세워진 기둥도 운동감각을 과장시킬 것이다. 이러한 눈의 특성 때문에 프랑스 같은 나라의 운전자들은 탁 트인 고속도로에서 가로숫길로 접어들 때 속도를 늦추게 된다. 터널 안에서 운전자의 속도를 증가시키려면 눈높이에서 스쳐지나는 시각적 충격물의 수를 줄일 필요가 있다. 레스토랑, 도서관, 그리고 공공장소에서는 주변지역의 움직임을 줄이면 혼잡감이 다소 경감되지만 주변의 자극을 최대화하면 혼잡감이 조성되게 마련이다.

입체적 시각

독자들은 지금까지 왜 입체적(stereoscopic) 시각에 대한 언급이 없었는지 의아해할지도 모르겠다. 결국 시각적 거리감각이니 공간감각이니 하는 것은 인간이 입체적 시각을 가졌다는 사실에서 비롯된 말이 아닐까? 그 답은 그럴 수도 있고 아닐 수도 있는데, 매우 제한된 어떤 조건하에서만 그렇다고 말할 수 있다. 눈이 하나인 사람들은 깊이를 잘 볼 수 있지만 가장 불리한 점은 안 보이는 눈 쪽의 부실한 주변시각이다. 입체경을 들여다본 적이 있는 사람이라면 누구나 한순간 그 한계를 느끼는 동시에, 인간의 이 같은 시각적 특성에만 근거하여 깊이에 대한 지각을 과학적으로 설명하는 일이 얼마나 편협한 것인지도 느낄 수 있다. 대개 입체경을 들여다본 지 몇 초 지나지 않아, 고개를 움직여 광경을 변화시키고 배경을 고정시킨 채 전경의 움직임만을 보려는 강한 충동을 느끼게 된다. 조망된 광경이 입체적이라는 바로 그 사실 때문에 그 광경이 고정되어 있고 정지된 것이라는 하나의 환상이 부각되는 것이다.

깁슨은 『시각세계의 지각』이라는 자신의 주요 저서에서 깊이에 대한 지각은 무엇보다도 두 개의 중첩되는 시각장에 의해 창출되는 입체적 효과의 기능이라는 전통적인 견해에 입각한 전망을 지지했다.

오랜 세월에 걸친 일반적인 신념에 의하면 시각세계에서의 깊이지각에 중요한 단 한 가지 근거는 쌍안경적 시각의 입체적인 효과이다. 이는 시각에 대한 의학적 그리고 생리학적 연구, 즉 안과학에서 널리 인정된 견해이다. 이는 또한 정경이 입체적 기법의 도움만으로도 실제 깊이대로 보일 수 있다고 생각하는 사진작가, 화가, 활동사진 연구자, 시각 교육자의 신념이며 깊이 지각에 관해 조종사가 통과해야 할 유일한 시험은 입체적인 것에 대한 예민성을 테스트하는 것이라고 믿는 작가나 항공 당국자의 신념이기도 하다. 이러한 신념은 깊이에 대한 본유적 단서가 존재한다는 이론에 근거한 것으로 이른바 생래적 감각으로 일컬어지는 부류의 경험이 존재한다는 가정에 기초한 것이다. 이 신념은 현대 심리학에서 이러한 가정에 의문을 제기하는 경향이 심해짐에 따라 그 기반을 거의 잃고 말았다. 우리가 주장해온 바는 깊이가 감각에서 비롯된 것이 아니라 단지 시각적 경험의 한 차원에 지나지 않는다는 것이다. (이하 고딕체 강조는 에드워드 홀)

이 점에 관해 길게 논할 필요는 없다. 어떤 물건을 제자리에 놓으면 우리의 시야는 다소 넓어질 것이고 인간이 시각세계의 지각에 사용하는 특별한 과정을 이해하는 데 보탬이 될 것이다. 가까운 거리(16피트 미만)에서는 입체적 시각이 깊이지각의 한 요인이 됨은 충분히 인정되고 있지만, 인간이 깊이세계에 대해 하나의 이미지를 구성하는 데에는 그 밖의 방법도 상당히 많다. 깁슨은 3차원의 시각세계를 구성하게 되는 요인들을 하나하나 분별하고자 크게 노력해왔다. 그의 연구는, 제2차 세계대전 당시 조종사들이 위급한 상황에서 기기의 계기침을 보고 움직이는 3차원의 세계로 풀이해야 하는 일이 너무나 시간이 걸려 치명적일 수 있다는 사실을 발견했을 때로 거슬러올라간다. 당시 깁슨에게 부여된 임무는 조종사들이 하늘의 전자 고속도로를 따라 비행할 수 있도록 실제 세계를 복제한 인공적인 시각세계를 만들어내는 기기를 개발하는 것이었다. 공간 속을 움직일 때 깊이를 지각하는 인간의 다양한 시스템을 연구하는 과정에서 깁슨이 분별해낸 시스템은 한두 가지가 아니라 13가지였다. 이 주제는 다소 복잡하므로 독자는 이 책의 '부록'에 수록한 원저의 요약을 참조하기 바라며, 건축 및 도시계획을 공부하는 모든 학생도 반드시 읽기 바란다.

깁슨의 연구 및 교류심리학자들의 광범위한 연구에 의하면 거리에 대한 시각적 감각은 르네상스 시대의 이른바 선형적(線形的) 원근법칙을 훨씬 넘어서는 것임에 틀림없다. 여러 다양한 형식의 원근법을 이해한다면 과거 수백 년에 걸쳐 화가들이 우리에게 말하고자 했던 바를 이해할 수 있다. 과거 모든 문화에서 인간의 예술에 관해 알려진 바를 보면 단순히 양식적인 전통을 초월하는 굉장한 차이들(다양성)이 존재한다는 것을 어디에서나 찾아볼 수 있다. 미국에서는 아직도 선형적 원근법이 일반 대중에게 가장 인기 있는 미술양식이다.

  한편, 중국과 일본의 화가들은 깊이를 아주 다른 방식으로 상징화한다. 동양미술은 화면은 고정된 것으로 유지되지만 그림을 보는 관점을 변화시킨다. 서양미술은 대개 그와는 정반대이다. 사실 동양과 서양의 가장 중요한 차이점이 예술에 반영되어 있지만 그렇다고 예술분야에 국한된 것은 아니다. 공간 자체도 전혀 다르게 지각되는데, 이를테면 서양에서는 물체는 인지되어도 물체 사이의 공간은 인지되지 않는다. 일본에서는 공간이 마(ま, 間) 혹은 개재된 간격으로 인지되고 명명되며 존중된다.

  제7·8장에서는 사람들의 인식 세계의 관건으로서의 예술과 문학을 검토할 것이다. 예술의 세계와 과학의 세계가 융합하는 것은 드문 경우에 불과한데 그러한 융합이 이루어진 시기는 르네상스 시대 및 19세기 말과 20세기 초에 걸쳐 프랑스의 인상주의자들이 빛의 물리학을 연구했을 때였다. 실험에 의존하는 성향이 강한 대부분의 심리학자와 사회학자들의 일반적인 신념과는 달리 예술가와 작가들의 창작품들은 인간이 어떻게 지각하는가에 대한 풍부하면서도 아직 발굴되지 않은 견고한 자료들의 보고를 제시해주고 있다. 경험의 본질적인 변수들을 추출해내고 식별해내는 능력은 예술가가 지닌 장인기질의 정수이다.

7 지각의 단서로서의 예술

　미국의 화가 그로서(Maurice Grosser)가 저술한 놀라운 소책자 『화가의 눈』(*The Painter's Eye*)은 화가가 대상을 보고 그 지각을 전달하기 위해 자신의 매체를 어떻게 이용하는가를 화가 자신으로부터 직접 들을 수 있는 드문 기회를 제공하고 있다.
　프록세믹스의 연구자로서 특히 흥미로운 점은 초상화에 관한 그로서의 논의인데, 그의 말에 따르면 초상화는 심리적인 근접성이라는 점에서 다른 어떤 종류의 그림과도 구별된다. 그러한 근접성은 "실제의 물리적 간격, 즉 모델과 화가 사이의 거리가 몇 피트 몇 인치인가에 직접적으로 좌우된다". 그로서가 설정한 거리는 4~8피트인데, 화가와 대상의 그와 같은 거리 관계가 초상화의 특징적인 성격, 즉 "그림을 보는 사람이 그림 속에 있는 사람과 유대감을 가질 수 있는 거의 대화에 가까운 독특한 커뮤니케이션"을 부각시켜 줄 수도 있다.
　화가가 초상화를 그리는 작업방식에 관해 이어지는 그로서의 설명은 기법의 해명에서뿐만 아니라 인간이 사회적 관계의 한 기능으로서 거리를 지각하는 방식에 관한 명쾌한 논의에서도 상당히 흥미롭다. 그가 설명하고 있는 공간적 관계는 내 연구를 통해 관찰한 바나 헤디거가 동물에게서 관찰한 바와 거의 일치한다.

 보통 우리 신장의 두 배 거리인……13피트 이상 떨어진 거리에서는 사람의 전체 모습이 한눈에 들어올 수 있다. 이 거리에서는……주로 그 전체 윤곽과 비율을 인지하며……사람을 마치 마분지로 오려낸 형태처럼 볼 수 있고 우리 자신과 아무런 관계도 없는 물건처럼……바라본다. 우리는 대상이 가까이 있어서 그 부피와 깊이를 직접 느껴야만 우리가 바라보는 물체에 공감과 친밀감을 가질 수 있다. 대상을 곱절로 높여 놓고 보면 그 형태가 단번에 눈에 들어온다. 즉 한눈에 파악할 수 있으며……하나의 단위이자 전체로서 이해할 수 있다……그 거리에서는 그 인물이 전달하는 의미와 느낌이 어떻든 압도적이게 마련인데 그것은 얼굴의 표정이나 특징 때문이 아니라 신체 각 부분의 위치 때문이다……화가는 자신의 모델을 마치 풍경 속의 나무나 정물 속의 사과처럼 바라볼 수 있다. 말하자면 화가는 앉아 있는 인물의 인간적 따스함 따위에는 개의치 않는다.

 그러나 초상화에 적합한 거리는 4~8피트이다. 이 거리는 화가가 모델의 입체적 형태를 파악하기에 어려움이 없을 만큼 충분히 가깝지만 그렇다고 대상의 형태를 원근법으로 그리는 데 문제가 될 정도는 아니다. 여기에서, 사교적인 친밀함과 대화가 용이한 정상적인 거리에서 모델의 혼이 나타나기 시작한다. 3피트보다 가까워 손에 닿을 정도의(촉지) 거리에서는 모델의 혼이 너무 강하게 느껴져 화가가 아무런 사심 없이 관찰하기가 어려워진다. 3피트는 조각가의 작업거리이지 화가의 그것은 아니다. 조각가는 촉감으로 형태를 판단할 수 있을 정도로 자신의 모델과 가까운 거리를 취하지 않으면 안 된다.

 촉지 거리에서는 원근법으로 그린다는 작업 자체가 대단히 힘들다……게다가 촉지 거리에서는 모델의 개성이 너무 강하게 느껴지는데 모델이 화가에게 미치는 영향이 너무 강력하면 예술가가 필요로 하는 초연함이 방해를 받는다. 왜냐하면 촉지 거리는 시각적 해석이 가능한 위치라기보다는 주먹질이나 갖가지 사랑행위처럼 감정을 어떤 육체적 표현으로 나타내는 동적 반응이 가능한 위치를 말하기 때문이다.

 그로서의 관찰에서 흥미로운 점은 개인적 공간에 관한 프록세믹스적인 자료와의 일치이다. 비록 같은 용어를 사용하고 있지는 않지만 그로서도 일찍이 내가 말한 바 있는 친밀한 거리, 개인적 거리, 사회적 거리, 공적 거리를 구별한다. 또한 거리에 관해 그로서가 언급하고 있는 구체적인 실마리가 매우 다양하다는 점도 흥미롭다. 이를테면 만질 수 있는 거리와 만질 수 없는 거리, 체온이 느껴지는 거리, 자세히 보이는 거리, 너무 가까이 가면 왜곡되는 거리, 일정한 크기로 보이는 거리, 입체적으로 굴곡져 보이는 거리, 13피트보다 멀어지면 갈수록 평면적으로 보이는 거리 등이 있다. 그로서의 관찰이 지닌 중요성은 그림을 그리는 거리에 국한된 것이 아니라 그가 언급하듯이 화가와 모델 모두가 지니고 있는 무의식적이고도 문화적으로 형성된 공간에 대한 고정관념에도 해당된다. 화가는 시각적인 분야를 인지하는 훈련을 받았기 때문에 자신의 행동을 지배하는 패턴(양식)을 명확히 설명할 수 있다. 그렇기 때문에 예술가는 한 문화의 보다 큰 가치들뿐만 아니라 그 가치들을 만들어가는 문화의 세부적(미시-문화적) 사건들에 대한 논평자라고 할 수 있다.

현대 문화들 간의 비교

다른 문화의 예술, 특히 그것이 우리 문화와 매우 다를 경우에는 양쪽 문화 모두의 지각세계에 관해 많은 것을 드러내준다. 1959년에 예술가 발리(Frederick Varley), 사진작가 플래어티(Robert Flaherty)와 함께 작업하던 인류학자 카펜터(Edmund Carpenter)는 『에스키모』라는 너무도 놀라운 책을 출판했는데 그 대부분이 아이빌릭(Aivilik) 에스키모의 예술에 관한 내용이었다. 우리는 그 책에 실린 화보와 본문을 통해 에스키모들의 지각세계가 우리와는 전혀 다르다는 사실, 그 중에서도 중요한 특징 하나는 방향을 잡는 데 그들의 감각을 사용하는 방식이라는 점을 알게 된다. 북극에서는 수시로 하늘과 땅을 구분하는 지평선이 사라진다.

하늘과 땅, 이 둘은 동일한 실체가 된다. 거기에는 매개 거리도, 전망도, 외형도 없으며 눈에 들어오는 것이라고는 바람을 타고 지표를 따라 흩날리는 수천의 연기 같은 눈송이들뿐이다. 바닥도 끝도 없는 땅인 것이다. 바람이 솟구치면 눈이 대기를 메우고 가시(可視) 거리는 100피트 미만으로 떨어진다.

그와 같은 땅에서 에스키모들은 어떻게 상당한 거리를 여행할 수 있을까? 카펜터는 이렇게 말한다.

자동차로 여행할 경우에는 복잡하고 무질서한 도시, 예컨대 디트로이트에서도 고속도로 표지판들을 따라가기만 하면 비교적 수월하게 지나갈 수 있다. 길은 격자로 나 있을 테고 도로 표지판이 내 갈 길을 알려줄 것이라는 전제로 출발하기 때문이다. 아이빌릭족 또한, 비록 자연적인 것이겠지만 이와 유사한 참조 표지들을 갖고 있음에 틀림없다. 대체로 이 표지들은 실제의 물체라거나 지점이 아니라 여러 가지 관계인데, 말하자면 지형, 눈의 유형, 바람, 대기의 염분, 얼음의 분열 상태 등이다.

얼음과 발밑의 눈에 대한 촉감과 더불어 바람의 방향과 냄새는 에스키모들이 시각적으로 구별되지 않는 황무지를 수백 마일 이상 여행할 수 있도록 해주는 단서를 제공한다. 아이빌릭족은 바람에 대해 최소한 12가지 다양한 이름을 갖고 있다. 그들은 시간과 공간을 한 가지로 통합하여 생각하며 시각적 공간이 아니라 음향적-후각적 공간에서 살아간다. 더욱이 그들의 시각세계를 통해 나타내는 표상은 마치 X선 같다. 에스키모 예술가들은 눈에 보이건 말건 자신이 거기 있다고 생각하는 것을 모두 표현한다. 얼음장 위에서 물개사냥을 하는 사람을 그리거나 조각한 것을 보면 얼음 위에 보이는 사냥꾼과 개만이 아니라 얼음 밑에서 숨을 쉬려고 구멍으로 다가오는 물개까지 그려져 있다.

지각의 역사로서의 예술

지난 몇 년 동안 나는 인류학자 에드먼드 카펜터, 토론토 문화 기술센터 소장 매클루언(Marshall McLuhan)과 더불어 예술가들이 자신의 감각을 어떻게 사용하는지 그리고 자신이 지각한 것들을 감상자들에게 어떻게 전달하는지 알아보기 위해 예술을 연구해왔다. 우리는 각자 나름의 방식으로 주제에 접근해가며 독자적으로 연구를 진행해왔다. 그러나 우리는 서로의 연구에서 통찰과 자극을 얻었으며 인간이 어떻게 세계를 지각하는가에 대해 예술가로부터 배울 것이 많다는 점에서 의견이 일치했다. 화가들은 대부분 자신이 어느 정도의 추상성을 다루고 있다는 점을 알고 있다. 다시 말해서 화가는 무엇이건 자신의 시각에 의존하여 그린 것을 다른 감각으로 바꾸어 놓지 않으면 안 된다. 그림은 결코 과일의 맛과 향기, 풍부한 살결과 그 감촉, 어머니의 젖이 돌도록 아기가 내는 소리의 음색 등을 직접적으로 재현할 수는 없다. 그러나 언어와 그림은 모두 그와 같은 것들을 상징화하며 때로는 실제의 자극이 불러일으키는 것과 흡사한 반응을 이끌어낼 정도로 효과적이기도 하다.

예술가의 작품이 매우 훌륭하고 감상자가 그 예술가와 같은 문화에 속하는 사람일 경우에는 감상자는 그림에서 결하고 있는 부분을 보충할 수 있다. 화가나 작가는 자기 작품의 본질이 묘사된 사실과 일치될 뿐만 아니라 그 작품의 감상자나 독자들이 속한 문화나 침묵의 언어와도 일관되도록 적절히 선택된 실마리를 그들에게 제공한다는 것을 알고 있다. 관객과 자신이 묘사한 사실 사이에 놓여 있는 장애물들을 제거하는 것이 예술가의 과제이며 그러기 위해서 예술가는, 적절하게 구성한다면 전체를 표상할 수 있는 부분들을 자연으로부터 추상화하여 보통사람이 혼자 힘으로 할 수 있는 것보다 훨씬 강렬하고 정돈된 표현을 구사한다. 다시 말해서 예술가의 주요한 역할 가운데 하나는 보통사람들이 자신의 문화 세계에 질서를 부여하도록 돕는 일이다.

미술은 문자보다 역사가 거의 3배나 오래 되었고 이 두 가지 표현 형태의 관계는 이집트의 상형문자 같은 초기 형태의 문자에서 찾아볼 수 있다. 그러나 미술을 언어와 역사적으로 연관되어 있는 커뮤니케이션의 한 체계로 취급하는 사람은 극히 드물다. 그렇지만 이러한 견해를 더 많은 사람들이 수용한다면 미술에 대한 접근방법도 달라지리라는 것을 알게 되리라. 언어는 처음부터 이해할 수 없기 때문에 배우지 않으면 안 된다는 사실에는 익숙해 있지만, 그림은 우선 시각적으로 볼 수 있기 때문에 보는 즉시 그 메시지를 알아야 한다고 기대하고 그렇지 못할 경우에는 모욕감을 갖는 경향이 있다.

다음 몇 페이지에 걸쳐서는 미술과 건축의 연구로부터 배울 수 있는 점을 약간 설명하고자 한다. 전통적으로 미술이나 건축 모두 시대에 따라 당대의 관점으로 해석과 재해석이 거듭되어왔다. 여기서 매우 중요하게 기억해야 할 점은 현대인은 결코 그 선조들의 다양한 감각세계를 그대로 완벽하게 경험하지 못한다는 사실이다. 그 세계들은 철저하게 통합적이고 그 시대 사람들만이 완전히 이해할 수 있도록 조직된 맥락 속에 깊이 뿌리내리고 있다. 현대인이 에스파냐나 프랑스의 동굴 벽에 그려진 1만 5천 년 전의 그림을 보고 너무 성급한 결론으로 내닫는 일은 금물이다. 과거의 미술을 연구하면서 두 가지를 배울 수 있는데 하나는 우리 자신의 시각 기관과 경험의 성격 및 조직에 대한 우리의 반응을 통해 얻는 것이고, 다른 하나는 초기 인간의 지각세계가 가졌을 법한 어떤 개념이다. 그러나 그들의 세계에 대해 현대의 우리가 생각하는 상(像)은 깨진 것을 붙이고 수선해 놓은 박물관의 토기처럼 항상 불완전하며 근사치에 불과할 것이다.

인간의 과거를 해석하려는 많은 시도에 대해 가할 수 있는 가장 큰 비판은 과거의 시각세계에 현대의 시각세계 구조를 투사한다는 것이다. 이런 종류의 투사가 행해지는 이유는 부분적으로, 일찍이 교류심리학자들의 연구를 통해 알려진 바, 인간은 자신의 시각세계를 무의식적이지만 적극적으로 구성한다는 사실을 아는 사람이 거의 없기 때문이다. 시각은 수동적이 아니라 능동적이며, 사실 인간과 그의 환경이 함께 참여하는 교류작용이라는 사실을 이해하는 사람은 거의 없다. 그러므로 알타미라의 동굴 벽화나 룩소르(Luxor)의 사원을 보면서 그 당시 사람들에게 불러일으켰던 것과 똑같은 이미지나 반응을 현대인에게 기대할 수는 없다. 카르나크(Karnak)에 있는 아멘 라(Amen-Ra) 같은 신전들은 원주로 가득한데 안으로 들어가면 마치 돌처럼 굳어져 늘어선 통나무숲 사이를 걷는 기분으로 현대인들에게는 상당한 혼란감을 줄 수도 있는 경험이다.

구석기 시대의 동굴 화가는 감각이 풍부한 세계에서 그것을 당연시 여기며 살아가던 무당(shaman)이었음에 틀림없다. 그는 분명 이 세계가 자신과 별개의 것으로 경험될 수도 있다는 점을 마치 아주 어린 아이 정도로 어렴풋이나마 인지하고 있었겠지만 수많은 자연 현상을 이해하지 못했으며 그래서 더욱이 그것들을 통제하지도 못했다. 사실 그림은 인간이 자연의 힘을 통제하려는 최초의 노력 가운데 하나였을 것이다. 무당 화가로서는 어떤 대상의 이미지를 **재생한**다는 것이 그것에 대한 통제력을 얻기 위한 첫 단계였을 것이다. 만약 그렇다면 각각의 그림은 권력과 성공적인 사냥을 위한 개별적인 창작 행위일 뿐 대문자로 써야 할 거창한 예술(Art)로는 생각되지 않는다. 이 점은 알타미라 동굴의 사슴과 들소 그림들이 훌륭한 그림이긴 해도 서로 연관성이 없이 동굴 표면의 지형을 따라 제각기 그려진 이유를 설명해줄 것이다. 후기에는 이와 동일한 주술적 이미지들이 상징들로 바뀌어 마치 묵주처럼 주술적 효과를 복제하기 위해 거듭 재생되었다.

나는 독자에게 초기 미술과 건축의 해석에 대한 나의 사고는 이 주제에 평생을 바친 두 사람으로부터 영향을 받았다는 점을 설명해야겠다. 한 분은 미술사가이자 박물관장이었고 인간의 지각에 관해 연구했던 도너(Alexander Dorner)인데 그는 나에게 에임스(Adelbert Ames)의 작품이 지닌 위대성과 교류심리학에 관해 가르쳐주었다. 도너의 저서 『예술을 넘어선 길』(*The Way Beyond Art*)은 시대를 훨씬 앞선 책이었다. 나는 끊임없이 그 책을 다시 들추게 되고 인간에 대한 나의 이해가 커질수록 도너의 통찰력에 더욱 감사드리게 된다.

최근 들어 나는 『영원한 현재』(*The Eternal Present*)의 저자인 스위스의 미술사가 기디온(Sigfried Giedion)의 저작을 접하게 되었다. 내가 이 두 사람에게 크게 빚지고 있는 것은 사실이지만 그들의 생각을 해석하는 데 대한 책임은 전적으로 나의 몫이다. 도너와 기디온 모두 지각을 다루었는데, 그들의 저서는 인간의 예술작품을 연구함으로써 과거의 감각세계에 관해 그리고 인간의 지각이 자신의 지각을 인식하는 성격에 따라 어떻게 달라지는가에 관해 많은 것을 배울 수 있음을 보여주었다. 예컨대 고대 이집트인의 공간에 대한 경험은 우리와 크게 달랐다. 그들이 무엇보다도 몰두한 점은 둘러싸인 공간 그 자체(내부)라기보다는 종교적이고 의례적인 구조물들이 우주 안에서 올바른 방향과 배열을 갖는 것이었다. 피라미드와 신전을 남북이나 동서를 축으로 한 정확한 방위로 건축하는 일은 초자연적인 것을 상징적으로 재현시킴으로써 그것을 통제하고자 의도한 주술적인 의미를 지닌 것이었다.

이집트인들은 시각적인 선들과 평면적인 표현에 대한 기하학적인 관심이 컸다. 또한 이집트의 벽화와 회화에서 주목되는 점은 모든 대상이 평면적으로 표현되어 있다는 것과 시간이 분절되어 있다는 것이다. 이를테면 한 사람의 필사자가 한 방에서 20가지 작업을 하고 있는 것인지 아니면 20명의 필사자가 제각기 작업을 하고 있는 것인지 분간할 길이 없다. 고전적인 그리스인들은 선과 형태의 완벽한 통합과 모서리와 평면의 시각적 처리에서 거의 비할 데 없는 정교함을 발달시켰다. 파르테논 신전의 모든 간격과 직선의 모서리는 고르게 보이도록 신중하게 제작, 배열되었고 직선처럼 보이도록 정교하게 굴곡져 있다. 또한 원주 양 끝의 굵기가 균일하게 가늘어지게 보이도록 가운데가 약간 굵직하다. 초석까지도 원주들이 세워져 있는 단(壇)이 완벽한 평면으로 보이도록 중앙부가 가장자리보다 몇 인치 높다.

  현대의 서구 문화에서 성장한 사람들은 원형의 의미를 충분히 전해줄 만큼 보존이 잘된 그리스 신전, 예컨대 아테네의 아고라에 있는 기원전 490년의 헤파스테이온(테시온으로도 알려짐) 신전을 보면서 내부 공간이 없는 데 의아해한다. 종교적인 건축물에 대해 서구인이 지니고 있는 관념은 공간적인 커뮤니케이션이다. 대성당은 둘러싸인 공간의 규모에 의해 우주를 상기시키고 경외심을 불러일으키는 반면 예배당은 소규모이고 친밀하다. 기디온에 따르면 돔과 원개(원통형의 둥근 천장)는 "건축의 초창기부터 있었으며⋯⋯에리두(Eridu)에서 발견된 최고(最古)의 첨두 아치는 연대가 4천 년 전까지 거슬러올라간다".

  그러나 '초공간'(superspace)을 창출하는 데 돔과 원개를 이용할 수 있다는 가능성을 처음으로 인식한 사람들은 기원후 5세기의 로마인들이었다. 그 가능성이 존재해왔음에도 불구하고 인간과 대규모 내부 공간의 연관성을 인식하지 못했던 것이다. 서구인들이 공간 '속에' 있는 자신을 보게 된 것은 후대에 와서의 일이다. 사실 인간이 일상생활의 차원에서 자신의 모든 감각을 사용하여 공간을 온전히 경험하는 일은 서서히 이루어져 왔을 따름이다. 앞으로 살펴보겠지만 감각적 인식이 고르게 발전하지 못한 증거는 예술에서도 찾아볼 수 있다.

  여러 해 동안 나는 예술의 발전에서 하나의 패러독스로 여겨지는 것 때문에 의구심을 품어왔다. 그리스에서 조각이 회화보다 1천 년이나 앞선 이유는 무엇일까? 조각에서 인체상의 완성을 본 시기는 기원전 5세기 중반 이전의 그리스 고전기였다. 청동 조각품인 「델피의 전사」(기원전 470년), 미론(Myron)의 「원반 던지는 사람」(기원전 460~450), 그리고 특히 아테네 아크로폴리스의 박물관에 있는 「포세이돈」에 전형적으로 나타나 있듯이 역동적이고 율동적인 움직이는 인체의 본질을 청동과 돌로 표현하는 능력은 영원히 기록되리라는 데에는 의심의 여지가 없다. 그 패러독스에 대한 해답은 그로서가 지적했듯이, 무엇보다도 조각은 촉각적이고 운동감각적 예술이라는 사실에 있으며 또한 그러한 견지에서 그리스 조각을 감상하면 이해하기가 보다 수월할 것이다. 그것은 한 사람의 근육과 관절에서 다른 사람의 근육과 관절로 전달되는 메시지이다.

이쯤에서 나는 독자들에게, 왜 본문에서 언급된 그리스 조각상을 화보로 제공하지 않는지 그리고 앞으로 언급될 회화의 사진이나 이 책에서 유일하게 화보를 기대해봄직한 이 장에서조차 화보를 거의 싣지 않고 있는 이유가 무엇인지 설명해야겠다. 화보를 많이 예시하지 '않기'로 결정하기는 쉬운 일이 아니었다. 그러나 화보를 많이 실었더라면 그것은 이 책에서 설명하고 있는 한 가지 주안점과 모순되는 일이 되었을 것이다. 즉 대부분의 커뮤니케이션은 본질적으로 처음에는 거의 드러나지 않는 사건을 여러 단계에 걸쳐 추상해내는 과정인 것이다.

위대한 예술 또한 심오한 커뮤니케이션을 행한다. 작품의 메시지를 완벽하게 밝히는 데에는 몇 년 아니 몇 세기가 걸리는 경우도 있다. 사실 진정한 걸작의 최후의 비밀까지 캐내어 작품에 대해 알아야 할 모든 것을 알았다고 확신하는 일은 결코 있을 수 없다. 예술작품을 제대로 이해하려면 여러 차례 작품을 보면서 그 작품을 통해 예술가와 대화하는 경지에 이르지 않으면 안 된다. 그렇게 하는 데에는 다른 어떤 매개체도 있을 수 없다. 왜냐하면 **모든 것을 지각할 수 있어야 하기 때문이다.** 그러나 복제품은 여기서 제외된다. 제아무리 훌륭한 복제품이라 할지라도 관객이 이미 보았던 원작을 상기시켜주는 그 이상은 불가능하다. 그것은 기껏해야 기억을 돕는 것일 뿐 진품의 대용으로 이용되거나 혼동되어서는 안 된다.

복제품의 중요한 한계점인 규모의 문제를 생각해보자. 모든 예술작품은 특정한 규모로 창조된다. 그 규모를 변경시키는 것은 모든 것을 바꾸어 놓는 것이다. 더구나 조각품은 직접 만져보고 여러 각도에서 볼 수 있어야만 최대로 감상할 수 있다. 대부분의 박물관은 사람들이 조각품에 손을 대지 못하도록 하는데 이는 정말로 잘못하는 일이다. 내가 이 장에서 의도하는 바는 독자들에게 예술품을 보고 또 볼 수 있는 동기를 부여하여 예술의 세계와 자기 자신만의 개인적인 관계를 갖게 하는 것이다.

중세의 회화를 분석해보면 당시의 화가가 세계를 지각하는 방식이 드러난다. 심리학자인 깁슨은 깊이에 대한 지각에 따라 구별되는 13가지 원근법을 분석해내어 설명했다. 중세의 화가는 이들 중 6가지 기법에 대해서는 어느 정도 알고 있었다. 즉 **농담(濃淡)의 원근법, 윤곽의 연속성, 시각장에 나타나는 상위(上位)의 기법**에는 완전히 숙달되어 있었고 **질감의 원근법, 규모의 원근법, 선형적 공간배치**의 기법도 부분적으로 이해하고 있었다(제임스 깁슨의 깊이 구분에 대한 요약은 '부록' 참조). 또한 중세 예술을 연구해보면 그 당시까지도 서구인들은 시각장(실제 망막에 비친 상)과 지각된 시각세계를 구별하지 못했음을 알 수 있다. 왜냐하면 사람이 망막에 기록된 대로가 아니라 지각된 대로(실물 크기로) 묘사되어 있기 때문이다. 이 점은 그 당시 회화의 현저하고도 특징적인 효과를 일부 설명해준다. 워싱턴의 국립미술관에는 이 점을 설명해주는 중세 회화가 몇 점 있다. 예를 들어 리피(Fra Filippo Lippi)의 「성 플라시두스의 구원」(15세기 중반)을 보면 배경의 인물들이 전경의 기도하고 있는 두 수도승보다 사실 더 크다. 또 사세타(Sassetta)의 「성 안토니우스와 성 바오로의 해후」에서도 두 성자는 배경의 비탈길에 있는 두 인물상보다 별로 크지 않게 보인다.

피렌체의 우피치 미술관에 있는 13, 14세기의 회화들 중에서도 중세의 시각세계에 대한 수많은 예를 찾아볼 수 있다. 스타르니나(Gherardo Starnina)의 「테베」는 위쪽에서 내려다본 항구 풍경을 묘사하고 있는데 항구의 배들이 그 뒤편 해안의 사람들보다 더 작은 한편 사람도 거리를 막론하고 일정한 크기로 그려져 있다. 이보다 훨씬 이른 5세기 라벤나(Ravenna)의 모자이크는 또 다른 문화적 전통(비잔틴 문화)에 따른 것으로 한 가지 효과에서만은 자의식적이고도 의도적으로 3차원적인 것을 나타내고 있다. 두루마리나 장식품의 그림들을 자세히 살펴보면 다른 물체나 표면에 가려지거나 겹쳐지는 물체·선·면 표면들이 그 물체를 정면에서 본 것처럼 그려져 있음(깁슨이 말하는 윤곽의 연속성)을 알 수 있다. 우리는 이들 모자이크를 통해서 비잔틴 시대의 사람들이 매우 가깝게 생활하고 일하는 데 익숙했다는 사실을 수집할 수 있다. 동물이나 건물, 또는 마을을 묘사할 때조차 비잔틴 예술에서 나타나는 시각적 효과는 극도의 근접성이다.

르네상스 시대로 접어들어 중세의 공간 개념들을 일부 강화하거나 제거하면서 선형적 원근법의 한 기법으로서 3차원적 공간이 도입되었다. 이 새로운 형태의 공간 재현법이 완성되자 시각세계와 시각장의 차이도 관심을 끌기 시작했으며 그에 따라 인간이 거기 있다고 아는 것과 눈으로 보는 것을 구별하게 되었다. 원근의 선들이 한 점에 모이도록 한 이른바 원근법의 발견은 거의 우첼로(Paolo Uccello)의 업적이었던 것으로 보이는데 그의 그림들을 피렌체의 우피치 미술관에서 볼 수 있다. 우첼로의 의도이건 아니건 간에 일단 원근법이 발견되자 급속히 확산되었고 보티첼리의 「비방」(Calumny)이라는 놀라운 그림에 의해 신속하게 그 표현의 극치에 도달했다.

그러나 르네상스 회화에는 근원적인 모순이 내재되어 있다. 공간을 정적(靜的)으로 고정시켜 놓고 단일한 관점으로 보이도록 공간 속의 요소들을 구성하는 것은 실재의 3차원적 공간을 2차원적 태도로 다루는 것이다. 왜냐하면 고정된 눈은 16피트 이상 떨어지면 사물을 평면적으로 볼 수 있으므로 공간을 시각적으로 조절하는 것이 가능해진다. 르네상스와 이어지는 시기에 유행했던 눈속임(the trompe l'eil)은 시각적 공간을 한 지점에서 바라본 것처럼 집약한다. 르네상스의 원근법은 거리에 따른 상대적 크기를 정해 놓음으로써 인물의 크기와 공간의 비율을 수학적 방식으로 엄밀하게 계산할 뿐만 아니라 화가들이 그림의 구성과 구도(투시도)에 숙달되도록 유도했다.

르네상스 시대 이래로 서구의 화가들은 공간이라는 신비의 그물망에 걸려들었고 사물을 바라보는 새로운 방식에 사로잡혔다. 케페스(Gyorgy Kepes)는 『시각 언어』(*The Language of Vision*)에서 레오나르도 다 빈치, 틴토레토(Tintoretto), 그 밖의 화가들이 투시화법에 몇 가지 소점(消點)을 도입함으로써 선형적 원근법을 수정하고 보다 많은 공간을 창출해냈다고 말한다. 17, 18세기에 들어서자 르네상스 시대와 바로크 시대의 경험주의는 훨씬 복잡하고 구성하기 어려운 보다 역동적인 공간 개념에 길을 내놓았다. 르네상스 시대의 시각 공간은 동적인 것을 원하고 작품에 새로운 활력을 불어넣고 싶어하는 화가들을 붙잡아두기에는 너무나 단조롭고 상투적이었다. 새로운 유형의 공간 경험이 표현되었고 그것이 새로운 인식을 유도했다.

지난 3세기에 걸쳐 회화는 극히 개인적이고 시각적으로 강렬한 렘브란트의 화법으로부터 공간을 밀폐된 상태에서 운동감각적으로 다루는 브라크(Braque)의 화법에 이르기까지 다양하게 전개되었다. 렘브란트의 그림들은 그의 생시에는 별로 이해되지 못했는데 그는 오늘날에는 두말할 것도 없이 익숙하게 여겨지는 새롭고도 색다른 공간 화법을 생생하게 구현한 화가로 평가될 것이다. 그는 앞서 언급했던 시각장과 시각세계의 차이를 정말 놀랍도록 잘 파악하고 있었다. 르네상스 화가들이 관람자를 일정하게 고정시킨 채 멀리 있는 물체를 바라보는 시각적 조성기능을 조사했던 것과는 대조적으로 렘브란트는 관람자의 눈을 일정하게 고정시켜 움직임 없이 그림의 특정 부분에 집중시킨다면 어떻게 보일 것인가에 특별한 관심을 기울였다. 나는 오랫동안 렘브란트가 갖고 있는 시각에 대한 지식을 제대로 평가하지 못했었는데 어느 일요일 오후 느닷없이 다음과 같은 이해의 길이 열리게 되었다.

렘브란트의 그림은 시각적으로 매우 흥미로우며 몇 가지 역설적인 면에서 관람자를 매료시키는 경향이 있다. 이를테면 예리하고 뚜렷해 보이는 세부묘사를 자세히 보려고 관람자가 너무 가까이 다가가면 이내 사라져버린다. 이 효과(얼마나 다가가면 세부묘사가 사라지는가)를 연구하다가 나는 렘브란트에 관한 중요한 발견을 하게 되었다. 그의 자화상 하나를 줄곧 바라보면서 실험하다가 갑자기 내 눈이 자화상의 흥미로운 키 포인트, 즉 렘브란트의 눈에 멈추었다. 얼굴의 나머지 부분과 연관된 그 눈의 표현은 적당한 거리에서 바라보게 되면 머리 부분 전체가 3차원적으로 지각되어 생생하게 살아나는 그러한 표현이었다. 나는 불현듯 렘브란트가 중심와와 황반과 주변부 시각을 구별해 놓았다는 것을 알았다! 그는 동시대 화가들이 전통적으로 시각세계를 묘사했던 것과는 달리 정지된 **시각장**을 그렸던 것이다. 렘브란트의 그림들이 적절한 거리(실험적으로 정해질 것이지만)에서 바라보면 3차원적으로 보이는 이유는 바로 이 때문이다. 그러자면 눈을 중앙에 둔 채 망막의 중심와 부분(가장 선명한 시각영역)과 그림에서 가장 자세히 그려진 부분이 결합되는 거리에서 그가 가장 명확하고 자세하게 그린 지점을 **응시**해야 한다. 그렇게 하면 화가와 관람자의 시각장에 기록되는 것이 일치하게 되며 바로 그 순간에 렘브란트 그림 속의 대상물들은 놀라운 리얼리즘으로 생생하게 살아나는 것이다.

또한 렘브란트는 흔히 미국 화가들이 대상과 4~8피트 거리를 두고 그림을 그릴 때 하듯이 응시선을 변동시키지 않았음에 틀림없다. 그는 그 거리에서 오로지 한 눈으로 분명하게 그렸다(암스테르담 박물관의 「동양의 군주」와 워싱턴 국립미술관의 「폴란드 백작」을 보라). 우리는 렘브란트의 그림에서 시각 과정에 관한 인식과 자의식이 증대해감을 볼 수 있는데 이 점이 19세기 인상파 화가들의 전조가 되었음은 두말할 나위도 없다.

렘브란트와 동시대의 네덜란드 화가 호베마(Hobbema)는 당시로서도 좀 전통적으로 보이는 방식으로 아주 다른 공간 감각을 전하고 있다. 시골 생활을 놀라울 정도로 자세히 묘사하고 있는 그의 커다란 그림은 몇 장면으로 나누어 볼 수 있는데 2, 3피트 이내로 다가서서 보아야만 제대로 감상할 수 있다. 그림에 나타나 있는 모든 것을 보기 위해 감상자는 그 정도 거리의 눈높이에서 고개를 상하좌우로 움직여 나무는 올려다보고 시냇물은 내려다보며 가운데 정경은 고개 너머로 내다보아야 한다. 그렇게 감상한 결과는 참으로 놀라워 마치 커다란 유리창을 통해 300년 전의 네덜란드 시골풍경을 바라보고 있는 것처럼 느껴진다.

그 후 인상주의, 초현실주의, 추상주의, 표현주의 화가들의 지각세계는 예술에서나 지각에서나 일반적으로 지니고 있는 관념과 일치하지 않았기 때문에 이어지는 세대의 관람자들에게 충격을 주었다. 그렇지만 그들은 모두 적당한 시기에 이해를 얻어낼 수 있었다. 19세기 말과 20세기 초의 인상파 화가들은 후대에 깁슨과 그의 동료 연구자들이 기술적으로 설명해낸 시각에 대한 몇 가지 특징들을 이미 예시하고 있었다. 깁슨은 대기를 채우고 물체에서 반사되는 주위의 빛과 물리학자의 연구 분야인 복사에 의한 빛(放射光)을 분명하게 구별한다. 시각에서 주위의 빛이 중요하다는 점을 깨닫고 있던 인상파 화가들은 빛이 대기를 채우며 물체에 반사될 때의 특질을 포착하고자 했다. 쿠앙의 성당을 그린 모네의 그림들은 같은 면이라도 빛의 조건에 따라 다르게 보이는 바를 묘사함으로써 시각에서 주변광(대기 중의 빛)의 역할을 기대 못지않게 명확히 보여주고 있다.

인상파 화가들에게 중점을 두어야 할 점은 그들의 주안점을 관람자로부터 다시 공간으로 되돌린 것이다. 그들은 자의식을 가지고 공간에서 일어나는 바를 이해하여 묘사하고자 노력했다. 1899년에 사망한 시슬레(Sisley)는 대부분의 인상파 화가들과 마찬가지로 공기 원근법의 대가였다. 드가 · 세잔 · 마티스 모두가 가장자리를 상징화하는 선들이 표현하는 기초적이고 내재적이며 윤곽을 드러내는 특질을 인지하고 있었다. 뇌의 시각피질에 관한 최근의 연구에 의하면 두뇌는 가장자리와 연관될 때 가장 명확하게 본다. 몬드리안의 작품에 나타나는 가장자리는 자연에서 경험하는 이상의 어떤 충격을 뇌의 피질에 가한다. 뒤피(Raoul Dufy)는 자신의 그림에 나타나는 투명한 빛의 특질에서 잔영(殘影, after-image)의 중요성을 포착했다. 브라크는 의식적으로 **촉감의 공간**을 전달하고자 노력함으로써 시각적 감각과 근육운동적 감각의 관계를 명확히 표현했다. 복제화에서는 브라크의 정수를 거의 기대할 수 없는데 여러 이유가 있겠지만 하나를 들자면 브라크 그림은 표면의 질감이 매우 뛰어나다는 것이다. 그 질감 때문에 관람자는 그가 그려 놓은 대상물을 가까이 보고자 그림에 다가서게 된다. 적절한 높이와 거리에 걸어 놓고 바라보면 브라크의 그림들은 믿을 수 없을 정도로 사실적이지만 복제화를 통해 이 느낌을 아는 것은 불가능하다.

위트릴로(Utrillo)는 르네상스 화가들만큼은 아니었지만 시각적인 공간의 원근법에 사로잡혀 있었다. 그는 자연을 개조하려는 의도는 없었지만 관람자가 자기 작품 속의 공간을 거닐어봄직한 인상을 나름대로 전달하고 있다. 클레(Paul Klee)는 시간을 공간과 연관시켰을 뿐만 아니라 그 속에서 움직일 때 변화하는 공간에 대한 역동적인 지각과도 연관시켰다. 샤갈·미로·칸딘스키는 모두 순수한 색, 특히 적색·청색·녹색이 제각기 망막의 다른 지점에 초점을 맺는다는 점과 색상만으로도 극도의 심도(深度)를 표현할 수 있다는 점을 인지하고 있었던 것으로 보인다.

최근 들어 현대미술 수집가들은 풍부한 감성을 표현한 에스키모 예술가들의 작품을 소중히 여기고 있는데, 부분적으로 에스키모 예술가들이 클레·피카소·브라크·무어(H. Moore) 등과 여러 면에서 유사한 접근 방식을 취하고 있기 때문이다. 차이가 있다면, 에스키모 예술가들이 행하는 모든 일은 자신의 한계 상황에 의해 영향을 받으며 한치의 실수도 용납하지 않는 적대적이고도 힘에 부친 환경에 대한 고도로 숙련된 적응력과 연관되어 있다는 점이다. 다른 한편, 서구의 현대 예술가들은 자신의 예술을 통해 의식적으로 여러 감각을 동원하여 객관적 예술이 요구해왔던 해석 과정의 일부를 삭제하기 시작했다. 에스키모의 예술품을 보면 그들이 감각이 풍부한 환경에서 살고 있음을 알 수 있지만 현대 예술가들의 작품은 이와는 정반대이다. 많은 사람들이 현대 예술에서 그토록 당혹감을 맛보는 것은 그러한 이유일지도 모르겠다.

점차적인 인간 인식의 역사——자신에 대한 인식, 자신의 환경에 대한 인식, 자신의 환경에 의해 좌우되는 자신에 대한 인식, 자신과 자신의 환경의 교류에 대한 인식——를 몇 페이지로 제대로 논할 수는 없는 일이다. 우리는 대략적이나마 그에 관해 기술할 따름이며 이를 통해 인간이 매우 다양한 지각세계에서 살아왔고 예술은 그러한 인간의 지각에 관한 여러 가지 풍부한 자료의 한 원천이 되고 있다는 점을 보다 명확히 밝혔다. 예술가 그 자신, 그 작품, 그리고 통문화적인(cross-cultural) 맥락에 의한 예술 연구 등은 모두 인간의 상이한 지각세계에 관해 단지 그 **내용**만이 아니라 그보다 더욱 중요한 **구조**에 대한 귀중한 정보를 제공하고 있다. 제8장에서는 내용과 구조의 관계를 살펴보고 자료 면에서 역시 풍부한 또 다른 예술 형식인 문학에서 몇 가지 예를 들어보겠다.

8 공간의 언어

보아스(Franz Boas)는 언어와 문화의 관계를 강조한 최초의 인류학자였다. 그는 가장 단순하고 명료한 방법, 즉 서로 다른 문화에 속한 사람들이 각자 자기 언어로 구별하는 것들에서 드러나는 어휘 목록을 비교 분석하는 방법으로 그 연구를 행했다. 예를 들면 스키광(狂)을 제외한 대부분의 미국인들에게 단지 기후현상의 일부에 불과한 눈을 표현하는 어휘는 두 단어, 즉 눈(snow)과 진눈깨비(slush)가 전부이다. 이에 반해 에스키모어에는 많은 단어가 있는데 제각기 눈의 다양한 상태와 조건을 나타내고 있어서 그 정확한 어휘에 의거하여 단순히 기후뿐만 아니라 주요한 환경적 특징을 설명하고 있음을 분명히 알 수 있다. 보아스의 시대 이후 인류학자들은 언어와 문화라는 상당히 중요한 이 관계에 관해 점차 이해가 깊어졌고 언어 자료를 매우 정교하게 이용하게 되었다.

어휘목록의 분석은 대체로 지구상의 이른바 이국적 문화들을 연구하는 것과 관련이 있다. 워프(Benjamin Lee Whorf)는 『언어, 사고, 현실』(Language, Thought, and Reality)에서 보아스의 이론에 진일보하여 모든 언어는 그것을 사용하는 사람들의 지각세계를 실질적으로 형성하는 데 주도적 역할을 한다고 시사했다.

우리는 모국어에 의해 규정된 선들을 따라 자연을 해부한다. 우리가 현상의 세계로부터 고립시킨 범주와 유형들은 거기에서 발견한 것들이 아니다……오히려 그와는 반대로 만화경처럼 끊임없이 변화하는 인상의 흐름에 제시된 세계를 우리의 정신, 그리고 그 대부분은 우리 정신의 언어적 체계에 의해 조직해야 한다. 우리는 늘 그렇듯이 자연을 절단하여 개념으로 짜넣고 의미를 부여하는데 그 큰 이유는 우리가 그러한 방식으로 자연을 조직하도록 동의한 집단이기 때문이다. 그 동의란 우리의 대화 공동체를 통해 견지되고 우리의 언어 패턴에 요약된 약속이다. 물론 그 약속은 내재적이고 명문화되지 않은 것이지만 그 조건은 절대적으로 의무적이다. 왜냐하면 이 약속이 명한 자료의 조직과 분류방법에 복종하지 않으면 우리는 전혀 대화를 나눌 수 없기 때문이다.

이어서 워프는 현대 과학에 대해서도 의미심장한 지적을 하고 있다.

……절대적으로 공평무사하게 자연을 기술할 수 있는 사람은 없다. 스스로 가장 자유롭다고 생각하는 순간조차 특정한 해석의 양식에 제약을 받고 있다.

워프는 애리조나 주 북부 사막지대의 메사(mesa: 절벽 위의 臺地 − 옮긴이)에 사는 호피(Hopi) 인디언의 언어를 수년간 연구했다. 고도로 유창한 수준으로 호피족의 언어에 통달했다고 내세울 수 있는 백인은 거의 없으며 있다 해도 남보다 약간 나은 정도이다. 워프는 호피족의 시간과 공간 개념을 이해하기 시작하면서 그 어려움의 일부를 파악하게 되었다. 호피어에는 영어의 '시간'에 해당하는 단어가 없다. 시간과 공간은 불가분 서로 얽혀 있기 때문에 시간의 차원을 제거하면 공간의 차원 또한 바뀌어버린다. 워프는 이렇게 말한다.

"호피족의 사고세계에는 상상의 공간이라는 것이 없다……사고는 현실의 공간이 아닌 데에서 실제 공간을 생각할 여지가 없을뿐더러 사고의 영향권에서 벗어난 공간을 생각할 수도 없다."

다시 말해서 호피족은 선교사가 말하는 천국과 지옥 같은 장소를 우리가 생각하는 식으로 '상상'할 수가 없다. 확실히 그들에게는 대상물을 채워 넣을 수 있는 어떤 추상적 공간이 부재한다. 공간에 관련된 영어의 상상적 표현마저 그들에게는 낯설다. 예를 들면 추론에서 어떤 '가닥'(line)을 '잡는다'(grasping)거나 논쟁의 '요점을 파악한다'(getting the point)는 따위의 표현이 호피족에게는 터무니없게 들리는 것이다.

워프는 또한 영어와 호피어의 어휘를 비교했다. 호피족은 튼튼한 석조 가옥을 지음에도 불구하고 3차원적 공간을 지칭하는 단어를 갖고 있지 않다. 이를테면 방·거실·홀·복도·창고·지하실·다락방 등에 해당하는 단어가 없다. 나아가 워프는 "호피 사회에서는 개인의 소유권이나 방들의 관계를 표시하지 않는다"고 지적한다. 방에 대한 호피족의 개념은 확실히 작은 우주와도 흡사한 면이 있는데, 그것은 "방·거실·홀과 같은 빈 공간들이 사실 각각의 객체로서 **명칭이 부여된 것이 아니라** 자리한 위치에 불과하다는 이유에서이다. 이를테면 나머지 물건들은 그러한 빈 공간에서 각각의 위치를 나타내도록 특정한 자리에 배치된다".

생텍쥐페리는 프랑스어로 사고하고 글을 썼다. 다른 작가들과 마찬가지로 그는 언어와 공간 모두에 몰두하였으며 『아라스 비행』에서 언어의 외재화된 통합적 기능에 관한 자신의 생각들을 표현했다.

거리란 무엇인가? 인간에게 정말 긴요한 것들은 셀 수도, 잴 수도, 달 수도 없음을 나는 알고 있다. 진정한 거리는 눈의 소관이 아니다. 그것은 정신에게만 허락된 일이고 그 가치는 언어의 가치인 것이다. 왜냐하면 사물을 하나로 엮는 일은 언어의 소관이기 때문이다.

워프의 스승이자 훌륭한 조언자였던 사피어(Edward Sapir) 역시 이른바 객관 세계와 인간의 관계에 대해 시사적인 발언을 하였다.

사람이 언어를 사용하지 않고 현실에 본질적으로 적응한다거나 언어가 단순히 의사소통이나 회상의 구체적 문제들을 해결하기 위한 우연적인 수단에 불과하다거나 하는 생각은 정말로 착각이다. 사실 말이지 '현실 세계'는 대부분 그 집단의 언어 습관 위에 구축된 것이다.

사피어와 워프의 영향은 기술(記述)언어학이나 인류학의 편협한 한계를 훨씬 넘어섰다. 나는 그들의 사고에 자극받아 옥스퍼드 포켓 사전을 뒤져서 공간에 관한 또는 공간적 함의를 지닌 모든 단어를 추려냈다. 예컨대 함께, 거리, 위, 아래, 떨어져, 연결된, 둘러싸인, 방, 배회하다, 떨어지다, 수준, 위쪽으로, 부근에, 일치하는 등등이다. 예비적인 목록작성에서 공간에 관한 것으로 분류될 수 있는 단어는 5천 개에 육박했는데 이 수는 옥스퍼드 포켓 사전에 수록된 단어의 20퍼센트에 해당한다. 자기 문화를 상당히 잘 알고 있다고 자처했던 나로서도 이것은 예상하지 못한 발견이었다.

프랑스의 현대 작가 마토레(Georges Matoré)는 『인간적인 공간』(*L'Espace Humain*)에서 역사적인 접근방법으로, 자신이 인간 공간의 무의식적인 기하학이라고 일컬은 개념에 도달하는 수단으로서 문학작품 속의 은유를 분석했다. 그의 분석은 기하학적이고 지적인 르네상스 시대의 공간적 상상력으로부터 공간의 '감각'(sensation)을 강조하기까지의 커다란 변화의 흐름을 지적하고 있다. 오늘날의 공간 관념은 **움직임**(movement)의 함의가 커지고 시각적인 것을 넘어 훨씬 깊숙한 육감적 공간을 지향한다.

지각의 열쇠로서의 문학

마토레의 문학 분석은 어떤 면에서 내가 연구 과정에서 채택했던 방법과 유사한 점이 있다. 화가와 마찬가지로 작가도 종종 공간을 집중적으로 다룬다. 작가가 공간의 지각을 성공적으로 전달하는 일은 여러 가지 거리감을 전하기 위해 시각적 단서나 그 밖의 단서를 어떻게 이용하느냐에 달려 있다. 그러므로 언어로 이루어진 므든 것에 비추어 볼 때 문학의 연구는 내가 공간지각에 관해 다른 원천으로부터 얻은 정보를 검증할 수 있는 자료를 제공할 수 있다고 본다. 다만 의문이 가는 점은 문학작품이 단순한 서술이 아닌 자료로서 사용될 수 있는가 하는 문제이다. 작가의 상상물들을 문학적 산물로 보는 대신 기억을 풀어내는 고도로 양식화된 회상 체계로서 면밀히 검토한다면 어떤 결과가 초래될까? 그러려면 문학을 단순히 즐거움이나 줄거리 파악을 위해 읽을 것이 아니라 작가가 자기만의 공간 감각을 표현하기 위해 독자에게 제공한 메시지의 핵심적인 요소들을 파악하기 위해 자의식적으로 연구할 필요가 있다.

여기서 기억해두어야 할 점은, 커뮤니케이션은 다양한 수준에서 이루어지며 어떤 수준에서는 타당한 것이 다른 수준에서는 그렇지 않을 수도 있다는 것이다. 나의 연구 과정은 제4~6장에서 기술한 감각자료에 대한 언급에 내포된 수준을 제거하는 일이었다. 다음에 인용한 구절들은 필요에 따라 문맥을 벗어난 것이기 때문에 그 본래의 의미를 상실한 것들도 있다. 그렇다 해도 이 구절들은 인간관계의 중요한 문화적 요인이 되는 거리의 이용 및 그 의미를 작가들이 얼마나 훌륭하게 인식하고 전달하고 있는가를 보여준다.

마셜 매클루언에 따르면 문학에서 3차원의 시각적 원근법을 처음 이용한 작품은 「리어왕」이다. 도버의 들판에서 자신을 숨긴 에드거는 장님이 된 아버지 글로스터 백작에게 자기들이 절벽 꼭대기에 다다랐음을 설득시키려 한다.

> 자, 이리 오십시오, 여깁니다, 가만히 계십시오. 저 아래를
> 내려다보니 너무나 두렵고 아찔하네요!
> 중간쯤 나는 까마귀와 까치도
> 딱정벌레 정도밖에 안 돼 보입니다. 절벽 중턱에는
> 갯나리를 캐는 사람이 매달려 있는데, 겁나는 작업이군요!
> 몸이 머리크기밖에 안 돼 보여요.
> 해변가를 거니는 어부가
> 마치 생쥐처럼 보이고, 저기 정박한 큰 배는
> 돛단배만하고 돛단배는 부표처럼 사라져서

거의 눈에 들어오지도 않습니다. 솨솨대는 파도가
셀 수 없이 널려 있는 조약돌에 부딪히는데도
그 소리는 잘 들리지 않네요. 이제 그만 봐야지,
머리가 빙빙 돌고 눈이 어른거려서
거꾸로 곤두박질할 것 같으니.

여기 묘사된 이미지는 높은 곳에서 내려다본 거리감을 강조하기 위한 시각 이미지로 채워져 있다. 이 구절은 음향을 사용하거나 생략하면서 클라이맥스에 도달한다. 처음과 마찬가지로 마지막에도 현기증을 불러일으킨다. 독자도 글로스터와 더불어 몸이 찔어찔하는 듯이 느껴진다.
　소로(Thoreau)의 『월든』(*Walden*)도 한 세기 전에 출판되었지만 어제 씌어진 것처럼 느껴진다.

　내가 이렇게 작은 집에서 이따금 경험하는 한 가지 불편함은 내 손님과 거창한 말로 대단한 사상을 주고받을 때 충분한 거리를 취하기가 어렵다는 것이다. 사람들은 자신의 사고를 위한 공간을 가지고 사색의 돛을 정비하여 한두 항로를 질주하다가 귀항하기를 원한다. 사색의 탄환은 상대의 귀에 도달하기 전에 옆으로 새거나 튀지 않도록 확고한 탄도를 잡아 목표에 떨어져야지 그렇지 않으면 탄환이 옆머리를 뚫고 다시 튕겨나올지도 모른다. 또한 우리의 문장도 사이사이 칸을 채웠다 뺐다 할 수 있는 여백이 필요하다. 국가와 마찬가지로 개인도 적당히 널찍하고 편안한 영토를 가져야 하며 나아가 개개인 간에는 상당한 넓이의 완충지대를 둘 필요가 있다……내 집은 너무 좁아 이야기를 들을 준비조차 할 수 없다……우리가 단순히 수다쟁이나 허풍선이에 불과하다면야 아주 가까이 모여서 턱과 뺨을 맞대고 서로의 숨결을 느끼면서 이야기하는 것도 견딜 만하겠지만, 점잖고 사려 깊게 대화하려면 좀더 떨어져서 동물적인 체온과 땀을 증발시킬 여유를 가질 수 있었으면 하는 것이다.

이 짧은 구절에서 소로는 이 책의 다른 부분에서 제시한 논점에 적용되는 말을 많이 하고 있다. 후각 및 체온 지대(다른 사람의 숨결과 체온을 느낄 수 있는 지대)를 벗어나 있기를 원하는 그의 민감성, 그리고 거창한 사상을 토로하고자 보다 넓은 공간을 얻기 위해 벽이라도 밀어붙이고 싶은 심정은 무의식적인 거리 감각 및 거리 설정의 메커니즘을 어느 정도 지적하고 있다.

나는 소년 시절에 처음 버틀러(Butler)의 소설 『중생의 길』(*The Way of All Flesh*)을 읽은 이래 여태껏 그 생생한 공간 이미지가 남아 있다. 독자의 머릿속에 35년간이나 머물 정도의 글이라면 분명 다시 볼만한 것이니 버틀러를 다시 읽어보겠다. 장면은 어니스트의 어머니 크리스티나가 아들의 자백을 받아내기 위해 심리적인 우위를 점하고자 앉아 있는 소파에서 벌어진다. 크리스티나가 어니스트에 말한다.

"우리 착한 아이," 엄마는 **아들의 손을 꼭 잡아 자기 손 안에 두고선** 말문을 열었다. "네 아빠나 나를 겁내지 않겠다고 약속하렴, 네가 이 엄마를 사랑하듯이 나에게 약속하면 되는 거야." 그러고는 **아들에게 연거푸 뽀뽀해주면서 머리를 쓸어주었다**. 그러면서도 다른 손으로는 여전히 절대로 놓아주지 않겠다고 으르듯이 아들의 손을 꼭 쥐고는……

"얘야, 우리는 너 자신이 무엇을 말했는지 네가 미처 깨닫기도 전에 사라져버리는 자자분한 일에서 네 속뜻을 찾아낼밖에 그 이상은 알 수가 없단다."

소년은 움찔했다. 이 말이 소년을 마냥 달아오르고 불편하게 만들었다. 소년은 자기가 얼마나 조심해야 하는지 잘 알고 있었다. 그렇지만 하는 데까지 하다가 이따금 일시적인 건망증이 자신을 배반하고 다 털어놓고야 마는 것이다. 엄마는 소년이 움찔하는 것을 알아채고는, 그에게 입힌 상처를 즐기고 있었다. 그녀가 그렇게까지 자신의 승리를 자신하지 않았다면 달팽이눈을 건드려 놓고 다시 껍질 속으로 움츠러드는 모양을 즐기는 장난처럼 접촉의 쾌감을 거두어들이는 편이 나았을 것이다. 그러나 그녀는 아이를 소파에 단단히 눌러앉혀 자신의 수중에 두는 한, 적을 완벽하게 주물러 자신이 원하는 것을 거의 얻어낼 수 있음을 알고 있었다…….

버틀러가 사용한 친밀한 거리는 강렬하고 정확하다. 육체적 접근과 접촉의 효과, 목소리의 억양, 불안의 격류, 움츠림의 감지 등은 어니스트의 은밀한 '거품 같은 비밀'을 얼마나 효과적이고 용의주도하게 새나오게 만들었는지 보여주고 있다.

마크 트웨인의 등록상표 가운데 하나는 공간의 왜곡이다. 독자는 믿을 수 없는 거리에서 불가능한 것들을 보고 듣게 된다. 그레이트 플레인스(대평원) 주변에서 살았던 마크 트웨인은 프런티어 정신의 영향을 크게 받았다. 그의 상상력은 독자를 밀고, 당기고, 펴고, 짜내고 하여 눈이 핑핑 돌게 만든다. 공간적인 역설에 대한 그의 놀라운 감각은 『스톰필드 선장의 천국방문』에 잘 나타나 있다. 30년간 천국을 여행하던 스톰필드 선장은 친구 피터스를 만나 자기가 어마어마한 행성과 벌였던 경주를 설명해주고 있다.

    이윽고 나는 혜성의 꼬리에 바싹 따라붙었지. 자네는 그게 어떤 건지 아나? 모기 한 마리가 아메리카 대륙에 다가가는 거나 진배없어. 나는 계속 따라갔지. 얼마 후 나는 혜성 가두리를 따라 1억 5천 마일 남짓이나 항해했는데도 혜성의 모양으로 봐서 아직 그놈의 허리춤도 따라잡지 못했다는 걸 알 수 있었어.

이어서 경주 및 '아래쪽에서 몰려온 1천억 승객들'의 흥분과 관심이 묘사되고 있다.

    자, 그래도 나는 조금씩 따라잡았어, 그러다가 마침내 그 거대하고 늙은 불구덩이의 코를 타고 날쌔게 뛰어넘었지. 그때 혜성의 선장이 마지못해 일어나서는 시뻘건 불덩이 앞에 조수와 함께 섰는데 그 행색이라니, 셔츠 바람에 슬리퍼만 끌고 머리칼은 생쥐집같이 엉망인데다 한쪽 멜빵은 흘러내린 채로, 몰골이 말이 아니었어! 나는 약올려주지 않고는 못 배기겠기에 미끄러져 나오면서 이렇게 흥얼거렸지.
"타타! 타타! 가족에게 전할 말 없나?"
    이보게, 피터스, 그게 실수였어. 그래, 나는 종종 후회가 되는데, 그게 실수였단 말이지.

역설적인 것들을 제외하고도 마크 트웨인의 묘사에서는 아주 실제적인 거리와 세부사항들도 많이 찾아볼 수 있다. 그 이유는 모름지기 묘사가 그럴듯하려면 지각된 세부사항들과 이를 실제로 식별할 수 있는 거리 사이의 일관성이 유지되지 않으면 안 되기 때문이다. 이를테면 선장의 헝클어진 머리 모습이나 조수와 선장의 얼굴 표정 등은 공적인 거리(제10장 참조)의 최단 범위에서만 가능한 관찰이다. 그리고 나서 스톰필드와 피터스 사이의 거리가 나오는데 그것은 아주 가깝다.

생텍쥐페리는 개인적이고 친밀한 공간에 대한 섬세한 감각을 지녔을 뿐만 아니라 신체와 감각이 의사소통에 어떻게 사용되는지에도 해박했다. 『야간 비행』에서 인용한 다음 구절에는 세 가지 감각과 거리가 세 개의 짧은 문장으로 묘사되어 있다.

그녀는 일어나 창문을 열고 얼굴에 와닿는 바람을 느꼈다. 그들의 방에서는 부에노스 아이레스가 내려다보였다. 근처의 한 집에서는 댄스 파티가 벌어지고 있었는데 그 음악 소리가 바람결에 들려왔다. 바야흐로 휴식과 여흥의 시간이었던 것이다.

잠시 후 비행사인 그녀의 남편은 아직 자고 있다.

……그녀는 그 강인한 팔, 이제 한 시간 내로 유럽 유편물의 운명을 좌우하게 될, 마치 도시의 운명처럼 막중한 책임을 지고 있는 그의 팔을 들여다보았다.

……이렇게 야성적인 팔, 부드러움에만 길들여지는 그의 손, 그녀는 그것들이 진짜 하는 일이 무엇인지 막연했다. 그녀는 이 남자의 미소, 상냥한 사랑 표현은 알고 있었지만 폭풍 속에서의 신과 같은 격정은 모르고 있었다. 그녀는 음악과 사랑과 꽃으로 엮은 미묘한 그물로

그를 잡아둘 수 있었을 텐데도 그는 출항할 때마다 일말의 미련도 없다는 듯이 훌쩍 떠나곤 했다. 그가 눈을 떴다. "몇 시오?" "자정이에요."

카프카는 『심판』에서 북부와 남부 유럽인의 행동을 대비시킨다. 다음 구절에는 후각 거리에 대한 그의 관습이 드러나 있다.

그가 다소 정중한 격식을 갖춰 대답하자 그 이탈리아 사람은 무성하게 자란 쇳빛 콧수염을 신경질적으로 쓸면서 또 다른 웃음으로 되받았다. 이 콧수염에는 틀림없이 향수를 뿌렸을 거야, 가까이 다가가서 냄새를 맡아보고 싶을 지경이니.

카프카는 자신의 신체와 움직임에 필요한 공간을 상당히 의식했다. 밀집에 대한 그의 기준은 움직임을 제한하느냐 하지 않느냐였다.

관리인과 헤어진 후 그는 K에게 바싹 다가섰다. 너무 가까웠기 때문에 K는 자유롭게 움직이기 위해 의자를 뒤로 물릴 수밖에 없었다.
……K는 성가대 바로 옆의 기둥에 붙어 있는 작은 보조 강단을 쳐다보았다……그것은 멀리서 보기에 너무 작아서 마치 조각상을 두기 위해 마련된 빈 구석처럼 보였다. 목사가 난간에서 한 걸음 뒤로 물러설 여유도 없게 뻔했다. 석조의 둥근 천장도 아주 낮게 앞으로 휘어져 보이기 시작했다……그러다간 보통 키의 사람도 그 아래 똑바로 서지 못하고 난간에 기대고 있어야 할 형편이었다. 이 구조는 모두가 목사를 괴롭히기 위해 고안된 것이렷다…….

카프카가 '괴롭히다'라는 단어를 사용한 것은 건축이 지닌 의사소통적 의미를 인지하고 있음을 보여준다. 그는 운동감각적 공간을 숨막힐 듯이 묘사함으로써 자신의 몸이 x제곱피트의 주어진 넓이를 차지하는 조개껍질 이상의 존재임을 재삼 상기시키면서 독자의 마음에 숨겨져 있는 종래의 건축물로 인한 속박감을 해방시킨다.

일본의 소설가 가와바타 야스나리(川端康成)를 통해서는 일본적 감각양식의 취향을 일부 엿볼 수 있다. 아래 인용된 첫 번째 장면은 탁 트인 야외이고 두 번째 장면은 다소 친밀한 공간이다. 서로의 감각적 연루와 그에 따른 분위기의 흐름이 이 소설의 특징이다.

> 그는 문 닫기 전에 우체국에 가야 한다고 말했고 두 사람은 함께 방을 나섰다.
> 그러나 여관 문을 나서자 강렬한 신록의 향기가 그를 산으로 유혹했다. 그는 거칠게 산을 오르기 시작했다.
> 기분 좋게 피곤해지자 그는 획 돌아서서 기모노 옷자락을 끈으로 여미고는 비탈길을 줄달음쳐 내달렸다.

여관으로 돌아온 시마무라(島村)는 도쿄로 돌아갈 즈음 게이샤와 이야기한다.

> ……그녀가 미소를 지으며 '그때'를 떠올리자 시마무라의 말이 점차 그녀의 온몸을 물들였다. 그녀가 머리를 숙여 인사했을 때, ……그는 기모노 속의 등까지도 심홍색으로 물들었음을 볼 수 있었다. 그녀의 촉촉하고 육감적인 피부는 머리색으로 돋보여 마치 자기 앞에 벌

거벗은 채 누워 있는 듯했다.

문학을 내용이 아닌 구조로 살펴보면 감각 양식의 역사적 추세와 변천과정을 조명할 만한 것들을 발견할 수 있다. 그러한 변천과정은 인간이 저마다 다른 시대와 문화에 가장 쾌적하다고 느끼는 환경 형태와 밀접하게 연관되어 있다는 생각에 의심할 여지가 없다. 내가 이 짧은 고찰로 문학이 다른 모든 분야와 마찬가지로 인간의 감각 사용에 관한 자료의 원천이 된다는 점을 제대로 지적했는지는 아직 모르겠지만 적어도 역사적이고 문화적인 차이점들은 아주 명백하게 보인다. 그러나 그 차이점들은 내용만 읽는 사람들에게는 그다시 선명하게 드러나지 않을지도 모른다.

이어지는 두 장도 시각의 차이는 있지만 동일한 자료를 다루고 있다. 인간은 고정되거나, 반쯤 고정되거나, 움직이거나 하는 공간을 어떻게 구성하는지, 또한 자기 동료들과의 상호작용에서 여러 가지 거리를 어떻게 사용하는지 살펴볼 것이다. 다시 말해서 우리의 집과 도시를 설계하는 데 사용해야 하는 벽돌에 관한 설명이다.

9 공간의 인류학: 조직화의 모델

　이 책의 앞부분에서 영토성, 공간, 인구 조절을 다루었다. 나는 문화의 기저를 이루는 조직화하는 수준이 낮은 행동에 **기층문화**(infraculture)라는 용어를 부여했다. 그것은 프록세믹스 분류체계의 일부로서 체계의 다른 부분들과 여러 수준의 개별적인 연관성을 지니고 있다. 독자들도 기억하겠지만 프록세믹스라는 용어는 인간의 공간 사용에 관한 상호연관된 관찰과 이론을 정의하기 위해 사용된 것이다.

　제4~6장은 모든 인류가 공유하는 생리학적 바탕에다 문화가 구조와 의미를 부여한 감각에 관해 다루었다. 과학자들은 A문화와 B문화의 프록세믹스 패턴을 비교함에 있어 그러한 문화 이전의 감각적 바탕을 언급하지 않을 수 없다. 그리하여 우리는 이미 프록세믹스의 두 현상을 고찰했는데 첫째는 행동적이고 인간의 생물학적 과거에 뿌리를 둔 **기층문화적** 현상이고, 둘째는 생리학적이고 다분히 현재적인 **전문화적**(precultural) 현상이다. 앞으로 고찰할 셋째는 **미시문화적**(microcultural) 수준으로 프록세믹스 관찰의 대부분이 여기에서 이루어진다. 미시문화의 한 현상으로 나타나는 프록세믹스는 고정적·반고정적·비공식적인 형태라는 세

양상을 지니고 있다.

한 수준을 다른 수준으로 적절히 해석하는 일은 일반적으로 매우 복잡하지만 과학자들은 앞으로의 전망을 위해서라도 때때로 시도해볼 필요가 있다. 여러 수준을 결합하는 포괄적인 사고체계가 결여되면 인간은 상당히 위험할 수 있는 일종의 정신분열적 이탈이나 고립으로 발전한다. 예컨대 문명화된 인간이 과밀의 결과에 관해 기층문화의 수준에서 얻은 자료들을 계속 무시한다면 아직 행동의 싱크현상에 처하지는 않았더라도 그와 진배없는 상황을 만들 위험에 처할 수 있다. 제임스 섬 사슴의 경험은 오싹할 정도로 14세기 중반 유럽 인구의 3분의 2를 앗아갔던 흑사병을 연상시킨다. 이 대량사망의 직접적인 원인은 **페스트균**이겠지만 중세 마을과 도시의 과밀한 생활환경 때문에 저하된 저항력이 사태를 악화시켰음은 의심할 여지가 없다.

한 수준을 다른 수준으로 해석하는 방법론적인 곤란은 『침묵의 언어』에서 논의된 바 있는 **문화의 본질적인 불확정성**에 기인한다. 문화의 불확정성은 문화적 사건들이 여러 가지 다른 수준에서 발생하며 관찰자가 두 가지 이상의 크게 동떨어진 분석적 또는 행동적 수준에서 일어나는 일을 똑같은 정확성으로 동시에 검토하기가 불가능하기 때문에 생겨난다. 독자도 이 점을 혼자 간단히 시험해볼 수 있다. 말할 때 음성상의 세부사항(실제로 소리가 나는 방식)에 집중하면서 동시에 유창하게 말하려고 해보라. 단순히 또박또박 발음하라는 뜻이 아니라 혀의 위치와 입술 모양, 성대의 진동 여부, 각 음절 사이의 호흡 등을 생각하라는 뜻이다. 이 경우의 불확정성에 대해서는 좀더 설명할 필요가 있다.

모든 유기체는 반복에 크게 의존한다. 말하자면 한 시스템에서 받아들인 정보는 만일의 경우에 대비해서 다른 시스템들에 의해 복사(백업)된다. 인간 자신도 문화에 의해 대규모 반복적인 방식으로 프로그램된다. 그렇지 않으면 인간은 말과 행동을 좀체 주고받을 수 없게 된다. 시간이 너무 오래 걸리는 것이다. 사람들이 대화할 때에는 메시지의 일부만을 공급하고 그 나머지는 듣는 사람이 채워 넣는다. 말해지지 않은 대부분을 당연하게 받아들이는데, 그러나 문화가 달라지면 그 내용도 달라진다. 미국에서는 구두닦이 소년에게 구두약 색깔을 지정해줄 필요가 없다. 그러나 미국인이 일본에서 색깔을 지정하지 않은 채 갈색 구두를 보냈다가 검은 구두를 돌려받을 수도 있다! 그러므로 개념적인 모델과 분류 체계의 기능은 의사소통과정에서 당연시되는 부분들을 명시하고 그 부분들간의 상호관계를 지시하는 것이다.

기층문화 수준의 연구에서 내가 배운 바는 프록세믹스의 문화적 수준에서 작업 모델을 창출하는 데에도 상당한 도움이 되었다. 일반적인 믿음과는 달리 인생의 단계마다 나타나는 영토적 행위(구애나 육아 등)는 상당히 고정적이고 엄격하다. 영토의 경계는 자고 먹고 깃들이고 하는 영토 내의 구체적 행동들이 정해진 장소에서 이루어지듯 꽤 일정하게 유지된다. 영토는 어떤 의미에서건 시각적·음성적·후각적 신호로 표시되는 유기체의 연장물이다. 인간은 영토성의 물질적인 연장물뿐만 아니라 눈에 보이거나 보이지 않는 영토의 표시물을 창조해왔다. 영토성은 비교적 고정적이므로, 따라서 나는 프록세믹스의 수준에서 이러한 유형의 공간을 **고정 형태의 공간**이라고 지칭했다. 다음 절에서는 고정 형태의 공간을 다루고 이어서 반고정 형태와 비공식적 공간을 설명하겠다.

고정 형태의 공간

　고정 형태의 공간은 개인과 집단의 활동을 조직하는 기본적인 방식 중 하나로서 인간이 지구상에서 움직일 때 행동을 지배하는 물질적인 현상뿐만 아니라 감추어지고 내면화된 구도를 포함한다. 건물은 고정 형태를 표현하는 하나의 패턴이지만 또한 특징적인 방식으로 집단화되기도 하고 문화적으로 결정된 구도에 따라 내부적으로 구분되기도 한다. 마을, 도읍, 도시의 배치, 그리고 사이사이의 시골 풍경도 우연히 이루어진 것이 아니라 시대와 문화에 따라 변화하는 계획을 따른 것이다.

　서구식 주택의 내부도 공간적으로 조직되어 있다. 음식을 준비하고, 먹고, 즐기고, 교제하고, 휴식하고, 회복하고, 출산하는 등의 특별한 기능을 위한 개별적인 방이 있고 위생을 위한 방도 따로 있다. 흔히 있는 일이지만, **만약** 한 공간과 연관된 기물이나 활동이 다른 공간으로 옮겨지면 즉각 표시가 난다. 뒤죽박죽 늘어놓고 사는 사람이나 늘 어수선한 사람은 일관성 있고 정해진 공간 계획에 따라 활동과 기물들을 분류하지 못하는 사람이다. 그 정반대는 **시간**과 **공간**에 따라 정확하게 사물을 조직화하는 일관작업(assembly line)이다.

　사실 미국인이나 유럽인들이 당연시 여기는 요즘 주택의 내부 설계는 아주 최근의 것이다. 아리에스(Phillippe Ariès)가 『수세기에 걸친 어린 시절』(*Centuries of Childhood*)에서 지적하듯이, 18세기까지도 유럽 가옥의 방들은 고정된 기능이 따로 없었다. 가족 구성원들은 오늘날과 같은 프라이버시가 없었고 성스럽고 개별화된 공간도 없었다. 낯선 사람들이 마음대로 드나드는가 하면 방을 쓰는 사람들의 기분과 취향에 따라 침대와 탁자가 놓였다 치워졌다 했다. 아이들에게는 작은 어른들처럼 옷을 입히고 대우했다. 방들이 기능에 따라 특수화되고 서로 분리되고 나서야 어린 시절이라는 개념이나 그와 연관된 핵가족의 개념이 나타난 것은 이상한 일이 아니다. 주택의 형태가 바뀐 것은 18세기에 들어서의 일로 프랑스어에는 샹브르(chambre)와 살르(salle)의 구별이 생겼다. 영어에서는 방의 기능이 침실·거실·식당과 같이 명칭에 나타난다. 방들은 집들이 거리에 접해 있듯이 복도를 따라 배열되었기 때문에 이제는 자기 방을 가는 데 다른 방을 거칠 필요가 없어졌다. 뉴욕의 중앙역 같은 분위기가 제거되고 새로운 공간에 의해 보호받게 되면서 가족 패턴이 안정되기 시작하고 나아가 주거 형태에도 표현되었다.

고프먼(Goffman)의 『일상생활에서의 자기 표현』은 사람들이 세상에 드러내는 외관과 그 뒤에 감추는 자아의 관계를 자세하고 민감하게 관찰한 기록이다. 외관(façade)이라는 용어를 사용한 그 자체가 시사적이다. 말하자면 꿰뚫어야 할 층들을 인지하고 있다는 의미이고 이따금 뒤로 물러나 쉴 수 있는 장막을 제공해주는 건축상의 기법에 의한 기능의 암시이다. 외관을 유지하기 위한 긴장은 엄청난 것일 수도 있다. 건축가는 그 짐을 덜어줄 수 있고 또한 개개인이 '머리를 풀어내리고' 혼자 있을 수 있는 피난처를 제공해줄 수 있다.

집에다 사무실을 둔 기업인이 거의 없다는 사실은 관례상이라거나 경영진이 곁에 없을 때에는 최고 경영을 수행하기가 쉽지 않다거나 하는 이유만으로 설명될 수 없다. 나는 많은 사람들이 둘 이상의 다른 인격을 지닌 경우, 이를테면 사업상의 인격과 가정에서의 인격이 구분되는 경우를 관찰해왔다. 이 경우 사무실과 가정의 분리는 종종 양립 불가능한 두 인격의 마찰을 피하는 데 도움이 되며 건축과 배경에 투사된 이미지와 부합되는 각각의 이상적인 태도를 정착시키는 데 기여할 수도 있다.

고정 형태의 공간과 인격 및 문화의 관계가 부엌보다 잘 드러나는 곳은 없다. 내가 인터뷰한 여성들은 부엌의 세부양식들이 활동에 지장을 주면 단순히 불편한 정도가 아니라고 말한다. 오랜 세월 갖가지 유형의 부엌과 씨름해온 내 아내는 남자의 설계에 대해 이렇게 평한다.
　"이 부엌을 설계한 남자들이 여기서 일해본 적이 있었다면 이런 식으로 만들지는 않았을 거예요."
　설계의 세부요소가 여성의 신장이나 신체 조건에 걸맞지 않는다거나 (보통 여자들은 손이 닿지 않을 정도로 높다) 활동에 지장을 주는 경우는 언뜻 드러나지는 않아도 의외로 많다. 집안의 규모·형태, ·배열·배치는 모두 집안의 주부들에게 건축가나 설계사가 고정 형태의 세부사항들에 관해 어느 정도로 잘 알고 있는지를 전달해준다.
　적합한 공간사용에 대한 인간의 느낌은 뿌리 깊은 것이다. 그러한 인식은 궁극적으로 생존 및 건전한 정신과 직결된다. 공간 감각을 잃는다는 것은 정신이상이 되는 것이다. 긴급 상황에서는 반사적인 행동과 생각이 요구되는 행동의 차이가 생사를 판가름할 수도 있다. 이것은 붐비는 고속도로를 빠져나가는 운전자나 포식자를 피해 다니는 토끼에게도 똑같이 적용되는 법칙이다. 멈퍼드(Lewis Mumford)의 관찰에 의하면, '이방인들에게도 그 도시에 오래 거주한 사람 같은 친근감을 주는' 이유는 미국 도시의 획일적인 격자 패턴 때문이다. 이러한 패턴에 길이 든 미국인들이 다른 패턴을 대하면 흔히들 어쩔 줄 모르며 단순한 도시계획을 따르지 않은 유럽의 수도들도 편치가 않다. 외국에 거주하거나 여행하는 사람은 길을 잃는 일이 많다. 이들 불평의 한 가지 흥미로운 특징이 도시설계와 그 사람의 관계를 드러낸다. 그 도시에 처음 온 사람은 거의 예외없이 그 도시가 자신에게 뭔가 적대적이기라도 한 듯이 개인적인 모욕을 느끼는 어투로 말한다.

프랑스의 방사선 도시나 로마의 격자형 도시에서 자란 사람들이 일본과 같이 고정 형태의 전체 패턴이 근본적으로 다른 곳에서 힘들어하는 것은 당연하다. 사실 두 시스템을 대비해가며 설계한다 해도 어느 쪽을 어떻게 개선해야 좋을지는 알기 힘들다. 유럽의 시스템은 선을 강조하여 거기에 이름을 붙이지만 일본인들은 교차점들을 기술적으로 처리하고 선은 무시한다. 일본에서는 거리가 아닌 교차토에 이름이 붙어 있다. 집들은 공간이 아닌 시간과 연관되어 지어진 순서대로 번지가 매겨진다. 일본의 패턴은 중앙을 중심으로 뻗어나가는 서열을 강조하는 반면 미국의 도시계획은 같은 선상의 어느 번지나 똑같기 때문에 궁극적으로는 외곽까지 일률적으로 개발된다. 일본 동네의 20번지 거주자는 1번지가 제일 처음 지어졌다는 것을 늘 상기하게 된다.

고정 형태의 공간에는 인간의 행동을 관찰해야만 비로소 눈에 들어오는 측면들이 있다. 예컨대 미국의 주택에서는 독립된 식당이 급격히 사라지고 있지만 거실에서 식사하는 공간과 나머지 공간을 구분짓는 선은 아주 분명하다. 교외의 집들을 구분하는 보이지 않는 경계 역시 미국문화 혹은 적어도 그 일부 소문화의 고정 형태이다.

건축가들은 전통적으로 구조의 시각적인 양식, 말하자면 눈에 보이는 면에만 신경을 쓰고 사람들이 어린 시절에 습득한 고정 형태의 공간을 내면화시켜 행동한다는 사실은 거의 의식하지 않는다. 공간이 넉넉지 못할 경우 울적해지는 것은 아랍인만이 아니라 다다수 미국인도 마찬가지다. 내 실험대상자 한 사람은 이렇게 말했다.

"나는 천장이 높고 넓은 방에만 있으면 나머지는 거의 참을 만해요. 브루클린의 고풍 가옥에서 자라 그런지 다른 데는 절대로 적응이 안 돼요."

다행히 고객들의 내면화된 고정 형태의 요구를 알아내고자 시간을 들이는 건축가도 몇 있기는 하다. 그러나 나의 주된 관심사는 고객 개개인이 아니다. 오늘날 우리의 도시를 설계하고 개축함에 있어 당면한 문제는 대다수의 요구를 이해하는 것이다. 우리는 거주자들의 요구를 이해하지 못한 채 거대한 아파트와 대형 빌딩을 지어대고 있다.

고정 형태의 공간에서 중요한 점은 대부분의 행동이 형성되는 틀이라는 점이다. 윈스턴 처칠 경이 "우리는 건물의 모양을 만들고 건물은 우리의 모양을 만든다"고 말했을 때 지적한 것은 다름 아닌 공간의 그러한 측면이었다. 전후 하원의 복구에 대한 논쟁에서 처칠은 좁은 통로를 사이에 두고 여야가 마주하는 의회의 밀접한 공간 양식이 달라지면 정부의 패턴도 심각하게 변경되지나 않을까 걱정했다. 그가 고정 형태의 공간이 미치는 영향을 지적한 최초의 인물은 아닐지 모르지만 그 영향이 그토록 간명하게 요약된 적은 없었다.

문화간의 여러 근본적 차이점 중 하나는 문화가 인간 유기체의 각기 다른 해부학적이고 행동적인 특징을 연장시킨다는 사실이다. 문화간의 유입이 생기면 유입된 항목은 반드시 적응을 거쳐야 한다. 그렇지 않으면 새것과 옛것이 조화를 이루지 못하며 두 양식이 철저히 대립하게 되는 경우도 있다. 예컨대 일본은 점 사이의 선(도로)보다는 점에 더 관심을 쏟는 문화에 자동차를 적응시켜야 하는 문제를 안게 되었다. 그 때문에 도쿄는 세계에서 교통체증이 가장 심각한 곳으로 유명해졌다.

도시가 사람들로 북적대고 사회가 치밀한 위계적 특성을 지닌 인도에서도 자동차가 잘 적응하지 못했다. 인도 기술자들이 느릿느릿한 보행자와 쌩쌩 달리는 자동차를 분리시키도록 도로를 설계하지 못하는 한, 계급의식이 박힌 운전자들이 가난한 사람들을 고려하지 않기 때문에 사고는 계속 발생할 것이다. 펀자브 지방의 수도인 찬디가르에 르 코르뷔지에(Le Corbusier)가 지은 대건축물조차도 거주자들의 편리에 의해 개조될 수밖에 없었다. 인도인들은 르 코르뷔지에 건축물의 발코니에 벽을 쌓아 부엌으로 바꾸었다! 이와 마찬가지로 미국에 온 아랍인들은 자신의 내면화된 고정 형태의 양식이 미국의 주택과 맞지 않음을 발견하고 압박감을 느낀다. 이를테면 천장은 너무 낮고, 방은 너무 좁고, 외부로부터 프라이버시를 지키기에도 부적합하고, 전망은 아예 없다.

그러나 내면화된 양식과 외면화된 양식의 불일치가 문화간에서만 발생한다고 생각해서는 안 된다. 우리 기술의 급격한 발달에 따른 냉방장치, 형광등, 방음장치 등은 전통적인 창문이나 문의 양식과는 무관한 집이나 사무실 설계를 가능하게 만든다. 때로 새로운 발명품은 직원이 수십 명인 '우사'(牛舍) 안에 각자의 '영토'가 불분명해진 거대한 헛간 같은 방을 만들어내기도 한다.

반고정 형태의 공간

몇 년 전 오스몬드(Humphry Osmond)라는 유능하고 통찰력 있는 내과의는 캐나다 서스캐처원 주에 있는 대규모 건강연구센터를 맡아달라는 요청을 받았다. 그의 병원은 반고정 형태의 공간과 행동 사이의 관계가 처음으로 분명하게 드러난 곳이었다. 오스몬드는 철도 대합실과 같은 어떤 공간들은 사람들을 떼어놓는 경향이 있음을 알아차렸다. 그는 그것을 사회원심적 공간이라 칭했다. 이와는 달리 옛날 약국에서 볼 수 있는 칸막이 대기실이나 프랑스 노천 카페의 테이블 같은 공간들은 사람들을 모이게 하는 경향이 있는데 그것을 사회구심적 공간이라 칭했다. 그가 책임을 맡은 병원은 사회원심적 공간으로 가득하고 사회구심적이라 할 만한 공간은 거의 없었다. 더구나 관리직원이나 간호원은 관리가 수월하다는 이유로 후자보다 전자를 선호하는 편이었다. 작은 원형들을 이루었던 의자의 배열이 면회 시간이 지나자마자 군대식으로 벽을 따라 일렬로 가지런히 배열되곤 했다.

오스몬드의 주의를 끈 한 상황은 새로 지은 '모범' 여자노인병동으로, 그곳의 모든 것이 새것이고 빛나고 말쑥하고 깨끗했으며 공간도 넉넉하고 방의 색상도 밝았다. 유일한 문제는 환자들이 병동에 오래 머물수록 대화를 나누는 일이 적어지는 것 같다는 점이다. 그들은 점차 일정한 간격의 침대에서 영원히 고요하게 벽에 부착된 가구처럼 되어갔다. 게다가 모두가 침울해 보였다.

그 공간이 사회구심적이 아니라 사회원심적임을 감지한 오스몬드는 명민한 젊은 심리학자 소머(Robert Sommer)에게 가구의 배치와 대화의 관계에 대해 최대한 알아보도록 부탁했다. 소머는 사람들이 대화할 때 나타나는 다양한 상황을 관찰할 수 있는 자연스러운 환경을 찾다가 병원 카페테리아에 있는 가로 72인치, 세로 36인치의 6인용 탁자를 선택했다. 다음 그림에서 보듯이 사람들이 이 탁자상의 상호관계에서 취할 수 있는 거리와 몸의 방향은 여섯 가지다.

정해진 간격마다 대화의 빈도를 관찰하는 50차례의 모임 결과, $F-A$(모서리 건너) 대화가 $C-B$(옆으로 나란히) 대화보다 두 배나 빈번했으며, $C-B$ 유형은 $C-D$(탁자 건너) 유형보다 세 배나 빈번했다. 다른 위치에서는 아무런 대화도 관찰되지 않았다. 다시 말해서 직각으로 대하는 모서리상의 대화가 36인치의 탁자 넓이 건너 마주 대하는 대화의 여섯 배에 달했고 옆으로 나란히 앉은 유형보다 두 배나 많았다.

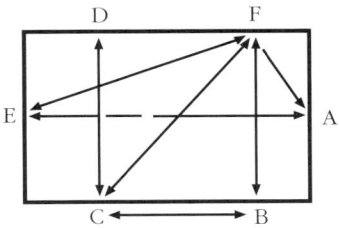

F-A 모서리 건너
C-B 옆으로 나란히
C-D 탁자 건너
E-A 끝에서 끝
E-F 가로 대각선으로
C-F 세로 대각선으로

　이러한 관찰의 결과는 노인들이 갈수록 소원해지고 위축되는 문제에 대해 하나의 해결책을 제시해주었다. 그러나 무엇이든 실행하려면 여러 가지 일들이 선행되지 않으면 안 되었다. 누구나 알다시피, 사람들이 공간이나 가구의 배치에 대해 지니고 있는 개인적 감정은 깊은 것이다. 직원이나 환자나 외부인이 자신의 가구를 '뒤죽박죽 만드는 것'을 참을 리가 없었다. 오스몬드는 원장으로서 자신의 뜻대로 지시할 수 있었지만 직원들은 어떠한 자의적인 조치에도 사보타주로 조용히 맞설 것임을 알고 있었다. 그래서 첫 단계는 직원들을 일련의 '실험'에 끌어들이는 일이 되었다. 오스몬드와 소머 모두 병동의 환자들은 카페테리아에서보다 $B-C$나 $C-D$(나란한 또는 마주보는) 관계에 놓이는 경우가 많았고 앉을 때 서로간의 거리도 훨씬 멀다는 점에 주목했다. 게다가 개인 소지품이나 무엇을 놓을 자리도 없었다. 환자와 관련된 영역적 특징은 침대와 의자에 불과했다. 결과적으로 마룻바닥에 놓일 수밖에 없는 잡지는 직원들에 의해 즉시 수거되었다. 환자마다 자리를 차지할 수 있는 작은 탁자만으로도 잡지나 책, 필기구들을 둘 수 있는 추가적인 영역과 기회가 충분히 주어질 것이다. 탁자가 널찍하다면 대화할 기회가 최대한 주어지도록 환자들 간의 관계를 조성하는 데에도 도움이 될 것이다.

　일단 직원들이 실험에 참여하도록 설득되자 작은 탁자들을 들여놓고 그 주위에 의자들을 배열하였다. 처음에는 환자들의 저항이 있었다. 그들은 특정한 위치에 놓인 '자기' 의자에 익숙해져서 다른 사람에 의해 쉽사리 움직이려 들지 않았지만, 이제 직원들이 개입하여 새로운 배치를 무리없이 유지함으로써 마침내 그 배치에 따르지 않는 사람이 있는 성가신 형태가 아닌 바람직한 형태로 자리잡게 되었다. 이 수준에 이르러 대화의 횟수를 다시 세어보니 대화의 빈도는 두 배, 독서는 세 배가 되었는데 독서가 증가한 것은 아마 읽을거리를 놓아둘 장소가 생겼기 때문일 것이다. 이와 유사한 환자 담화실의 재배치도 똑같은 저항을 받았지만 결국 마찬가지로 언어 교류를 증가시켰다.

여기에서 언급해두어야 할 점이 세 가지 있다. 지금 설명한 병원 상황의 관찰에서 이끌어낸 결론이 보편적으로 적용될 수는 없다. 즉 직각 모서리 건너의 유형은 (a) 특정 유형의 대화가 (b) 특정 관계의 사람들 사이에서 (c) 아주 제한된 문화적 배경에서 이루어질 경우에만 도움이 된다. 둘째, 한 문화에서 사회원심적인 것이 다른 문화에서는 사회구심적인 것이 될 수도 있다. 셋째, 사회원심적 공간이 반드시 나쁜 것은 아니며 사회구심적 공간이 보편적으로 좋은 것도 아니다. 바람직한 것은 다양한 공간이 있어서 사람들이 경우와 기분에 따라 선택할 수 있는 설계와 기능 간의 조화와 유연성이다. 캐나다 병원의 실험에서 제시된 요점은 반고정 형태의 구조가 행동에 깊은 영향을 미칠 수 있고 그 영향은 측정가능하다는 것이다. 고정 형태의 테두리 안에서 반고정적인 가구 배열로 균형을 이루려고 항상 애쓰는 주부들에게는 이 점이 놀라울 것도 없다. 주부들은 방을 말끔히 정리하고 의자를 보기 좋게 배열된 대로 놔두면 어김없이 대화가 불가능해지는 상황을 경험한 적이 많다.

한 문화에서는 고정 형태의 공간으로 간주되는 것이 다른 문화에서는 반고정 형태의 공간이 될 수도 있고 또 그 역도 마찬가지인 점에 주목해야 한다. 예를 들면 일본에서는 하루의 활동이 달라질 때마다 벽을 열었다 닫았다 움직일 수 있다. 미국에서는 먹고 자고 일하고 친지와 교제하는 등 활동이 달라질 때마다 방에서 방으로 또는 방의 이쪽에서 저쪽으로 옮겨다닌다. 일본에서는 활동이 달라져도 사람은 한 자리에 머무는 것이 보통이다. 중국인들은 미국인들이 반고정 형태로 취급하는 사항들을 고정 형태의 범주에 넣는 경우가 있기 때문에 인간이 공간을 다루는 다양성을 관찰하는 데 더 많은 기회를 제공한다. 중국 가정을 방문한 손님은 주인의 권유 없이는 자기가 앉은 의자를 옮기지 않는다. 의자를 옮기는 행동은 남의 집에 들어가 장막이나 심지어 칸막이를 옮기는 행위와 같다. 그런 의미에서 미국 가정의 가구가 지닌 반고정 형태의 성격은 단지 정도와 상황의 문제일 뿐이다. 가벼운 의자는 소파나 무거운 탁자보다 움직이기가 쉽다. 그러나 내가 주목한 바로는 남의 집이나 사무실에서 의자의 위치를 조정하기를 주저하는 미국인들도 있다. 내 강의를 듣는 40명의 학생 중 절반이 그러한 망설임을 보였다.

 많은 미국 여성들은 남의 부엌에서 물건 찾기가 힘들다는 것을 안다. 반대로 물건의 '제자리'를 모르는 사람이 호의로 부엌살림을 치워주는 것도 불쾌한 일일 수 있다. 물건들을 어디에 어떻게 정돈하고 보관하느냐 하는 것은 대문화 집단의 표상임은 물론 개개인을 독특하게 만드는 문화의 세세한 변화상까지 드러내는 미시문화적 양식의 기능이다. 목소리의 억양과 음질의 차이가 사람의 음성을 구별해주듯이 물건을 다루는 방식에도 저마다 특징적인 패턴이 있다.

비공식적인 공간

이제 공간의 경험이라는 범주를 살펴보겠는데, 여기에서는 타인과의 만남에서 유지되는 거리가 다루어지므로 개인에게는 가장 중요한 것일지도 모른다. 이러한 거리들은 대부분 외부에 대한 인식을 말한다. 내가 이 범주를 **비공식적인 공간**으로 일컬은 이유는 형태가 없다거나 중요하지 않아서가 아니라 언표되지 않는 것이기 때문이다. 다음 장에서 살펴보겠지만, 사실 비공식적인 공간 패턴에도 엄연한 구분이 있으며 언표되지는 않더라도 문화의 본질적인 부분을 형성하는 깊은 의미가 있다. 그 의미를 제대로 이해하지 못하면 재난을 불러들일 수도 있다.

10 인간관계의 다양한 거리

내 코에서 30인치쯤 떨어져 나 개인의 경계선을 두르니
그 사이의 경작하지 않은 공기는 온전히 은밀한 영역
낯선 자여, 침실의 눈으로 내가 그대를 벗하고자 손짓하여
부르지 않는 한 무례히 침범치 않도록 경계할지니
내게 총은 없으나 침은 뱉을 수 있다.
• W.H. 오든의 「프롤로그: 건축의 탄생」

    조류와 포유류에게는 같은 무리 간에 제각기 점유하고 방어하는 영역이 있을 뿐만 아니라 서로간에 유지하는 일련의 일정 거리도 있다. 헤디거는 이 일정 거리들을 비상(飛翔) 거리, 치명적 거리, 개인적 거리, 사회적 거리로 분류했다. 인간에게도 동료들 간에 거리를 유지하는 일정한 방식이 있다. 아주 드문 예외는 있지만 비상 거리와 치명적 거리는 인간의 반응에서 사라졌다. 그러나 개인적 거리와 사회적 거리는 아직 명백히 존재한다.

    인간에게는 얼마나 많은 거리가 있으며 우리는 그것들을 어떻게 분별하는가? 무엇으로 여러 가지 거리를 구별하는가? 처음 내가 인간의 거리를 연구하기 시작했을 때에는 이 물음에 대한 답변이 명확하지 못했다. 그러나 인간에게서 관찰되는 다양한 거리들의 규칙성이 제7·8장에서 언급된 유형과 같은 감각적 변화의 결과임을 지적해주는 증거가 점차 쌓이기 시작했다.

    두 사람을 떼어놓는 거리에 대한 공통적인 정보의 한 원천은 목소리의 크기이다. 나는 언어학자인 트래거(George Trager)와의 공동 연구에

서 거리의 변화와 연관된 목소리의 변화를 관찰하는 일부터 시작했다. 사람들은 아주 가까이서는 속삭이듯 말하고 아주 멀리서는 고함치듯 말하는데, 트래거와 내가 제기한 의문은 이 두 극단 사이의 목소리 변화는 몇 단계나 될까 하는 것이었다. 그러한 패턴을 찾아내기 위해 우리가 사용한 방법은 내가 정지한 상태의 트래거에게 다양한 거리에서 말을 하는 것이었다. 목소리에 변화가 생겼음에 서로 동의하면 그 거리를 측정해서 전반적인 설명을 적어 넣곤 했다. 그 결과가 『침묵의 언어』 제10장 말미에 기술한 여덟 가지 거리이다.

나는 사회적 상황에서 인간을 계속 관찰해나가면서 이 여덟 가지 거리가 지나치게 복잡하다는 확신이 들었다. 네 가지면 충분했는데 나는 이들을 밀접한 거리, 개인적 거리, 사회적 거리, 공적인 거리로 지칭했다(각 거리마다 가깝고 먼 단계가 있다). 나는 다양한 거리를 설명하기 위해 용어의 선택에 신중을 기했다. 여기에는 헤디거가 기**층**문화와 문화 사이의 연속성을 지적한 동물 연구의 영향이 작용했을 뿐만 아니라 각각의 거리와 연관된 활동이나 관계의 유형들에 대해 그것들을 사람들의 생각 속에 구체적으로 열거되는 관계와 활동과 연결시킴으로써 하나의 단서를 제공하고자 하는 바람도 있었다. 이 점에서 주목할 것은 그 순간에 **사람들이 서로를 어떻게 느끼느냐** 하는 것이 거리에 결정적인 요인으로 작용한다는 사실이다. 그러니까 몹시 화가 났거나 강력하게 자기 주장을 펴려는 사람들은 가까이 다가서면서 목청껏 '언성을 높이는' 것이 보통이다. 이와 유사하게 여자라면 누구나 알고 있듯이, 사랑의 감정이 일기 시작한 남자가 보이는 최초의 표시는 여자에게 가까이 다가서는 것이다. 만약 여자에게 비슷한 감정이 일지 않을 경우 여자는 뒤로 물러섬으로써 표시를 한다.

공간의 역학

제7장에서 우리는, 인간의 공간 감각이나 거리 감각은 정적(靜的)인 것이 아니며 르네상스 예술가들에 의해 발전되어 아직도 대부분의 미술 및 건축 학교에서 가르쳐지고 있는 단일 관점의 선형적인 원근법과는 거의 무관하다는 것을 살펴보았다. 오히려 다른 동물들과 마찬가지로 인간도 거리를 감지한다. 인간의 공간지각은 수동적으로 보이는 대로 보는 것이 아니라 행동——주어진 공간에서 할 수 있는 일——과 관계가 있기 때문에 동적인 것이라 할 수 있다.

일반적으로 인간의 공간 감각에 기여하는 많은 요소들의 중요성을 파악하지 못하는 이유는 다음의 두 가지 잘못된 개념 때문일지도 모른다. (1) 모든 결과에는 판명될 수 있는 단 하나의 원인이 있다. 그리고 (2) 인간의 경계는 피부에서 시작되고 끝난다. 우리가 단 하나의 설명만을 요구하는 태도에서 벗어날 수 있다면 그리고 인간을 수많은 종류의 정보를 제공하는 일련의 수축 팽창하는 분야에 둘러싸인 존재로 생각할 수 있다면, 우리는 인간을 전혀 다른 각도에서 보게 될 것이며 그래야 비로소 인격의 여러 유형과 더불어 인간의 행동에 관해 알 수 있게 된다. 인격에는 내향적과 외향적, 권위주의적과 평등주의적, 아폴론적과 디오니소스적 유형, 그 밖에도 온갖 차이와 등급이 있을 뿐만 아니라 사람마다 그때그때 습득된 **상황적** 인격도 다수 지니고 있다. 상황적 인격의 가장 단순한 형태는 밀접한 관계, 개인적 관계, 사회적 관계, 공적인 관계에 대한 각각의 반응과 연관된 것이다. 이를테면 자기 인격의 공적인 측면을 전혀 발달시키지 못해서 공적인 공간을 메울 능력이 없는 사람들이 있는데 이들은 연설이나 사회에는 재주가 없다. 또 많은 정신과 의사들이 알다시피 밀접한 영역과 개인적 영역에 문제를 느껴 타인과 가까이 하는 것을 견디지 못하는 사람들도 있다.

 이러한 개념들을 파악하기가 항상 쉬운 일만은 아닌데 그 이유는 거리를 감지하는 과정이 대부분 의식 밖에서 일어나기 때문이다. 우리는 다른 사람들이 가까이 혹은 멀리 있다고 감지하긴 하지만 그러한 거리의 기준이 언제나 정확하게 측정될 수는 없다. 그러므로 여러 가지 일들이 한꺼번에 발생하면 우리 반응의 근거가 되는 정보의 원천들——목소리의 억양 때문인지, 아니면 자세나 거리 때문인지——을 분류하기가 어려워진다. 이러한 분류 과정은 아주 다양한 상황에서 수신된 정보의 자자분한 변화에 주목하면서 오랜 기간에 걸친 세심한 관찰을 통해서만 이루어질 수 있다. 예컨대 다른 사람의 몸에서 체온을 감지하느냐 못하느냐가 밀접한 공간과 그렇지 않은 공간 사이의 경계선을 만든다. 금방 감은 머리카락 향기나 바짝 다가선 사람의 윤곽이 흐려 보이는 것도 체온의 감지와 더불어 친밀감을 조성한다. 자기 자신을 조절 대상으로 삼아 감각 입력이 변화하는 양상을 기록함으로써 거리 감지 체계의 구조점을 확인할 수 있다. 사실 하나하나의 고립요소들(the isolates)이 밀접한·개인적·사회적·공적인 영역들을 구성하는 개별체들(the sets)을 이루고 있음이 확인된다.

 다음에 기술된 네 가지 거리는 주로 미국 동북부 해안지역 토박이로서 서로 접촉이 없는 중산계급의 건강한 성인들을 관찰하고 인터뷰한 자료를 정리한 것이다. 피실험자의 상당 비율이 기업이나 전문직에 종사하는 남녀들이고 대부분 지식인으로 분류될 수 있다. 인터뷰는 효과적으로 중립을 유지하였다. 즉 피실험자들이 현저히 흥분되어 있거나, 침울하거나, 화가 난 상태를 피했으며 극단적인 온도나 소음 같은 비일상적인 환경 요인도 피했다. 이 설명들은 최초의 접근 결과에 불과한 것으로 프록세믹스의 관찰 및 사람들이 거리를 구분하는 방법에 관한 지식이 축적되면 어설프게 보일 게 뻔하다. 이러한 일반화는 전반적인 인간 행동, 심지어 미국인 전반의 행동마저도 대표할 수 없고 다만 표본에 포함된 집단에 대한 것임을 강조하지 않을 수 없다. 흑인이나 에스파냐계 미국인, 그리고 남유럽 문화권 출신의 사람들은 판이한 프록세믹스 패턴을 지니고 있다.

다음에 설명된 네 가지 거리 영역에는 각기 가까운 단계와 먼 단계가 있는데 간략한 서론에 이어서 논의될 것이다. 측정된 거리는 개인의 성격이나 환경적 요인에 따라 다소 차이가 있음을 주목해야 한다. 예컨대 소음도가 높거나 조명이 낮으면 통상적으로 사람들이 더 가까이 모이게 된다.

밀접한 거리

밀접한 거리에서는 다른 사람의 존재가 확연해지고 때로는 크게 증가된 감각 입력 때문에 압도적으로 느껴질 수도 있다. 시각(흔히 왜곡된), 후각, 다른 사람의 체온, 숨소리와 냄새, 그 느낌 등이 모두 혼합되어 다른 사람의 몸이 있다는 명백한 신호를 보낸다.

밀접한 거리―가까운 단계

이것은 사랑을 나누고, 맞붙어 싸우고, 위로해주고, 보호해주는 등의 행위가 일어나는 거리이다. 서로를 의식하는 가운데 신체적 접촉이나 뒤엉킴의 가능성이 최대한으로 높다. 이때 후각과 방사열의 감각이 증대되는 것 외에 거리를 감지하는 수용체의 사용은 크게 줄어든다. 최대한의 접촉 단계에서는 근육과 피부로 교류가 이루어지며 골반・허벅지・머리가 활동할 수도 있고 팔로 안을 수도 있다. 행위의 경계 밖으로 나가지 않으면 섬세한 시각은 흐려진다. 밀접한 영역 내에서 가까운 것을 보게 되면, 아이들이 그렇듯이 영상이 크게 확대되어 망막의 전체는 아니더라도 상당 부분이 자극을 받는다. 이 거리에서 볼 수 있는 세부적인 상은 매우 특이한 것인데 거기에다 눈의 근육까지 사시처럼 몰리면 다른 거리에서는 결코 일어날 수 없는 시각적 경험을 하게 된다. 밀접한 거리에서의 발성은 의사소통과정에서 아주 미미한 역할을 할 뿐이고 주로 다른 경로들이 그 과정을 수행한다. 속삭임은 거리를 확장하는 효과를 내며 발성도 대개 무의식적으로 나온다.

밀접한 거리—먼 단계(거리: 6~18인치)

이 거리에서는 머리・허벅지・골반은 쉽사리 닿을 수 없어도 손을 뻗어 상대방의 손발을 잡을 수 있다. 머리가 확대되어 보이고 그 형태는 왜곡된다. 미국인들에게는 눈의 초점을 쉽게 맞출 수 있느냐가 이 거리의 중요한 특징이 된다. 6~9인치 거리에서 보이는 상대방 눈의 홍채는 실물 크기보다 확대된다. 공막(鞏膜)의 모세혈관이 또렷이 지각되고 모공도 확대되어 보인다. 얼굴의 위아래 부분은 명확한 시야(15도 각도)에 들어오지만 확대된 형태로 지각된다. 코는 너무 크게 보여서 뒤틀리게 보일 수 있으며 입술이나 이, 혀 등의 형태도 마찬가지다. 주변부 시야(30~180도 각도)에는 머리 윤곽, 어깨, 그리고 흔히 손이 들어온다.

외국인들이 부적절하게 밀접한 영역 내로 들어왔을 때 미국인들이 경험하는 신체적 불편함은 대부분 시각 시스템의 왜곡으로 표현된다. 한 피실험자는 이렇게 말했다.

"그 사람들이 너무 가까이 다가와서 사팔눈이 되는데 정말로 짜증나는 일이죠. 얼굴을 너무 가까이 들이밀어 마치 몸 안에 들어와 있는 것처럼 느껴진다니까요."

예민한 초점을 잃게 되면 너무 가까운 것을 보느라고 사시가 되어 근육이 불편한 감을 느낀다. "내게서 당신 얼굴을 치워라"거나 "그가 내 얼굴 안에 주먹을 휘둘렀다"와 같은 표현들은 많은 미국인들이 자신의 신체 경계를 어떤 식으로 지각하는가를 분명하게 나타내고 있다.

6~8인치 거리에서는 목소리가 사용되지만 보통 아주 낮은 소리거나 속삭임 정도의 수준이다. 언어학자 주스(Martin Joos)가 설명하듯이, "친밀한 대화에서는 요컨대 화자의 피부 밖으로부터 청자에게 정보를 주는 것을 피한다. 요점은……화자의 피부 안으로부터……청자에게 단순히 어떤 느낌을 불러일으키는 것이다(거의 '정보 전달'이 아니다)". 서로의 얼굴이 직접 닿지는 않더라도 상대방의 숨결에서 열기와 냄새를 감지할 수도 있다. 상대방의 체온이 오르고 내리는 것을 알아채기까지 하는 피실험자들도 있다.

중산계층의 미국 성인들은 자기 자녀들이 자동차나 해변에서 서로 친밀하게 접촉하는 것을 관망하기는 해도 공공 장소에서 밀접한 거리를 취하는 것이 올바른 태도라고 생각지는 않는다. 만원 버스나 지하철에서는 낯선 사람들끼리 보통은 밀접한 공간 관계로 볼 수 있는 상황에 처할 수도 있는데, 그러나 승객들에게는 대중 교통수단의 밀접한 공간에서 정말 밀접함을 방어하는 수단이 있다. 기본적인 방책은 가능한 한 움직이지 않는 것이며 몸의 일부나 손발이 다른 사람과 닿게 되면 될 수 있는 대로 움츠리는 것이다. 그것이 여의치 않으면 접촉된 부위의 근육이 긴장된다. 접촉을 꺼리는 집단에 속한 사람들은 낯선 사람과의 신체적인 접촉을 느긋하게 즐기는 것을 금기시한다! 만원 엘리베이터에서는 양팔을 옆으로 붙이거나 난간을 꼭 잡고 몸이 움직이지 않도록 한다. 눈은 허공을 응시하고 남에게 지나치는 눈길 이상의 시선을 두지 않도록 한다.

밀접한 거리에 대한 미국인의 프록세믹스 패턴이 결코 보편적인 것은 아니라는 점에 다시 한 번 주목하지 않을 수 없다. 타인과의 접촉과 같은 친밀감을 지배하는 법칙조차도 항상 일정하다고는 볼 수 없다. 러시아인들과 사회적인 교류 기회가 많았던 미국인들에 의하면 미국에서는 밀접한 거리로 생각되는 많은 특징들이 러시아에서는 사회적 거리에서 나타난다고 한다. 다음 장에서 살펴보겠지만, 중동의 피실험자들은 공공 장소에서 낯선 사람과 몸이 좀 닿았다고 해서 미국인들처럼 그토록 유난스럽게 반응하지는 않는다.

개인적 거리

'개인적 거리'는 접촉을 꺼리는 사람들이 일정하게 유지하는 거리를 지칭하기 위해 원래 헤디거가 사용한 용어이다. 이 거리는 한 유기체가 자신과 다른 존재들 사이에 유지하는 작은 보호영역 또는 보호거품으로 생각해도 좋다.

개인적 거리―가까운 단계(거리: 1.5~2.5피트)

가깝다는 근육운동적 감각은 부분적으로 서로가 상대방의 손발에 닿을 수 있다는 것과 연관되어 나타나는 가능성에서 생긴다. 이 거리에서는 상대방을 만지거나 잡을 수 있으며 상대방의 도습에 대한 시각적 왜곡은 더 이상 나타나지 않는다. 그렇지만 눈을 조절하는 근육들로부터의 피드백이 현저해진다. 독자들도 18인치에서 3피트 가량 떨어져 있는 물체를 안구 주위의 근육에 특별히 신경쓰면서 바라보면 이러한 피드백을 직접 경험할 수 있다. 이때 두 눈은 영상의 초점이 일치되도록 한 점에 집중되기 때문에 안구 근육들이 당김을 느낄 수 있다. 안구가 풀어지도록 아래 눈꺼풀을 지그시 눌러보면 이 근육들이 집중된 하나의 영상을 유지하기 위해서 수행한 기능이 분명하게 나타날 것이다. 15도 각도의 시각은 상대방의 얼굴 위아래 부분을 아주 뚜렷이 보이게 하며 얼굴의 평면과 굴곡이 강조된다. 이를테면 코는 오똑해 보이고 귀는 더 뒤쪽으로 보이며 얼굴의 솜털 · 속눈썹 · 모공이 선명하게 보인다. 물체의 3차원적 질감이 특히 두드러지며 다른 거리에서 감지될 때와는 다른 굴곡 · 부피감 · 형태를 띤다. 표면의 질감도 매우 두드러져서 서로를 분명히 구별하게 된다. 사람들 서로간의 위치는 그들의 관계나 서로를 향한 감정, 또는 둘 모두를 나타낸다. 아내는 무심히 남편의 가인적 영역 안에서 가까이 머물 수 있지만 다른 여자가 그렇게 한다면 이야기가 전혀 다르다.

개인적 거리―먼 단계(거리: 2.5~4피트)

개인적 거리의 먼 단계를 나타내는 한 방법은 '팔길이'만큼 떨어져 있는 것이다. 즉 한 사람만 팔을 뻗어도 쉽게 닿는 거리를 바로 벗어난 지점으로부터 두 사람 모두 팔을 뻗어야 손가락이 닿을 수 있는 지점까지를 말한다. 이 거리는 매우 현실적인 의미에서 신체적 지배의 한계가 된다. 이 거리를 벗어나면 다른 누군가에게 쉽사리 '손을 댈' 수가 없다. 개인적 관심이나 관계가 있는 피실험자들은 이 거리에서 대담할 수 있다. 머리 크기는 보통으로 보이고 상대방의 세세한 생김새가 분명히 보인다. 피부의 세밀한 부분, 흰머리, 눈의 '졸음기', 치아의 얼룩, 점, 잔주름, 옷의 얼룩 역시 쉽게 눈에 들어온다. 중심와의 시각에는 코끝이나 한쪽 눈 정도의 부위만 들어오므로 시선은 얼굴을 맴돌 수밖에 없다(시선이 어디로 향하는가는 순전히 문화적 조건상의 문제이다). 15도 각도의 선명한 시각에는 얼굴의 위아래가 들어오는 한편 180도의 주변부 시각에는 양손과 앉은 사람의 전신이 들어온다. 손의 움직임은 감지되지만 손가락은 셀 수 없다. 음성은 적당한 수준으로 들리며 체온은 감지되지 않는다. 냄새는 미국인들에게서는 보통 느껴지지 않지만 향수를 사용하는 다른 대다수 민족에게서는 후각적 기포가 일어난다. 이 거리에서는 숨결의 내음이 이따금 감지되기도 하지만 일반적으로 미국인들은 숨결이 상대방에게 향하지 않도록 훈련된다.

사회적 거리

개인적 거리의 먼 단계와 사회적 거리의 가까운 단계 사이의 경계선은 한 피실험자의 말대로 '지배의 한계'로 표시된다. 밀접한 시각으로 보이는 얼굴의 세부적인 모습은 감지되지 않으며 어떤 특별한 노력이 없는 한 상대방과 닿지도 않고 그럴 기대조차 하지 않는다. 음성은 미국인의 경우 보통 수준으로 먼 단계와 가까운 단계 사이에 별 차이가 없고 20피트 거리에서도 대화를 엿들을 수 있다. 내가 관찰한 바로는 이 거리에서 전반적인 목소리의 크기는 미국인이 아랍인, 에스파냐계, 인도인, 러시아인보다는 작고 영국 상류계층, 동남아시아인, 일본인보다는 다소 크다.

사회적 거리―가까운 단계(거리: 4~7피트)

머리 크기는 정상으로 지각되지만 상대방으로부터 멀어질수록 눈의 중심와는 사람을 보다 전체적으로 볼 수 있다. 4피트 거리의 1도 각도의 시각에는 한쪽 눈 정도가 가까스로 들어온다. 7피트 거리의 명확한 초점에는 코와 양쪽 눈 부위까지 들어오거나 혹은 입 전체 부위, 한쪽 눈, 코가 뚜렷이 보인다. 미국인들은 눈에서 눈으로 또는 눈에서 입으로 시선을 전후로 옮겨가며 보는 경우가 많다. 피부조직과 머리카락은 세세한 부분까지 선명하게 보인다. 60도 각도로는 4피트 거리에서는 머리, 어깨, 상반신이 눈에 들어오지만 7피트에서는 전신이 들어온다.

비개인적인 업무가 이 거리에서 행해지는데 가까운 단계가 먼 단계보다는 더 긴밀한 일이다. 함께 일하는 사람들은 가까운 사회적 거리를 취하는 편이며 일상적인 사교모임에 참석한 사람들에게도 아주 일반적인 거리이다. 이 거리에서 선 자세로 사람을 내려다보는 것은 비서나 응접계원에게 말할 때처럼 오만한 느낌을 준다.

사회적 거리―먼 단계(거리: 7~12피트)

이것은 "당신을 바라볼 수 있도록 좀 물러서시오"라고 말할 때 사람들이 물러나는 거리이다. 사회적 거리의 가장 먼 단계에서 행해지는 업무나 사교는 가까운 단계 내에서 행해지는 경우보다 좀더 형식적인 성격을 띤다. 비중 있는 인물들의 사무실에 놓인 책상은 방문객들과 먼 단계의 사회적 거리를 취할 만큼 커다랗다. 보통 크기의 책상이 있는 사무실에서도 맞은편 의자는 책상에 앉아 있는 사람으로부터 8, 9피트 떨어져 있다. 먼 단계의 사회적 거리에서는 눈의 모세혈관과 같은 얼굴의 세부는 보이지 않지만 그래도 피부조직, 머리카락, 치아 상태, 복장 등은 한눈에 들어온다. 나의 피실험자 중에 이 거리에서 상대방의 체온이나 체취가 느껴진다고 말한 사람은 없었다. 60도 시각에는 전신이 상당한 주변 공간과 더불어 망라된다. 또한 12피트 가량 떨어지면 두 눈이 한 점에 모이도록 사용되는 안근육으로부터의 피드백도 급격히 떨어진다. 가장 명확한 시각 영역에 상대방의 두 눈과 입이 들어오므로 얼굴 전면을 보려고 눈동자를 굴릴 필요가 없다. 대화가 상당히 길어지는 경우에는 가까운 거리보다 이 거리에서 시각적인 접촉을 유지하는 편이 더 낫다.

이러한 종류의 프록세믹스적 행동은 문화에 따라 달라지며 완전히 임의적일 뿐만 아니라 연관된 모든 일에 좌우된다. 상대방과 시선을 맞추지 못하면 보이지 않게 되어 대화가 중단되기 때문에 이 거리에서 대화를 나누는 사람들이 중간의 장애물을 피하려고 목을 길게 빼고 이리저리 몸을 기울이는 것을 관찰할 수 있다. 비슷한 경우로 10~12피트 이내에서 한 사람은 앉아 있고 다른 사람은 서 있는 상태에서 시각적 접촉이 길어지면 목근육이 피곤해지는데, 보통 상사가 편안하도록 신경쓰는 부하들은 이러한 상태를 피하지만 위치가 바뀌어 부하가 앉아 있다면 서 있는 상사가 좀더 가깝게 다가서는 경우도 흔히 있다.

먼 단계에서는 목소리가 가까운 단계에서보다 현저하게 커지는데 문이 열려 있으면 대개 옆방에서도 쉽게 들을 수 있을 정도이다. 목청을 높이거나 소리를 지르면 사회적 거리를 개인적 거리로 축소시키는 효과를 낼 수 있다.

사회적 거리(먼 단계)의 프록세믹스적 특징은 사람들을 제각기 고립시키거나 차단하는 데 사용될 수 있다는 점이다. 이 거리에서는 다른 사람이 있어도 무례하게 보이지 않으면서 하던 일을 계속할 수 있다. 사무실의 응접계원들은 대부분의 고용주들이 이중의 임무를 기대하기 때문에 특히 피곤한 입장이다. 이를테면 질문에 답하고 방문객들을 공손히 대하면서 동시에 타이핑도 해야 한다. 또한 상대방과의 거리가 10피트 미만일 경우에는 낯선 사람이라도 사실 말을 건네지 않을 수 없을 정도로 개입된다. 그러나 거리가 더 멀어지면 말을 건넬 필요 없이 아주 자유롭게 일할 수 있다.

마찬가지로 퇴근 후에 남편들은 흔히 아내와 10피트 이상 떨어져 앉아 쉬거나 신문을 읽게 되는데 이 거리에서는 부부가 내키는 대로 잠깐씩 참견을 하다가도 무심해질 수 있기 때문이다. 남편들은 때로 아내가 등을 마주하도록 가구를 배치해 놓은 것을 보게 되는데 이것은 「블론디」를 만든 만화가 영(Chick Young)이 즐겨 쓰는 사회원심적 수법이다. 등을 마주하는 배치는 두 사람이 내키지 않는다면 상관하지 않고 지내는 것도 가능하기 때문에 최소한의 공간에 적절한 해결책이다.

공적인 거리

개인적 거리 및 사회적 거리로부터 개입 반경을 훨씬 벗어난 공적인 거리로 이동하면 몇 가지 중요한 감각적 전이가 생긴다.

공적인 거리—가까운 단계(거리: 12~25피트)
12피트 거리에서 위협을 받을 경우 민첩한 피실험자는 피하든지 방어적인 행동을 취할 수 있다. 이 거리는 퇴화되긴 했지만 잠재적으로 남아 있는 도주 반응의 형태를 암시할 수도 있다. 목소리는 크지만 최고조는 아니다. 언어학자들은 이 거리에서 단어나 어구의 선택이 신중해지고 문법이나 구문론상의 변화도 일어난다는 점을 관찰해왔는데, 마틴 주스는 '형식적 문체'라는 용어를 선택하여 그것을 다음과 같이 적절히 설명한다. "형식적인 문장은……사전 계획이 필요하지만……정확히 말해서 화자는 즉석에서 생각한다." 1도 각도의 명확한 시야에 얼굴 전체가 들어오며 피부와 눈은 더 이상 세세하게 보이지 않는다. 16피트 거리에서는 몸의 굴곡이 사라지고 평면으로 보이기 시작한다. 눈의 색깔도 알아볼 수 없게 되며 흰자위만 보인다. 머리 크기는 실제보다 상당히 작게 보인다. 12피트 거리의 명확한 15도 마름모꼴 시야에는 두 사람의 얼굴이 들어오고, 60도 시야에는 전신과 약간의 주변 공간이 들어온다. 주변부 시야에는 다른 사람들의 존재가 들어오기도 한다.

공적인 거리—먼 단계(거리: 25피트 이상)

30피트는 공적인 주요 인물 주위에 자동적으로 형성되는 거리이다. 존 F. 케네디의 후보지명이 확실시되는 시점에서 화이트(Theodore H. White)의 『1960년 대통령 만들기』는 이에 대한 훌륭한 예가 된다. 화이트는 '은신처 오두막'에 케네디가 들어섰을 때 그곳에 모여 있던 사람들을 다음과 같이 묘사하고 있다.

봄날처럼 젊고 유연한 모습의 케네디는 특유의 경쾌하고 춤추는 듯한 걸음으로 성큼성큼 오두막으로 들어오면서 길목에 서 있는 사람들에게 인사를 청했다. 그러고는 동생 보비와 매부 사전트 슈라이버가 자신을 기다리며 담소하고 있는 오두막 아랫단으로 계단을 내려가며 그들로부터 미끄러지듯 빠져나갔다. 방에 있던 사람들은 그를 따라가려고 우르르 밀려가다가 멈추었는데, 대략 30피트 정도로 케네디와 그들을 가른 거리는 더 이상 다가설 수 없는 것이었다. 권력에 연륜이

쌓인 이 사람들은 거기에 멈춰 서서 그를 지켜코았다. 잠시 후 그가 돌아서서 자신을 지켜보고 있는 사람들을 보고는 매부에게 뭔가 속삭이자 슈라이버는 그 가로놓인 공간을 가로질러 그들을 불러들였다. 제일 먼저 애브렐 해리먼, 그 다음은 딕 데일리, 그 다음은 마이크 디살 등등 한 사람씩 불러들여 모두가 그를 축하할 수 있도록 했다. 그렇지만 초대받지 않고는 아무도 그들 사이의 좁은 거리를 가로지를 수 없었다. 왜냐하면 그들은 이 좁은 분리대가 존재하며 자신들이 그의 후견인으로서가 아니라 손님으로서 그 자리에 있다는 사실을 알고 있었기 때문이다. 미합중국의 대통령이 될지도 모르니 초대되어야만 다가갈 수 있었다.

보통 공적인 거리는 공적인 인물만이 아니라 누구나 공적인 경우에는 사용할 수 있지만 어느 정도는 조정되지 않을 수 없다. 대개 배우들은 30피트 이상의 거리에서는 미세한 얼굴 표정이나 움직임과 마찬가지로 정상적인 목소리로 전달되는 미묘한 의미의 음조도 상실된다는 사실을 알고 있다. 목소리뿐만 아니라 다른 모든 것들이 과장되거나 증폭되지 않으면 안 된다. 커뮤니케이션의 비언어적 부분은 대개 몸짓이나 자세로 전달된다. 게다가 목소리의 템포가 떨어지고 단어는 보다 뚜렷이 발음되며 문체상의 변화도 일어난다. 마틴 주스가 말하는 '동결된 문체'가 특징적인데, 즉 "동결된 문체는 낯선 사람으로 남아 있으려는 사람들을 위한 것이다". 사람의 전신이 아주 조그맣게 보이게 되며 하나의 배경으로 지각된다. 중심와의 시각에 들어오는 신체 부분은 점점 넓어져 전신이 최예각의 시야 속에 들어오게 된다. 사람들이 개미처럼 보이는 지점에서는 인간으로서 그들과의 접촉은 급격히 사라진다. 60도 원뿔형 시각에는 배경이 들어오는 한편 주변부 시각이 행하는 주요 기능은 좌우의 움직임에 따라 개개인을 달리 지각하는 것이다.

'네 가지' 거리로 분류한 이유

미국인 표본 집단의 공통적인 거리 영역에 대한 설명을 끝맺으면서 마지막으로 이 분류에 관해 언급해야 마땅할 것이다. 여기에 다음과 같은 질문이 나올 법하다. 왜 여섯이나 여덟 가지가 아니라 네 가지일까? 도대체 왜 단계를 설정하는가? 이 분류가 적절한지 아닌지 어떻게 알겠는가? 그 범주는 어떻게 선택되었는가?

앞서 제8장에서 지적했듯이 과학자는 분류체계, 즉 관찰하는 현상과 되도록 일치하고 유용성을 지닐 만큼 오래 지속되는 분류체계에 대한 기본적 욕구를 지니고 있다. 모든 분류체계 배후에는 자료의 성격과 그 조직화의 기본 패턴에 관한 이론과 가설이 있다. 프록세믹스 분류체계 배후의 가설은 다음과 같다. 인간을 포함한 동물들의 본성에는 우리가 영토성이라고 부르는 행동이 나타나는데 그러한 행동 중에 감각을 사용하여 공간이나 거리를 구별하는 것이다. 구체적으로 어떤 거리를 선택하느냐는 교류 상황, 말하자면 상호작용하는 개별자들이 어떤 관계인지, 어떻게 느끼는지, 무엇을 하고 있는지에 달려 있다. 여기서 사용한 네 부분의 분류체계는 동물과 인간 모두를 관찰한 것에 기초한다. 새나 원숭이도 인간과 다름없이 밀접한 거리, 개인적 거리, 사회적 거리를 보여준다.

서구인들은 상담 및 사교 활동이나 관계를 하나의 거리로 묶고 따로 공적인 인물이나 공적인 관계를 덧붙인다. 유럽인이나 미국인의 공적인 관계나 공적인 예절은 세계 여타 지역과는 다르다. 전혀 낯선 사람들을 대할 때에는 어떤 특정한 방식을 따라야 한다는 묵계가 있다. 그렇기 때문에 우리는 네 가지 주요 관계의 범주(밀접한 · 개인적 · 사회적 · 공적) 및 그와 연관된 활동과 공간을 찾아낸 것이다. 세계 다른 지역에서는 다른 패턴으로 관계가 형성되는데 이를테면 에스파냐와 포르투갈, 그리고 그들의 예전 식민지에서는 가족과 비가족으로, 인도에서는 카스트에 속한 계급과 속하지 않은 계급으로 나누는 패턴이 일반적이다. 또한 아랍인과 유대인은 모두 자기와 관련이 있는 사람들과 그렇지 않은 사람들을 철저히 구분한다. 나는 아랍인들과 일하면서 그들이 비공식적인 공간을 조성하는 데 미국에서 관찰한 바와는 전혀 다른 체계를 사용한다는 점을 확신하게 되었다. 아랍에서 농부나 노동자가 자신들의 족장이나 신과 갖는 관계는 공적인 관계가 아니라 매개자가 없는 가깝고도 사적인 관계이다.

최근까지도 인간이 공간을 필요로 하는 것은 몸에서 방출하는 상당량의 공기 때문이라고 생각했다. 인간은 자기 인격성의 연장물로서 앞서 설명한 여러 영역을 가진다는 사실은 일반적으로 간과되어왔다. 미국인들은 다른 방식으로 감각을 조직하는 외국인들과 교류하면서 비로소 이 영역의 차이, 즉 한 문화에서는 밀접한 영역이 다른 문화에서는 개인적 영역 혹은 공적인 영역으로도 간주될 수 있다는, 사실 여러 영역이 있다는 그 자체를 분명히 깨닫게 된다. 그리하여 전에는 당연시하던 자신의 공간적 테두리를 처음으로 인식하게 되는 것이다.

이제 이러한 개입 정도에 따른 다양한 영역이나 각각의 영역과 연관된 활동 · 관계 · 감정 등을 인식하는 능력은 지극히 중요한 일이 되었다. 세계의 인구는 도시로 밀려들고 건축업자와 투기꾼들은 사람들을

프로로세미 지각에서 원격 및 근접 수용체의 상호작용

피트	0	1	2	3	4	5	6	7	8	10	12	14	16	18	20	22	30

비공식적 거리 분류
- 밀접 단계: 가까운 단계 — 먼 단계
- 개인적: 가까운 단계 — 먼 단계
- 사회적-상담: 가까운 단계 — 먼 단계
- 공적: 30~40피트부터 먼 단계

근운동 감각
- 머리, 골반, 몸통, 허벅지, 하반지가 닿을 수 있고 손발도 쉽게 우연히 닿을 수 있다. 몸통이 손으로 또한 지극할 수 있다.
- 위보다는 훨씬 불편하지만 손을 뻗어 상대의 몸 쉽게 잡을 수 있다. 우심도 닿을 만큼 가까운 거리는 아니다.
- 한 사람이 활동할 수 있는 여유가 있다.
- 두 사람이 겨우 활동할 정도로 팔을 뻗어 알맞게 잡을 수 있다.
- 접촉 거리 바로 바깥.
- 간섭 거리 바깥: 손을 뻗어 상대와 겨우 닿을 수 있다.
- 명령을 받는 거리는 이 지점에서 시작. 손이 신체 어느 부위든지 닿을 수 있는 상태에서 상대의 몸통을
- 두 사람의 머리가 8~9인치 떨어진 거리에서는 물건을 건넬 수 있다.

열 수용기관
- 행동(접촉): 보통 무의식적
- 방사: 동물의 체온과 땀 방산(소로, "헬드")

후각
- 세정한 피부와 두발: OK
- 셰이빙로션·향수: OK — 금기
- 성적 내음: 다양
- 숨결: 청결 OK, 불결 금기
- 체취: 금기
- 발 냄새: 금기

문화적 태도

피트	0	1	2	3	4	5	6	7	8	10	12	14	16	18	20	22	30
시각																	
세부시각 (중심와의 시각 1°)	전시 가능하다	홍체, 인구 모공, 솜털이 확대되도 자세히 보임		얼굴의 세부가 정상각도로 보 훌체가도 눈, 코, 피 부, 치아상태, 손톱색, 머리털	눈의 미세혈관은 보이지 않음. 옷의 상태가 보임. 머리카락은 명확히 보임.		얼굴의 전주름을 희미하지 고, 깊은 주름은 뚜렷해짐. 가벼운 눈짓, 입술의 움직 임은 분명하게 보임.		얼굴 중심부 전 체가 좁아옴			안면 중심부 전 체가 좁아옴	세밀한 특징의 홍채 지, 인구색도 식별 불가; 미소나 찌푸림 을 볼 수 있고 머리 의 깨끗거림이 다락 부각됨			먼거리 시점에 대한 SNELLEN의 표준. 별 각도를 차음. 미국 인상에 눈금이도 20~40피트 시계에도 눈앞에 있을 수 있어도 눈과 눈거리 표정은 보기 힘들다.
명확한 시각 (불변의 시각) (수평 12°, 수직 3°)		2.5" X 3" 눈 언저리 중심부	3.75" X 0.94" 얼굴 부위 아래	6.25" X 1.60" 얼굴 위아래 부분	10" X 2.5" 얼굴 어깨			20" X 5" 하나 또는 두 얼굴			31" X 7.5" 두 사람의 얼굴			4.2" X 1.6" 두 사람의 몸통			6.3" X 1" 다섯 사람의 몸통
60° 시야		얼굴 눈 부위의 1/3 얼굴과 2차 영역	코가 두개 얼굴 양쪽 부분이 시력이 섬 수 있음. 머리와 얼굴 의 1/2 영역	상체 손가락이 섬 수 있음.	상체와 몸지			앉은 자세의 전신이 보임 홀히 다른 사람의 60°거도 시야에 맞춰 거리를 유지						전신과 그 변주공간, 자세의 의사소통이 중요시되는 기점			
주변 시각		배경과 대비되는 머리	전신의 움직임이 보임	전신, 손가락이 보임	전신			다른 사람의 존재가 눈에 들어옴						주변 시계에 다른 사람이 중요시되는 기점			
머리 크기		정상보다 훨씬 크게 보임		정상 크기				정상에서 점점 작게 보이기 시작						아주 작게 보임			
기타 사항		내시선(內斜線)처럼 보임		동일한 대상과 거리로 머리 크기의 자이는 대를 수 있다.									12~15피트까지 사람과 물체가 굵어 있게 보임	15피트부터는 두 눈이 한 점을 주시하지 못함. 사람과 물체가 평면적으로 보이기 시작			
전수할 여부		이부아 예소는 아무래		23%													
예술가의 관찰 (그로서 참조)			아주 개인적인 거리	허기나 모델이 다루어 하는 거리	초상 (풍경화 모델들을 주지 않고 사람들 4~8 피트에서 그런 그림)			1951년 누 런단의 한 집수함에서 촌정한 시력의 정확도					대복하기 편해 나무 한 거리				
미각·청각																	
속삭이는 목소리	엄밀한 듯	부드러운 목소리 친밀한 양식	조용히 목소리 보통 상당 양식	상투적인 목소리 보통 상당 양식								집단을 향해 말할 때의 큰 목소리 부드러운 몸짓과 연설적 양식		전시·초상 시계가 전체적으로 보이고 한녹에 피아됨 인안나 신문을 넣음 식볼 뿐가	철저하게 공적인 여설 악식 꽉뚝한 양식		

※ 목소리의 변이와 연관된 경계는 정확하게 정해진 것이 아니다.

수직으로 치솟은 상자곽 속에——사무실이든 집이든——채워 넣고 있다. 인간에게 필요한 공간을 오로지 신체 크기에 입각해서 생각했던 초기 노예무역 시기의 관점에서 본다면 그러한 밀집 현상에 그다지 신경쓸 것도 없다. 그러나 인간이 측정가능한 차원을 가진 일련의 보이지 않는 보호대가 필요한 존재임을 안다면 건축은 새롭게 조명될 수 있으며 나아가 사람들이 생활하고 일해야 하는 공간이 그들을 속박할 수도 있다는 데 생각이 미칠 수도 있다. 사람들은 지나치게 스트레스를 가하는 행동·관계·감정 표출을 강요받는다고 생각할 수도 있다. 중력과 마찬가지로 두 사람의 신체가 서로에게 미치는 영향력은 서로간 거리의 제곱, 아니 세제곱에 반비례할 수도 있다. 스트레스가 증가하면 과밀에 대한 민감도도 높아져서, 즉 점점 더 한계에 이르게 되어 가용공간이 줄어들수록 더 많은 공간이 필요하게 된다.

다음 두 장에서는 문화가 다른 사람들의 프록세믹스 패턴을 다루고 있는데 그것은 이중의 목적을 위해서이다. 첫째는 우리 자신이 의식하지 못하는 패턴을 좀더 조명해봄으로써 주거 및 작업 공간과 도시 설계를 개선하는 데 바람직하게 기여하자는 것이고, 둘째는 문화간 이해 증진의 중대한 필요성을 보여주자는 것이다. 프록세믹스 패턴은 사람들 간의 근본적인 어떤 차이점들, 만약 그것을 무시할 경우 커다란 위험이 초래될지도 모르는 차이점들을 뚜렷이 대조시켜 드러내준다.

오늘날 미국의 도시계획자들이나 건축업자들은 다른 나라에서 그곳 사람들의 공간적 요구사항들에 관해 거의 무지한 채, 사실 그러한 요구사항들이 문화에 따라 다르다는 점에 아무런 지식도 없이 외국의 도시계획에 참여하고 있다. 그 때문에 전체 주민들은 맞지 않는 틀에 억지로 끼워맞춰질 위험이 참으로 높다. 미국 내에서도 도시 재개발과 그 미명하에 저질러지는 인간성에 반하는 많은 범죄를 보면, 우리의 도시로 쏟아져 들어오는 다양한 주민들에게 적합한 환경을 만들어주는 방법에 대해 철저히 무지하다는 것을 대체로 알 수 있다.

11 문화적 맥락의 프록세믹스: 독일·영국·프랑스

독일인·영국인·미국인·프랑스인들은 상당 부분의 문화를 서로 공유하고 있지만 많은 점에서 충돌을 일으킨다. 그로 인한 오해는 교양 있는 미국인이나 유럽인들이 서로의 행동을 옳게 해석한다고 자부하고 있기 때문에 결과적으로 더욱더 심각하다. 결국 의식하지 못하는 문화적 차이는 아둔하고, 촌스럽고, 상대방에 대한 관심이 부족한 탓으로 간주되는 경우가 많다.

독일인

서로 다른 나라 사람들이 계속 접촉하다보면 어김없이 서로의 행동에 대해 일반화하기 시작한다. 독일인이나 독일계 스위스인들도 예외는 아니어서 내가 이야기를 나눠본 이들 지식인이나 전문직종의 사람들도 대부분 미국인의 시간과 공간 사용에 대해 결국은 논평을 하게 되는데, 그들의 일관된 관찰 소감은 미국인들이 시간을 너무나 빡빡하게 짜며 스케줄에 얽매여 있다는 말이다. 또한 미국인들은 자신을 위한 자유 시간을 남겨두지 않는다는 지적도 있었다(세바스티안 데 그라치아도『시간, 일, 여가에 대하여』에서 그 점을 지적한 바 있다).

독일인이나 스위스인(특히 독일계 스위스인)들도 시간에 전혀 느긋하다고는 말할 수 없기 때문에 나는 미국인의 시간관에 대한 그들의 견해를 좀더 집중적으로 질문했다. 그들의 말로는, 유럽인들은 미국인들에 비해 같은 시간 내에 짜인 사항이 적으며 또한 시간에 '쫓기는' 느낌을 덜 받는다고 대체로 덧붙였다. 확실히 유럽인들은 중요한 인간관계와 관련된 일이면 사실 무슨 일이든 미국인에 비해 더 많은 시간을 할애한다. 나의 유럽인 피실험자들 중 많은 사람들이 관찰한 바에 따르면 미국에서는 스케줄이 중요한 반면 유럽에서는 인간관계가 중요하다. 그들 중 몇몇은 논리적으로 한 단계 더 나아가 시간을 다루는 방식을 놀라울 정도로 무심한 미국인의 공간에 대한 태도와 결부시켰다.

유럽인의 기준에 따르면 미국인은 공간을 낭비적으로 사용하고 공공의 필요에 적합하게 공간을 계획하지 못한다. 사실 미국인들은 사람들이 공간과 관련된 요구를 전혀 갖지 않는다고 느끼는 것 같다. 미국인들은 스케줄을 지나치게 강조하는 탓에 개인적인 공간적 요구들을 과소평가하는 경향이 있다. 여기서 말해두어야 할 점은 모든 유럽인들이 이 점을 명확히 인식하고 있지는 않다는 것이다. 대부분은 미국에서는 자신이 시간에 쫓기는 느낌을 갖게 된다는 정도로만 이야기하며 미국의 도시가 다양성이 없다는 불평이 종종 있다. 그렇지만 유럽인들의 이 정도 관찰만으로도 우리는 공간적 관습이 침해될 경우 독일인이 미국인보다 더 화를 낼 것이라고 추측할 수 있다.

독일인과 공간 침범

나는 대학 시절에 처음 독일인의 프록세믹스 패턴을 경험했던 일을 결코 잊을 수 없다. 30년간 미국에 살면서 유창한 영어를 구사하는데도 침범에 대한 독일적인 정의가 조금도 희석되지 않은 한 독일인에 의해 나의 예절과 체면과 자존심이 무참히 무너졌다. 문제가 된 여러 논점을 이해하기 위해 미국에서는 당연시되고 따라서 보편적으로 취급되기 쉬운 두 가지 기본적인 미국식 패턴을 돌이켜볼 필요가 있다.

첫째, 미국에서는 대화 중인 두세 사람을 다른 사람들로부터 분리시키는 상식적으로 인정되는 보이지 않는 경계가 있다. 그러한 집단들은 거리만으로도 분리가 되며 프라이버시를 보장하는 브호벽이 된다. 보통 다른 사람에게 방해되지 않도록 목소리를 낮추는데 말소리가 들린다 해도 못 들은 척 행동한다. 이런 식으로 프라이버시가 실제로는 있든 없든 보장되는 것이다. 둘째 패턴은 다소 미묘한데, 사실상 경계를 넘어서서 방으로 들어왔다고 생각되는 정확한 지점에 관한 문제이다. 미국인들은 대개 집 밖에 서서 망사문을 통해 이야기하는 것은 어떤 의미로든 집 안 또는 방 안에 있는 것으로 생각하지 않는다. 문을 열고 문지방에 서서 안에 있는 사람에게 이야기하는 것도 밖에 있는 것으로 비공식적으로 정의되며 또한 그렇게 생각한다. 사무실 건물 안에서 사무실 '문으로 머리를 들이미는' 것도 사무실 밖에 있는 것이다. 몸이 방 안에 들어왔어도 문설주를 잡고 있다면 그 사람은 남의 영역에 완전히 들어가지 않은 듯이 한 발을 '베이스'에 붙이고 있는 것이다. 이러한 미국식 공간 정의는 북부 독일에서는 전혀 효과가 없다. 미국인이 자기는 외부에 있다고 생각하는 어떤 경우에도 이미 독일인의 영역에 들어와 있는 것이며 정의상 그와 연관되기 시작한 것이다. 다음의 내 경험은 이 두 패턴의 마찰을 요약해준다.

때는 콜로라도의 맑게 갠 날에나 볼 수 있는 살아 있다는 것을 뿌듯이 느끼게 해주는 따스한 봄날이었다. 나는 마찻간을 개조한 주택의 문간에 서서 위층에 사는 젊은 여자와 이야기를 나누고 있었다. 1층은 한 화가의 스튜디오로 쓰였는데 두 세입자가 출입구를 같이 사용해야 하는 특이한 구조였다. 아파트 거주자들이 층계를 사용하려면 스튜디오의 한쪽 벽을 따라 좁은 출입구를 거쳐야 한다. 말하자면 화가의 영역을 통과할 수 있는 '지역권'을 가진 셈이다. 당시 나는 문간에 서서 이야기를 나누던 중에 왼쪽을 흘깃 보니 50~60피트 가량 떨어진 스튜디오 안쪽에서 그 프러시아계 화가와 그의 두 친구 역시 대화를 나누고 있었다. 그가 고개를 돌려 쳐다보면 바로 나를 볼 수 있는 위치였다. 나는 그의 존재는 의식했지만 관여하거나 그의 대화를 방해하는 듯한 인상을 주지 않으려고 무의식적으로 미국식 규칙을 적용하여 두 행위, 즉 우리의 조용한 대화와 그의 대화가 서로 무관하게 이루어지고 있음을 나타냈다. 즉시 알게 되었지만 그것이 실수였다. 알아차릴 틈도 없이 그 화가가 친구들을 놔두고 중간의 공간을 가로질러 와서는 내 친구를 밀치고 두 눈을 부라리며 내게 소리치기 시작했기 때문이다. 무슨 권리로, 누구 허가를 받고, 인사도 없이 자기 스튜디오에 들어왔느냐는 것이었다.

그때 나는 위협과 모욕을 느꼈는데 30여 년이 흐른 지금까지도 화가 가시지 않는다. 후일 나는 연구를 통해 독일인의 패턴을 많이 이해하게 되었으며 당시 내 행동이 그 독일인의 눈에는 정말 참을 수 없을 만큼 무례한 것이었음을 깨닫게 되었다. 이미 건물 '안에' 있으면서 안쪽을 '보는' 것이 가능한 경우 침범이 된다. 독일인에게는 방 안에 있지만 침범 영역 안에 들어와 있지는 않다는 말은 어불성설이며 더구나 상대를 처다보는 경우에는 거리가 가깝고 멀고는 문제가 되지 않는다.

최근 나는 사람들이 밀접한·개인적·사회적·공적인 상황에서 무엇을 바라보는지 조사하면서 독일인이 시각적 침범에 대해 어떻게 느끼는가를 따로 검토했다. 연구 과정에서 나는 피실험자들에게 각 상황마다 따로 남자와 여자 사진을 찍어 오라고 지시했다. 역시 독일인이었던 내 조수 한 명이 공적인 거리에서 피실험자를 찍은 초점이 흐린 사진을 가져왔는데, 이유는 "공적인 거리에서 남을 쳐다보는 것은 **침범이 되기 때문에 그래서는 안 된다**"는 것이었다. 이는 공적인 거리에서 허락없이 낯선 사람의 사진을 찍어서는 안 된다는 독일인의 규칙 뒤에 있는 비공식적인 관습을 설명해줄 것이다.

'사적인 영역'

독일인들은 자신의 공간을 자아의 연장으로 느낀다. 너무나 많은 의미가 요약되어 있어서 번역이 불가능한 '생활공간'(Lebensraum)이라는 어휘에서 그러한 감정의 단서를 찾아볼 수 있다. 히틀러는 그것을 효과적인 심리적 방편으로 이용하여 독일인들을 정복전쟁에 동원했다.

나중에 살펴보겠지만, 아랍인과는 대조적으로 독일인들의 자아는 지극히 노출되어 있으며 자신의 '사적인 영역'을 보전하기 위해서는 무슨 일이든 불사할 정도이다. 그 점은 제2차 세계대전 중 미군에게 여러 상황에서 독일군 포로를 관찰할 기회가 주어졌을 때 관찰되었다. 중서부에서 있었던 한 예로 독일군 포로 네 명이 조그만 움막에 수용된 적이 있었는데 그들에게 자재가 주어지자 네 포로는 각기 **자신의 공간을 갖기 위해** 칸막이를 세웠다. 독일군이 무너져가던 시기의 더욱 나빠진 여건에서는 수용능력을 초과하여 밀려드는 독일군 포로 때문에 말뚝이라도 이용해야 했다. 그런 상황에서도 자재를 얻을 수 있는 독일병은 자신만의 조그만 거처를 지었는데 어떤 것은 1인용 참호 크기밖에 안 되었다. 미국인들은 무엇보다 봄날의 상당히 추운 밤을 생각해서라도 왜 독일인들이 각각의 노력과 부족한 자재를 합쳐서 좀더 크고 효율적인 공간을 만들지 않는지 이상하게 생각했다. 그때 이후 나는 자아를 차단하려는 그러한 욕구가 건축상의 연장물로 나타나는 예를 자주 관찰해왔다. 발코니를 갖춘 독일의 주택들은 시각적인 프라이버시를 고려해서 지어진다. 뜰은 울타리로 잘 가려지는 편인데, 울타리가 없더라도 불가침의 영역이다.

  공간은 공유되어야 한다는 미국식 견해는 특히 독일인들에게 거슬린다. 제2차 세계대전 직후 베를린이 폐허가 되었던 점령 초기의 상황을 설명할 만한 자료는 없지만 그 후의 상황을 관찰한 보고가 있는데 그야말로 악몽 같은 상황으로서 문화간의 차이를 소홀히 다룬 실책들과 연관된 경우가 많았다. 당시 베를린의 주택 부족은 말할 수 없을 만큼 심각해서 미군 지역의 점령당국은 부엌이나 목욕탕이 남아 있는 시민들에게 이웃과 함께 사용하라는 지시를 내렸다. 결국 이 명령은 이미 과도한 스트레스를 받고 있던 독일인들이 시설의 공유를 놓고 서로 죽이는 일까지 벌어지자 철회되고 말았다.

  독일의 공공 건물과 개인 주택은 대개 방음을 위해 이중문으로 되어 있고 많은 호텔방들도 그렇다. 더욱이 독일인들은 문에 매우 민감해서 미국에 온 독일인들은 문들이 얄팍하고 가볍다고 느낀다. 문을 열고 닫는 의미는 두 나라가 아주 다르다. 사무실에서 미국인들은 문을 열어두는 반면 독일인들은 닫아둔다. 독일에서는 문을 닫는 것이 방 안의 사람이 혼자 방해받고 싶지 않다든지 남에게 보이고 싶지 않은 일을 하고 있다든지 하는 의미는 아니다. 다만 독일인들은 문을 열어 놓는 것이 어수선하고 무질서하다고 생각할 따름이다. 문을 닫음으로써 방의 통일성이 갖춰지고 사람들 사이의 보호막이 부여된다. 그러지 않으면 서로 지나치게 개입하게 된다. 나의 독일인 피실험자 한 사람은 이렇게 논평했다. "우리 가족에게 문이 없었다면 생활 방식을 바꿔야 했겠지요. 문이 없었다면 우리는 훨씬 자주 싸웠을 거예요……문이 없었다면 나는 어머니를 벗어나지 못했을 겁니다."

독일인이 미국의 폐쇄 공간에 대해 열을 올릴 때면 어김없이 벽과 문을 통해 전해지는 소음을 지적한다. 많은 독일인들은 우리의 문을 미국식 생활의 축도로 생각한다. 미국의 문은 얇고 싸구려이며 거의 들어맞는 법이 없고 독일의 문처럼 육중한 맛이 없다. 문을 닫아도 견고한 느낌이 없고 자물쇠도 엉성하며 달각거리거나 심지어 아예 없기도 하다.

미국 기업의 문호개방정책과 독일 기업문화의 폐쇄적인 패턴이 독일 내 미국 지사나 방계 회사에서 충돌을 일으키는데, 아주 간단한 문제 같지만 그것을 파악하지 못해서 해외의 미국 경영자와 독일 경영자는 상당한 마찰과 오해를 빚어왔다. 한번은 세계 전역에서 활동하는 한 회사가 내게 조언을 구한 적이 있는데 처음 질문들 중 하나가 "독일인들이 문을 열어 놓도록 하려면 어떻게 해야 합니까?"였다. 이 회사의 독일인들은 열린 문 때문에 노출된 느낌을 받아 전체 업무가 너무나 해이해지고 비사무적인 분위기가 돼버린 반면, 미국인들은 닫힌 문에 대해 음모적인 분위기나 소외된 느낌을 받았다. 요컨대 문이 열리고 닫힌 것에 대한 의미가 서로 다른 것이다.

공간의 질서

독일문화의 질서정연함과 위계적 성질은 공간을 다루는 태도에서도 전달된다. 독일인들은 자신이 서 있는 위치를 알고자 하며 줄을 흩뜨리거나 '새치기'를 하거나, '출입금지'나 '관계자외 출입금지' 따위의 표시를 어기는 사람들을 몹시 싫어한다. 미국인에 대한 독일인들의 불만은 경계선이나 전반적인 권위에 대해 격식을 차리지 않는 우리의 태도 때문이기도 하다.

그렇지만 독일인에게는 질서를 어기는 미국인 때문에 생기는 불안은 웬만한 무질서는 아무렇지도 않게 여기는 폴란드인 때문에 생기는 불안에 비하면 아무것도 아니다. 폴란드인들에게는 열이나 줄이 통제와 맹목적 권위를 나타내는 것이다. 나는 폴란드인이 단순히 '저 양들(독일인)을 자극하고자' 카페테리아의 줄을 흩뜨리는 광경을 본 적이 있다.

독일인들은 앞서도 말했듯이 침범 거리에 관해 매우 기술적이다. 나는 학생들에게 두 사람이 이야기하고 있을 때 제3자가 침범하게 되는 거리를 설명하라고 한 적이 있었는데, 미국 학생들에게서는 대답이 나오지 않았다. 막상 자기가 침범을 당하면 알 수 있겠지만 침범을 정의하거나 어떻게 침범된 경우를 설명할지는 모르는 것이다. 그러나 내 수업을 듣고 있던 독일 학생과 이탈리아 유학생에게서는 지체없이 대답이 나왔는데, 한결같이 제 3자가 7피트 이내로 들어오면 두 사람을 침범하게 되는 것이라고 말했다!

많은 미국인들이 느끼기에 독일인들은 행동이 지나치게 경직되고 완고하며 형식적이다. 그러한 인상은 앉아 있을 때 의자를 다루는 태도의 차이에서 비롯된 면도 있다. 미국인들은 상황에 따라 거리를 조정하기 위해 자신의 의자를 끌어 움직여도 그다지 신경쓰는 것 같지 않다. 신경이 쓰인다 해도 남의 태도에 대해 평을 하는 것은 두려운 일이기 때문에 무어라 말하려고는 하지 않을 것이다. 그러나 독일에서는 자기가 앉은 의자의 위치를 바꾸는 것이 예의에서 벗어난 행동이다. 그 점을 잘 모르는 사람들을 위한 한 가지 방지책이 대체로 무거운 독일 가구다. 종종 독일 전통에 반기를 드는 건축물을 짓는 대건축가 반 데르 로에(Mies van der Rohe)조차 그의 근사한 의자를 하도 무겁게 만들어 장사가 아니면 앉은 위치를 조정하기가 힘들다. 독일인에게 가벼운 가구가 금기인 것은 단지 약해 보이기 때문만이 아니라 사람들이 가구를 움직이게 되면 사물의 질서가 파괴되고 더불어 '사적인 영역'을 침범하게 되기 때문이다. 내게 보고된 한 예로, 미국으로 이주한 한 독일 신문 편집인은 상황에 따라 의자를 조정하는 미국인의 습관을 참을 수 없어서 방문객용 의자를 '적절한 거리'의 바닥에다 고정시켜버렸다.

영국인

영국인과 미국인은 한 언어로 인해 갈라진 위대한 두 국민이라고들 한다. 언어 탓이라고 말하는 차이점들은 단어 때문이라기보다는 영국식 억양(많은 미국인들에게 과장되게 들리는)으로부터 시간·공간·물질을 다루는 아집적인 방식에 이르기까지 다른 차원의 다양한 의사소통방식 때문이다. 프록세믹스의 세부적인 차이가 무엇보다 현저한 두 문화가 있다면 교양 있는(사립 중고등학교 출신의) 영국인과 중류계층의 미국인일 것이다. 그 상당한 격차의 근본적 이유 하나는 미국에서는 사람들과 행동을 분류하는 한 방식으로 공간을 이용하는 데 반해 영국에서는 사회제도가 신분을 결정한다는 데 있다. 미국에서는 주소가 지위를 나타내는 중요한 단서가 된다(집주소뿐만 아니라 사무실 주소에도 적용된다). 브루클린이나 마이애미 출신의 아무개는 뉴포트나 팜비치 출신의 아무개만 '못하다'. 그리니치나 케이프코드는 뉴어크나 마이애미와는 별개의 세계이다. 매디슨 가나 파크 가에 위치한 기업은 7번가나 8번가의 기업보다 품격이 높으며 엘리베이터 옆이나 긴 복도 끝에 있는 사무실보다 코너에 있는 사무실이 더욱 위풍당당하다. 그러나 영국인은 사회체제 속에서 태어나고 성장한다. 생선가게에서 생선을 팔고 있어도 귀족은 귀족이다. 계급의 구분 외에도 영국인과 미국인은 공간을 할당하는 방식에 차이가 있다.

　미국에서 성장한 중류계층의 미국인은 자기만의 방, 또는 적어도 방의 일부라도 차지할 권리가 있다고 느낀다. 나의 미국인 피실험자들에게 이상적인 방이나 사무실을 그려보라고 하자 한결같이 자기 자신만을 위한 방을 그려 놓았다. 현재 자기 방이나 사무실을 그려보라고 하니 그들은 다른 사람과 같이 쓰는 방의 자기 영역만을 그리고는 중간에 선을 그어 놓았다. 남자나 여자나 부엌과 주인 침실은 어머니나 아내의 소유로 생각하는 반면, 아버지의 영역은 서재나 사무실이고 그것도 없는 경우에는 '작업장'이나 '지하실', 때로는 겨우 작업대와 차고였다. 미국의 여성들은 혼자 있고 싶으면 침실로 들어가 문을 닫아버린다. 닫힌 문은 '방해하지 말 것' 또는 '화가 났음'을 뜻하는 표시이다. 미국인이 자기 집이나 사무실 문을 열어 놓으면 다른 사람의 요구에 항상 응할 수 있는 상태임을 말하는 것이다. 닫힌 문은 회의, 사적인 대화, 사업, 집중을 요하는 일, 연구, 휴식, 수면, 옷을 갈아입거나 성행위를 위한 경우이다.

　반면, 중상류 계층의 영국인은 형제 자매와 함께 유아실에서 자란다. 맏이가 독방을 쓰다가 아홉 살이나 열 살 정도만 되어도 기숙학교로 들어가 방을 비우게 된다. 자기 방을 갖는 것과 일찍부터 공간을 공유하도록 되어 있는 것의 차이는 대수롭지 않아 보이지만 영국인이 자신의 공간을 생각하는 태도에 중요한 영향을 미친다. 영국인은 영원한 '자기만의 방'을 결코 갖지 못할 수도 있으며 그것을 거의 기대조차 하지 않거나 그럴 권리가 있다고 느끼지도 않는다. 의회 의원들조차도 사무실을 갖지 못하고 템스 강이 내려다보이는 테라스에서 사무를 보는 경우가 많다. 그런 탓에 영국인은 일을 하기 위해서는 안정된 장소, 즉 사무실이 있어야만 하는 미국인을 이상하게 여긴다. 영국에서 일하는 미국인들은 일하기에 적당하다고 생각되는 폐쇄된 공간이 주어지지 않으면 애를 먹게 될지도 모른다. 자아를 차단해주는 벽을 필요로 한다는 점에서 미국인은 독일인과 영국인 사이에 있다.

인간도 다른 동물과 마찬가지로 때때로 타인으로부터 자신을 차단하고자 하는 내재된 욕구를 지니고 있다고 생각한다면 영국인과 미국인의 대조적인 패턴은 상당한 의미를 함축한다. 나의 한 세미나에 참석했던 한 영국 학생은 이런 드러나지 않은 패턴들이 충돌할 경우 어떤 일이 일어나는지를 전형적으로 보여주었다. 그는 미국인과의 관계에서 아주 명백하게 긴장을 느끼고 있었는데, 제대로 되는 일이 없는 것 같았고, 그의 말에 따르면 미국인들은 도대체 처신 방법을 모르는 게 분명했다. 그의 불평을 분석해보니, 짜증을 유발하는 주된 원인은, 미국인은 이따금 다른 사람들이 자기 생각을 방해받고 싶지 않은 경우의 미묘한 기분을 전혀 눈치채지 못하는 것 같다는 점이었다. 그의 말에 의하면, "내가 아파트 주변을 산책하면서 혼자 있고 싶을 때면 어김없이 내 룸메이트가 말을 걸어오죠. 그러고는 바로 '무슨 일 있어?' 하고 물으며 화가 났는지 궁금해하죠. 그러면 나는 정말 화가 나서 싫은 소리를 하게 됩니다."

이 경우 시간은 좀 걸렸지만 우리는 마침내 마찰을 빚는 미국인과 영국인의 문제점에서 대조적인 특성들을 대부분 밝힐 수 있었다. 미국인은 혼자 있고 싶으면 방으로 들어가 문을 닫아버린다. 말하자면 건축 구조에 의존하여 자신을 차단시키는 것이다. 미국인이 같은 방에 있는 다른 사람과 말하기를 거부하고 '침묵을 행사'하는 것은 거부감을 드러내는 극단적인 태도이며 굉장한 불쾌감을 나타내는 확실한 표시이다.

반면 어릴 때부터 자기만의 방을 갖지 못하고 자란 영국인들은 타인으로부터 피신하기 위해 공간을 이용하는 습관을 키우지 못했다. 사실 영국인들은 일련의 벽을 내면화시켰는데 그 벽을 세우는 경우 다른 사람들은 그 점을 받아들이도록 되어 있는 것이다. 그러므로 영국인이 미국인과 함께 있을 때 자신을 차단하면 할수록 미국인은 그가 괜찮은지 확인하고자 더욱 관여하려 드는 것이다. 그러한 긴장은 서로를 잘 알지 못하고는 해소될 수 없는데, 그 이해의 요점은 공간이나 건축상의 요구가 서로 전혀 다르다는 사실이다.

전화사용

영국인의 내면화된 프라이버시 운영방법과 미국인의 프라이버시 차단방법은 전화에 대해서도 매우 상이한 관습을 만들어냈다. 전화에는 벽도 문도 없다. 전화벨이 울릴 때 누가 거는지, 얼마나 긴급한 용무인지 알 길이 없기 때문에 사람들은 전화를 받지 않을 수 없는 느낌을 갖는다. 예상할 수 있듯이, 영국인은 생각에 잠겨 있고 싶을 때 전화가 오면 마치 무례한 사람의 침범처럼 취급한다. 상대방이 어떻게 여길지 알 길이 없으므로 영국인들은 전화사용을 주저하고 대신 서신을 보낸다.

전화하는 것은 '저돌적'이고 무례하다. 편지나 전보는 더딜지 모르나 훨씬 덜 방해된다. 전화는 실행 업무나 긴급 상황을 위한 것이다.

나는 대공황 시기에 뉴멕시코의 산타페에서 살 때 여러 해 동안 이 시스템을 이용했다. 돈이 많이 들어 전화 없이 지냈데다가 산기슭의 자그마한 내 은신처의 정적을 소중히 여겼으며 방해받고 싶지도 않았다. 나의 이러한 기벽은 다른 사람들에게 충격적인 반응을 불러일으켰다. 사람들은 나를 어떻게 대해야 할지 정말 몰랐다. "어떻게 하면 당신과 연락할 수 있지요?"라는 물음에, 내가 "엽서를 쓰세요. 매일 우체국에 가니까"라고 대답하면 그들이 당황하는 표정을 읽을 수 있었다.

미국의 중류계층 시민 대부분에게 사적인 공간 및 도시에서 교외로의 탈출구를 마련해준 다음, 우리는 매우 공공적 장치인 전화로 그들 가정의 가장 사적인 공간에 침투해 들어갔다. 누구든지 아무 때라도 우리와 닿을 수 있다. 사실 우리는 너무나 편리하게 닿을 수 있어서 바쁜 사람들이 방해받지 않고 일을 할 수 있으려면 교묘한 장치를 해두어야만 할 정도이다. 다른 사람들에게 피해를 주지 않도록 메시지를 거르는 과정에 최대한의 기술과 방법이 개발되지 않으면 안 된다. 지금까지 우리의 기술은 사람들이 가족과 오붓하게 또는 혼자만의 생각에 잠겨 있고 싶은 요구에 부응하지 못했다. 문제의 근원은 전화벨이 울릴 때 누가 거는지 얼마나 시급한 용무인지 알 길이 없다는 사실에 있다. 전화번호부에 번호를 올리지 않는 사람들도 있지만 그러면 그곳을 방문해서 그들과 연락을 취하려는 친구들이 곤란을 겪게 된다. 정부의 해결책은 중요한 사람들을 위한 특별 전화(전통적으로 적색)를 가설하는 것이다. 적색 전화선은 비서를 거치지 않고 휴식 시간이든 통화 중이든 10대의 청소년이든 곧바로 백악관·국무성·국방성의 교환대로 연결된다.

이웃

영국에 사는 미국인들은 영국인에 대해 놀라우리만큼 한결같은 반응을 한다. 대부분이 미국식 이웃관계 패턴에서 자라나 영국의 이웃들을 제대로 해석하지 못하기 때문에 마음이 상하고 당혹해하는 것이다. 영국에서 이웃에 산다는 것은 아무런 의미도 없다. 옆집에 산다고 해서 당연히 방문을 하고, 물건을 빌리고, 교제를 하고, 아이들끼리 어울려 놀 수 있는 것이 아니다. 영국 환경에 잘 적응하는 미국인이 어느 정도인지 정확한 수는 파악하기 어렵다. 미국인을 향한 영국인의 기본적인 태도에는 과거 식민지 시절의 우월감이 배어 있는데 그것은 훨씬 의식적인 것이어서 외부 세계에 대해 자신의 프라이버시를 지키려는 영국인들의 무언의 권리보다 더욱 표출되기 쉽다.

내가 아는 한, 단지 이웃에 산다는 이유로 영국인과 관계를 맺고자 한 미국인들이 성공한 예는 거의 없었다. 우연히 서로 알게 되어 이웃과 가까워질 수는 있지만 그것도 옆집에 산다고 그런 것은 아니다. 영국인의 관계는 공간에 의해서가 아니라 사회적 지위에 의해 형성되기 때문이다.

침실 소유권

중상류층의 영국 가정에서는 여자가 아닌 남자가 침실의 프라이버시를 주도하는데, 아마도 아직 영국적 프라이버시 패턴을 내면화시키지 못한 아이들을 방어하기 위해서인 것 같다. 여자가 아닌 남자가 탈의실을 갖고 또한 프라이버시를 제공하는 서재도 갖는다. 영국 남자들은 자신의 옷에 대해서도 까다로워 옷을 사는 데 많은 시간과 관심을 쏟게 마련이다. 그에 반해 영국 여자들이 옷을 사는 태도는 마치 미국 남성들 같다.

말소리의 크고 작음

사람들 간의 적절한 공간은 여러 방식으로 지켜지는데 목소리의 크기도 문화마다 달라지는 하나의 메커니즘이다. 일반적으로 영국이나 유럽에서 미국인들은 항상 크게 말한다고 비난받는데 그것은 두 가지 목소리 조절 기능, 즉 (a) 크기 (b) 방향에 따른 조절 때문이다. 미국인들은 거리에 따라 몇 단계로(속삭임, 정상적인 목소리, 크게 소리침) 음량을 증가시킨다. 많은 경우 사교적인 미국인일수록 남들이 옆에서 듣건 말건 괘념치 않는데, 사실 숨길 것이 없음을 과시하는 개방성의 일부분이다. 개인 사무실이 없이 서로 방해하지 않고 지내기 위해 조심하는 영국인들은 배경의 소음이나 거리를 겨우 넘을 정도로 목소리를 세심히 조절하면서 자신이 얘기하는 사람에게만 목소리가 전해지도록 하는 기술을 발달시켰다. 영국인은 남에게 들리도록 말하는 것을 남을 침범하는 것으로, 즉 예의에 어긋나고 사회적으로 저급한 행동을 나타내는 것으로 생각한다. 그러나 미국에 있는 영국인은 목소리를 조절하는 방식으로 인해 음모라도 꾸미는 것처럼 보일지 모르며 그 때문에 골칫거리로 낙인찍힐 수도 있다.

시선

눈의 움직임을 연구해보면 두 문화 사이에 흥미로운 대조가 나타난다. 미국에 사는 영국인은 혼자 있고자 외부와 차단하고 싶을 때뿐만 아니라 교류를 원할 때에도 문제가 있다. 그들은 미국인이 자신의 이야기를 듣고 있는지 아닌지 분명히 알 길이 없다. 한편 미국인 역시 영국인이 자기 말을 이해했는지 아닌지 확실히 알지 못한다. 이러한 커뮤니케이션상의 애매성은 눈을 사용하는 차이에서 비롯되는 경우가 많다. 소리를 차단해줄 방음벽이 없는 경우 집중해서 주의 깊게 들어주는 것이 예의라고 배운 영국인들은 알아들었다는 표시로 들으면서 고개를 끄덕이거나 응응거리지는 않지만 듣고 있다는 표시로 눈을 깜박거린다. 반면 미국인들은 똑바로 쳐다보지 말라고 배웠기 때문에 특별히 의사가 전달되었는지 확인하고 싶은 경우가 아니면 상대방의 눈을 똑바로 쳐다보지 않는다.

대화 상대를 향한 미국인의 시선은 흔히 이눈 저눈으로 옮겨다니거나 한참 동안 상대의 얼굴을 떠나 있는 경우조차 있다. 이야기를 듣는 영국인의 적절한 태도는 사회적 거리에서 눈을 움직이지 않고 어느 쪽 눈을 바라보건 상대를 똑바로 쳐다보는 것처럼 보이는 것이다. 이 묘기를 발휘하려면 8피트 이상 떨어져 있어야만 한다. 눈동자가 수평으로 12도의 시선을 줄곧 유지하기 어렵다면 너무 가까이 있는 탓이다. 8피트 이내에서는 한쪽 눈밖에 응시할 수가 없다.

프랑스인

파리의 남부나 동부에 사는 프랑스인들은 일반적으로 지중해에 접하는 문화들의 복합체에 속한다. 이 집단의 구성원들은 북유럽인, 영국인, 미국인보다 더 밀접하게 응집된다. 지중해식의 공간 사용은 붐비는 기차, 버스, 자동차, 옥외 카페나 사람들의 가정에서 볼 수 있다. 물론 부자들의 성이나 별장에서는 예외가 있다. 붐비는 생활은 보통 감각적으로 긴밀한 관계를 의미한다. 프랑스인들이 감각을 중시한다는 증거는 그들이 먹고, 즐기고, 얘기하고, 글을 쓰고, 카페에 모여 어울리는 방식에서뿐만 아니라 지도를 제작하는 방식에서도 볼 수 있다. 그러한 지도들은 너무나 사려 깊게 여행자가 가장 자세한 정보를 얻을 수 있도록 고안되어 있다. 그 지도들을 사용하다 보면 프랑스인들이 모든 감각을 동원한다는 사실을 알 수 있다. 그 지도를 가지면 어디든 돌아다닐 수 있으며 그림 같은 드라이브 코스나 때로는 휴식을 취하고 산책하고 맛있는 식사를 할 만한 장소 등 어디에서 경치를 즐길 만한가도 찾을 수 있다. 여행을 할 때 어느 지점에서 어떤 감각을 사용하면 좋을지 알려주는 것이다.

가정과 가족

프랑스인들이 옥외를 애호하는 한 가지 그럴듯한 이유는 많은 사람들이 살고 있는 주거환경이 다소 번잡하기 때문이다. 프랑스인들은 레스토랑이나 카페에서 접대를 한다. 집은 가족을 위해 있고 여가나 사교는 밖에서 이루어진다. 그러나 집을 방문해보면, 내가 프랑스 가정에 대해 알 수 있었던 다른 모든 면들이 그렇듯이 어느 집이나 흔히 매우 혼잡함을 알게 된다. 노동자나 소시민 계층이 특히 그러한데, 그것은 프랑스인들이 서로 감각적으로 상당히 연루되어 있음을 의미한다. 사무실·집·마을·도시·시골의 구획설계 자체가 사람들이 밀접한 관계를 유지하도록 되어 있다.

그러한 밀접성은 사람들 간의 만남에서 더욱 두드러지는데 프랑스인들은 말을 할 때 어김없이 상대를 진지하게 바라본다. 파리의 거리에서는 남자들이 여자를 아주 노골적으로 쳐다본다. 프랑스에서 살다가 본국으로 돌아온 미국 여자들은 흔히 감각적 결핍을 느끼는 기간을 겪게 되는데, 내게 얘기를 들려준 몇몇 여자는 프랑스에서 시선을 받는 데 많이 익숙해져서 사람을 쳐다보지 않는 미국식 습관이 마치 자신이 존재하지 않는 듯한 느낌을 준다고 말했다.

프랑스인은 감각적으로 서로 연루되어 있을 뿐만 아니라 미국인에게는 대단히 고조된 감각적 입력으로 여겨지는 것에도 익숙해져 있다. 프랑스 자동차는 프랑스인의 요구에 맞게 설계되어 있다. 그 자그마한 크기를 미국보다 낮은 생활수준과 높은 원자재 비용 탓으로 돌리곤 하는데, 가격이 한 요인인 것은 틀림없지만 그것이 주된 요인이라고 단정한다면 순진한 생각이다. 자동차도 언어만큼이나 문화의 한 표현이며 따라서 문화적 소생활권에서 그 나름의 특징적인 요소를 지닌다. 차 모양의 변화는 여타의 변화에 영향을 주기도 하고 받기도 할 것이다.

프랑스인이 미국차를 모는 경우에는 자신이 대단히 애호하는 여러 가지 공간 사용방식을 포기할 수밖에 없을 것이다. 샹젤리제 거리나 개선문 주변의 교통량은 화창한 일요일 오후의 뉴저지 고속도로와 인디애나폴리스 고속도로의 중간쯤 되는데 거기에 미국차 크기의 자동차들이 다닌다면 대량 자살행위가 될 것이다. 파리 도로의 자동차 행렬에서 이따금 보이는 미국산 '소형' 자동차조차도 피라미떼 속의 상어처럼 보인다. 미국에서는 다른 것들도 모두 큼직하니까 똑같은 차도 보통으로 보이지만 외국에 내다놓고 보면 디트로이트산 철제의 본색이 드러나게 된다.

미국의 거구 자동차는 개인마다 큰 용적을 할애하여 승객들이 피차 최소한도로만 개입하도록 차 안의 개인적 영역이 겹치는 것을 방지한다. 모든 미국인이 한결같이 그래서 디트로이트 주물에 맞춰질 수밖에 없었다는 말은 아니다. 그렇지만 디트로이트가 달리 원하는 것을 생산하려 들지 않기 때문에 자신의 개성과 필요에 보다 잘 맞는 작고 다루기 쉬운 유럽차를 선호하는 미국인들이 많다. 여하튼 프랑스차의 모양만 보더라도 미국에서보다 개성을 훨씬 강조한다는 것을 알 수 있다. 푀

조, 시트로앵, 르노, 도핀과 소형 C. V. 슈박스 2를 비교해보라. 미국에서 그렇게 다양한 차종을 생산하려면 스타일을 변화시키는 데에도 오랜 세월이 걸릴 것이다.

프랑스인의 개방공간 사용

공간에 대한 요구는 전체적으로 균형을 유지해야 하기 때문에 도시의 프랑스인들은 공원이나 옥외를 최대한으로 이용하는 법을 익히게 되었다. 도시는 그들에게 만족을 줄 수 있는 특별한 무엇이며 거기에 사는 사람들 또한 그러하다. 적당히 맑은 공기, 폭이 70피트까지 되는 보도, 대로 위를 지나다니면서 인간을 왜소하게 만들지 않는 자동차들은 사람들이 모여들어 서로 즐기는 옥외 카페와 개방된 장소들을 가능하게 했다.

프랑스인들은 도시 그 자체, 이를테면 그 다양한 정경, 소리, 냄새, 그리고 널찍한 보도와 거리, 공원 등을 향유하고 거기에 참여하므로 마천루와 디트로이트산 자동차에 의해 인간이 왜소해지고, 쓰레기와 오물이 미관을 해치고, 매연과 이산화탄소에 오염된 미국에서보다는 자동차 내부에 완충 공간을 둘 필요가 다소 적을 수도 있다.

별 구조와 격자 구조

유럽에서는 공간을 구성하는 주요 시스템이 두 가지 있다. 하나는 프랑스나 에스파냐에서 볼 수 있는 사회구심적인 '방사선의 별' 모양이고, 다른 하나는 소아시아에서 기원되어 로마인들이 도입하고 카이사르 시대에 영국에 전파된 사회원심적인 '격자' 모양이다. 프랑스–에스파냐식 시스템은 모든 지점과 기능을 연결한다. 프랑스의 지하철망은 다른 노선들이 콩코드 광장, 오페라궁, 마들렌궁 등의 요지에서 여러 차례 겹치게 되어 있다. 격자 시스템은 한 줄씩 선을 그어 활동을 분리시킨다. 두 시스템 모두 각기 장점이 있지만 한쪽에 익숙해진 사람은 다른쪽을 이용하기 힘들다.

예컨대 방사선 구심 시스템에서 방향을 잘못 들면 멀리 갈수록 더욱 복잡해진다. 그러므로 어떤 실수든지 완전히 길을 잘못 든 것이나 거의 다름없다. 격자 시스템에서는 출발선에서 실수가 있어도 90도 각도가 아니면 180도 각도이므로 대개 방향감각이 없는 사람이라도 금방 느낄 수 있을 정도로 확연하다. 옳은 방향으로만 가다 보면 한두 블록쯤 벗어났더라도 언제든지 쉽게 실수를 바로잡을 수 있다. 그럼에도 불구하고 방사선 구심 시스템에는 나름대로의 이점들이 있어서 일단 이용할 줄 알게 되면, 예컨대 어느 선의 어느 점 이름을 대는 것으로서 그 공간상의 구조물이나 일들을 떠올리기가 좀더 수월해진다. 따라서 낯선 지역이라도 파리 남부 20번 국도 50킬로미터 지점에서 누구와 만나자는 말이 가능하다. 그 말에 필요한 정보가 모두 담겨 있는 것이다. 그에 반해 좌표로 이루어진 격자 시스템은 공간상의 한 지점을 찾는 데 적어도 두 개의 선과 한 점을 알아야 한다(얼마나 헤매느냐에 따라 알아야 할 선과 점이 더 많아지는 경우도 흔하다). 또한 방사선 시스템에서는 작은 공간을 이용해 중심부에서 여러 다양한 활동을 통합하는 것이 격자 시스템에서보다 더 가능하므로 주거·쇼핑·매매·상업·오락 지역이 서로 접하거나 중심 지점을 통해 연결될 수도 있다.

방사선 별 구조가 프랑스의 생활에서 얼마나 많은 양상으로 영향을 미치는지는 믿을 수 없을 정도이다. 마치 문화 전체가 일련의 상호연관된 중심부로부터 권력과 영향력과 통제가 흘러들고 나오는 모형에 입각하여 이루어진 듯하다. 파리로 들어가는 주요 고속도로가 열여섯 개이고, 캉(오마하 해변 부근)으로 열둘, 아미앵으로 열둘, 르 망으로 열하나, 렌으로 열 개의 도로가 집중된다. 이러한 숫자도 그 배치가 실제 의미하는 진상을 전달하기에는 부족한데, 그것은 프랑스 자체가 점점 더 커지는 중심지들을 향해 모여드는 일련의 방사선망들이기 때문이다. 작은 중심지들마다, 이를테면 보다 높은 다음 단계로 이르는 저마다의 통로를 가지고 있다. 일반적으로 중심지들 사이사이의 길들은 다른 마을들을 통과하지 않는다. 왜냐하면 각 마을마다 다른 마을과 연결되는 나름의 길들이 있기 때문이다. 이것은 주요 중심지를 연결하는 간선도로를 따라 작은 마을들이 목걸이의 구슬처럼 달려 있는 미국의 패턴과 대조를 이룬다.

나는 『침묵의 언어』에서 프랑스의 사무실에서는 가운데 책임자를 중심으로 부하들이 방사선상의 위성처럼 자리잡는다는 것을 흔히 볼 수 있다고 설명했었다. 나 자신도 언젠가 그러한 '중심적 형태'로 일할 기회가 있었는데, 내 지휘하의 과학자 팀 가운데 한 프랑스인이 자기 책상이 중앙에 있으니 승진시켜달라는 게 아닌가! 드골 역시 프랑스의 중심적 위상에 입각해서 국제 정책을 펴나갔다. 프랑스의 학교제도 또한 고도로 중앙집권화된 패턴을 따른다는 사실이 사무실의 구조나 지하철 시스템, 도로망 등 실상 나라 전체의 구조와 어떤 연관성을 지닐 수는 없다고 말할 사람들도 물론 있겠지만 내 생각은 그렇지 않다. 오랜 세월 다양한 문화 패턴을 경험해온 나는 기본적인 맥락은 사회조직 전체에 걸쳐 얽혀 있게 마련임을 알게 되었다.

미국의 중류계층과 아주 밀접하게 연결되어 있는(역사적으로나 문화적으로) 유럽 세 나라의 문화를 살펴본 이유는 무엇보다도 대조를 통해 우리 자신의 내재적인 패턴들을 일부 조명해보고자 한 것이다. 이 고찰에서 밝혀진 점은 어떤 수준에서 살펴보건 간에 감각을 달리 사용하게 되면 공간에 대한 요구들도 상당히 달라진다는 것이다. 사무실에서 마을이나 도시에 이르기까지 모든 것은 그 건축가와 거주자의 감각 양식을 반영하게 된다. 도시 재개발이나 밀집현상 같은 문제점들의 해결책을 고려함에 있어 관련 주민들이 어떻게 공간을 지각하고 감각을 사용하는지 아는 것은 필수적인 일이다. 다음 장에서는 공간의 세계가 우리와는 아주 다른 사람들을 살펴봄으로써 우리 자신에 관해 보다 많이 알 수 있을 것이다.

12 문화적 맥락의 프록세믹스: 일본과 아랍세계

인간에게 있어 프록세믹스 패턴이 수행하는 역할은 하등동물들의 전시(display) 행동과 비교될 만하다. 말하자면 집단 내의 동질성을 강화시키는 한편 다른 집단과의 커뮤니케이션을 보다 어렵게 만듦으로써 집단을 확고히 다지는 동시에 다른 집단으로부터 고립시킨다. 인간은 생리학적으로나 발생학적으로 한 종이라 할지라도 미국인과 일본인의 프록세믹스 패턴은 미국 뇌조(雷鳥)와 앞서 제2장에서 설명한 오스트레일리아 정원사새의 영토적 전시 패턴만큼이나 이질적인 경우가 많다.

일본

옛날 일본에서는 공간과 사회조직이 상호연관적이었다. 도쿠가와 바쿠후(德川幕府)의 쇼군(將軍)들은 수도인 에도(江戶)를 중심으로 동심원 지대로 다이묘(大名) 또는 귀족들의 영지를 분배했다. 중심과의 인접성은 쇼군과의 관계나 충성심의 긴밀도를 반영하므로 가장 충성스러운 자들이 안쪽의 보호망을 형성했다. 섬의 다른편이나 산 너머 또는 북쪽과 남쪽 외곽으로는 신임이 덜하거나 충성심이 미심쩍은 자들이 자리잡았다. 어느 방향에서나 접근할 수 있는 중심의 개념은 일본문화에서 잘 발달된 항목이다. 그러한 전면적 계획은 특히 일본적인 것이며 일본인을 잘 아는 사람들은 그 점이야말로 일본 생활의 사실 모든 영역에 작용하는 한 패러다임의 구현임을 인지하게 될 것이다.

앞서 말했듯이 일본인들은 교차로에 이르는 거리가 아닌 교차점들에 이름을 붙이는데, 사실 교차로상의 모퉁이마다 다른 이름으로 불린다. A 지점에서 B 지점에 이르는 길이라는 것은 서양인에게는 거의 제멋대로라고 여겨질 정도여서 서양과 같은 절도가 없다. 일본인들은 고정된 노선을 이용하는 데 습관이 안 되어 있기 때문에 도쿄를 이리저리 가로질러 다니면서 목적지를 찾아간다. 거리에 이름이 없을 뿐만 아니라 집들도 지어진 순서대로 번지가 매겨져 있기 때문에 택시 기사들도 동네 파출소에서 방향을 물어보아야 한다. 이웃 사람들도 서로 잘 몰라 방향을 가르쳐주지 못하는 경우가 많다.

이러한 일본의 공간 양상에 대처하기 위해 제2차 세계대전 승리 후의 미국 점령군은 도쿄의 몇몇 주요 대로에 이름을 붙여 영어로 거리 표지판을 세워놓았다(A로, B로, C로 등으로). 일본인들은 공손히 기다리다가 점령 기간이 끝나자 표지판을 떼내버렸다. 그렇지만 그때쯤에는 일본인들도 외국의 문화적 혁신에 빠져들어 두 점을 연결하는 길에 이름을 붙이는 것이 실상 편리하다는 것을 알게 되었다. 이러한 변화가 일본문화에 얼마나 끈질기게 작용하게 되는지를 살펴보면 흥미로울 것이다.

중심을 강조하는 일본인의 패턴은 그 밖의 다양한 공간 배치에서뿐만 아니라 대화에서조차 엿볼 수 있음을 말해두고 싶다. 일본식 화로와 그 놓이는 위치에는 서양식 난로 개념만큼이나 강렬한 정서적인 색조가 따른다. 예전에 어떤 나이든 사제가 설명했듯이, "일본인들을 정말로 알려면 추운 겨울 저녁 그들과 화로에 바싹 둘러앉아 보내봐야 한다. 모두가 함께 앉아 이불 하나로 화로뿐 아니라 모두의 무릎까지도 덮는다. 그렇게 해서 열이 보존되고 서로의 손이 닿으면서 따스한 체온을 느끼고 함께임을 느낀다. 그때야말로 일본인을 알게 된다. 이것이 정말 일본이구나!"

심리학적 용어로 말하자면 방의 중심부를 향하는 긍정적인 강화가 있고 가장자리(겨울에 한기가 스며나오는)를 향하는 부정적인 강화가 있다. 일본인들이 미국의 방을 황량해 보인다(중심부가 비었기 때문에)고 평했다는 것도 이상할 것이 없다.

중심–가장자리 대비의 또 다른 측면은 사람들이 어떻게 어떤 상황에서 움직이며 무엇을 고정 형태와 반고정 형태의 공간으로 간주하느냐와 연관되어 있다. 집의 벽은 미국인에게는 고정된 것이지만 일본에서는 반고정적이어서 움직일 수 있으며 방도 다용도로 쓰인다.

일본의 시골 여관에 숙박한 손님들은 장면이 변하면서 여러 일들이 전개되는 것을 보게 된다. 다다미방 가운데 앉아 있으면 미닫이 벽문 쪽이 열리고 닫힌다. 하루의 시간대에 따라 방은 옥외까지 포함되기도 하고 점점 좁아져 내실만 남기도 한다. 미닫이 벽문이 스르르 열리고 밥상이 들어오고 식사가 끝나고 잘 시간이 되면 밥먹고, 요리하고, 생각하고, 교제하던 바로 그 장소에 이부자리가 펴진다. 아침이 되어 방이 다시 바깥으로 전부 열리면 환한 햇살과 산안개를 타고 온 은은한 소나무 향이 친숙한 공간으로 스며들면서 방 안 공기를 신선하게 해준다.

지각세계에 대한 동서양의 차이를 보여주는 좋은 예로 일본 영화「모래언덕의 여인」이 있는데, 일본인들의 감각적인 관계가 이보다 간명하게 그려질 수는 없을 것이다. 이 영화를 보면 영화 속 인물들의 피부 속에 들어가 있는 느낌이 든다. 때로는 몸의 어느 부분을 보고 있는지도 분간할 수 없다. 카메라 렌즈는 몸의 세부를 샅샅이 살피면서 느리게 움직이는데, 확대된 피부 표면의 조직은 적어도 서양인의 눈에는 땅의 지형처럼 보인다. 소름이 돋은 알갱이 하나하나가 관찰할 수 있을 만큼 커 보이고, 모래알은 표면이 거친 자갈처럼 보인다. 마치 물고기 태아의 박동하는 생명력을 현미경으로 관찰하는 듯한 경험이다.

미국인들이 일본인의 운용방식을 묘사할 때 가장 빈번히 사용하는 단어 가운데 하나가 간접이다. 수년간 일본에서 지내면서 가능한 최소한도로만 적응해온 한 미국인 은행가는 가장 힘들고 낙담스럽게 여겨진 바가 일본인들의 간접성이었다고 내게 말했다. 그는 이렇게 불평했다.

"구식 일본인들이야말로 사람을 미치게 만드는 데 누구에게도 뒤질 수 없죠. 그들은 말의 요점을 돌리고 돌리고 돌려서 절대로 직접 이야기하는 법이 없습니다."

물론 그렇게 말하는 그가 깨닫지 못하는 사실은, 빨리 '요점을 꺼내자'고 재촉하는 미국인들의 고집에 시종일관 '논리적'이어야 하는 이유를 이해하지 못하는 일본인들도 그에 못지않게 낙담한다는 점이다.

일본에서 일하는 젊은 예수회 선교사들은 처음에 자신들이 받은 훈련이 제대로 먹혀들지 않아 크게 고생했다. 그들이 교리를 전하기 위해 주로 사용하는 삼단논법이 일본에서 가장 기본적인 몇 가지 생활 패턴과 충돌한 것이다. 자신이 받은 훈련에 충실해서 실패할 것이냐 아니면 그것을 벗어나 성공할 것이냐가 그들의 딜레마였다. 내가 1957년에 일본을 방문했을 당시 가장 성공적인 예수회 선교사는 그룹의 규범을 어기고 일본의 관습과 동반한 자였다. 그는 잠시 삼단논법적 논리를 도입했다가 방법을 바꾸어 요점을 빙 둘러서 가톨릭 신자가 되면 얼마나 멋진 느낌(일본인에게는 중요한)을 갖게 되는지 천천히 설득한 것이다. 내게 흥미로웠던 점은, 그의 가톨릭 동료 선교사들은 그가 그렇게 해서 성공하는 모습을 지켜보면서도 그 사례를 따라 자신의 규범을 저버리지는 못할 만큼 그들 자신의 문화에 강력히 구속되어 있었다는 사실이다.

혼잡에 대한 견해

비접촉 집단인 서양인들에게 '붐빈다'는 단어는 달갑지 않은 어감을 준다. 내가 아는 일본인들은 적어도 특정 상황에서는 붐비는 것을 선호한다. 그들은 바닥에 함께 누워 자는 것을 다정하다고 느끼고 그것을 '미국 스타일'과 대조되는 '일본 스타일'이라고 말한다. 그러므로 『일본생활』의 저자 킨(Donald Keene)이 일본어에는 프라이버시에 해당하는 단어가 없다고 한 것도 놀라운 일은 아니다. 그러나 서구식 개념과는 상당히 다르기는 하지만 일본인에게 프라이버시 개념이 존재하지 않는다고는 말할 수 없다. 일본인은 혼자 있는 것을 좋아하지 않고 주변에 사람들이 얼씬거려도 개의치 않는 반면, 다른 사람들과 집이나 아파트 담벽을 공유하는 데에는 강력한 거부감을 갖는다. 그들은 자신의 집과 바로 집을 둘러싼 지대를 하나의 구조로 간주한다. 그 좁다란 공간의 빈 영역은 지붕이나 마찬가지로 집의 일부로 여겨진다. 전통적으로 가옥에는 아무리 작아도 정원이 있어서 자연과 직접적으로 접촉하게 해준다.

일본인의 공간 개념과 '마'(間)

서양과 일본의 차이는 직접적인 성격과 우회적인 성격, 또는 선의 강조와 교차점의 강조로 대비되는 데 국한되지 않는다. 가장 본질적인

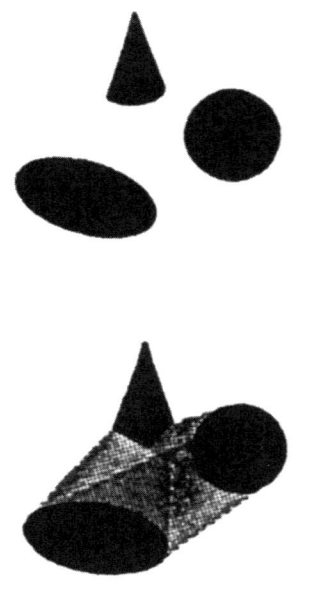

면에서 전체적인 공간 경험이 서구 문화와는 다르다. 서양인들이 공간에 대해 생각하고 말할 때 의미하는 것은 물체 사이의 거리이다. 서양에서는 물체의 배열을 지각하고 그에 반응하며 공간을 '빈 것'으로 생각하도록 가르치는데 이러한 의미는 공간에 의미를 부여하도록 훈련된 일본인들과 비교해볼 때 비로소 명확히 드러난다. 일본인들은 공간의 형태와 배열을 지각하는데 여기에 대한 고유한 단어로 '마'(間)가 있다. 이 '마' 또는 간격은 일본의 모든 공간 경험에 기본적인 구성 요소가 된다. '마'의 기능은 꽃꽂이에서뿐만 아니라 다른 모든 공간 배치에서도 드러나지 않게 고려되는 것이 분명하다. 일본인들이 '마'를 다루고 배치하는 기술은 놀라운 것이어서 유럽인들의 찬탄과 때로는 경외심마저 불러일으킨다. 옛 수도인 교토 외곽에 위치한 15세기의 료안지(龍安寺) 젠(禪) 승원의 정원에는 공간을 다루는 기술이 축약되어 있다. 정원 그 자체가 경이로 다가온다. 어두컴컴한 판벽을 댄 본당을 따라 걷다가 모퉁이를 돌아서면 느닷없이 강렬한 창조력이 느껴지는 광경, 즉 잘게 부순 자갈밭에 솟아난 15개의 바위와 마주하게 된다. 료안지 관람이야말로 하나의 정서적인 경험으로 그 질서와 평온, 그리고 극도의 단순성이 보여주는 규율에 압도된다. 인간과 자연이 얼마간 변형되어 조화를 이룬 듯이 보일 수도 있고 또한 인간과 자연의 관계에 대한 철학적 메시지도 있다. 어디에 앉아 정원의 경관을 완상하든 정원을 이루는 바위들 가운데 하나는 항상 가려지도록 배치되어 있다(일본인의 정신을 아는 또 다른 실마리가 될 것이다). 일본인들은 지각에는 언제나 기억과 상상력이 동반되어야 한다고 믿는다.

정원을 조성하는 일본인의 기술은 일본인들이 공간을 지각하는 데 시각과 더불어 다른 모든 감각을 동원한다는 사실에 일부 기인한다. 후각·온도·습도·빛·명암·색채가 온몸을 감각기관으로 사용하도록 고양시키는 식으로 한데 작용한다. 르네상스나 바로크 시대 화가들의 단일한 관점과는 대조적으로 일본의 정원은 다양한 관점에서 즐길 수 있는 구도이다. 설계자는 정원을 찾는 사람들이 연못 가운데에서 발을 디딜 만한 돌을 찾아 여기저기 멈춰 서보다가 눈을 드는 순간 바로 그 자리가 생각지도 못한 전망이 펼쳐지는 곳이 되도록 꾸며 놓았다. 일본인의 공간을 연구해보면 스스로 무언가를 발견할 수 있는 지점으로 개개인을 이끄는 그들의 습관이 잘 나타난다.

다음에 설명하는 아랍의 패턴은 사람들을 어딘가로 '이끄는' 것과는 거리가 멀다. 아랍세계의 사람들은 멀리 떨어져 있는 지점들을 각자가 알아서 그것도 아주 재빨리 연결시키게끔 기대된다. 그렇기 때문에 아랍인을 살펴볼 경우 독자는 그에 맞추어 눈높이를 조정하지 않으면 안 된다.

아랍세계

2천 년이 넘는 접촉에도 불구하고 서구인과 아랍인은 아직도 서로를 이해하지 못한다. 프록세믹스 연구는 이러한 어려움에 어떤 통찰을 시사해준다. 중동의 미국인들은 당장 두 가지 대치되는 감각으로 인해 충격을 받는데, 공공 장소에서는 냄새와 혼잡과 상당한 소음 때문에 위축되고 압도되며 아랍의 가정에서는 흔히 너무 넓은 공간에 적응이 안 되어 노출된 느낌 때문에 안절부절못하는 경향이 있다! (일반적으로 미국인들이 아랍에서 머무는 중상계층의 주택이나 아파트들은 보통 미국인이 사는 집보다 훨씬 넓다.) 공공 장소에서 경험하는 고도의 감각적 자극과 너무 넓은 집에 살면서 느끼게 되는 기본적인 불안전감은 어느 것이나 미국인에게 아랍의 감각세계를 맛보게 해준다.

공공 장소에서의 행동

공공 장소에서 밀고 제치는 것이 중동문화의 특징이다. 그렇지만 그것은 미국인이 생각하듯 전혀 당돌하고 무례한 행동이 아니며 사람들간의 관계나 다른 사람의 신체를 경험하는 방식에 관한 일련의 견해가 우리와는 다른 탓이다. 역설적이게도 아랍인 역시 북유럽인이나 미국인들이 저돌적이라고 생각한다. 처음 이러한 양측의 견해를 조사하기 시작했을 때 나는 매우 의아했다. 어떻게 저만치 떨어져 닿지도 않으려는 미국인들을 저돌적이라고 생각할까? 나는 아랍인들에게 이 모순을 설명해달라고 부탁하곤 했는데 나의 피실험자 중 미국인의 어떤 특별한 행동들 때문이라고 구체적으로 이야기해준 사람은 없었지만 그러한 인상이 아랍인들 사이에서는 보편적이라는 점에는 모두 동의했다. 이 특별한 문제를 두고 아랍인의 인지 세계를 통찰해보려는 시도들이 계속 실패로 끝난 뒤 나는 이 문제를 시간만이 답할 수 있는 것으로 제쳐놓았다. 그러다가 얼핏 대수롭지 않은 듯한 언짢은 한 사건으로 그 의문이

풀리게 되었다.

워싱턴 D.C.의 한 호텔 로비에서 친구를 기다리는 동안 나는 눈에 잘 띄면서도 호젓이 있고 싶어서 사람들이 많이 오가는 통로를 벗어나 1인용 의자에 자리를 잡고 앉아 있었다. 그런 상황에서 미국인들은 대부분 한 가지 규칙을 따르는데 그것은 거의 생각할 여지조차 없기 때문에 더더욱 확고한 규칙으로서, 말하자면 한 사람이 공공 장소에 멈춰 서거나 자리를 잡으면 그 순간 그 주위에는 침범할 수 없는 작은 프라이버시 영역이 형성된다는 것이다. 영역의 넓이는 혼잡의 정도나 나이, 성별, 그리고 얼마나 귀한 사람인가 하는 점과 더불어 전반적인 환경에 따라 달라진다. 이 영역에 들어와서 머무는 사람은 예외없이 침범 행위에 해당한다. 사실 특별한 목적이 있더라도 이 영역을 침범하는 낯선 사람은 "실례하지만……괜찮습니까?" 하고 말을 꺼냄으로써 자신이 침범했다는 사실을 시인한다.

이야기를 계속하자면, 내가 텅 빈 로비에서 기다리고 있는데 한 낯선 사람이 내가 앉아 있는 곳으로 걸어와서 몸이 바로 닿을 정도뿐만 아니라 숨소리까지 들릴 정도로 바싹 다가서는 것이었다. 더구나 그의 육중한 몸체가 내 왼쪽 시야를 가렸다. 로비가 사람들로 붐비기라도 했다면 나도 그의 행동을 이해했겠지만, 텅 빈 로비에서 내 앞에 선 그의 존재는 내 비위를 심히 거슬리게 만들었다. 나는 이런 침범이 성가셔서 언짢음을 표시하려는 의도로 내 몸을 움직였지만, 이상하게도 피하기는커녕 오히려 내 행동에 고무되기나 한 듯이 더욱더 다가서는 것이었다. 나는 이 성가심을 벗어나고 싶은 충동에도 불구하고 내 자리를 포기하려는 생각을 접어두고, '제기랄, 왜 내가 움직여야 해? 내가 여기 먼저 왔으니까 이 친구가 아무리 막무가내라 해도 나를 몰아내게 두진 않을 거야라고 생각했다. 다행히 곧 한 무리의 사람들이 도착해서 나를 괴롭히던 사람과 바로 합류했다. 나는 그들의 말이나 몸짓으로 나타나는 태도를 보고 아랍인들임을 알고 나자 그 사람의 행동을 이해할 수 있었다. 그가 혼자였을 때는 미국식으로 옷을 입고 말을 하지 않았기 때문에 보기만 해서는 그 결정적인 점을 파악할 수 없었다.

나중에 이 사건을 아랍인 동료에게 설명하면서 두 가지 대조적인 패턴이 드러났다. '공공' 장소에서의 프라이버시 영역에 대한 나 자신의 개념과 감정 그 자체가 당장 내 아랍인 친구에게는 이상하고 어리둥절하게 느껴진 것이다. 그는, "어쨌든 거긴 공공 장소잖아, 안 그래?"라고 말했다. 그런 식으로 따져나가다 보니 나는 아랍식 사고방식으로는 내가 어떤 지점을 점유했다고 해도 무슨 권리가 있는 것은 아니라는 사실을 깨닫게 되었다. 요컨대 내 자리도 내 몸도 불가침의 존재는 아니었다! 공공 장소는 그냥 공공 장소인 것이다. 이를 깨닫고 나니, 어리둥절하고 언짢고 때로는 놀랍기까지 했던 아랍인들의 숱한 행동들이 이해되기 시작했다.

예컨대 A가 거리 모퉁이에 서 있는데 B가 그 자리를 차지하고 싶다면 B는 A를 불편하게 해서 옮겨가게 만들 수 있는 권리가 있다는 것을 알았다. 베이루트에서는 억센 사람들만이 극장 맨 뒷줄에 앉는데, 서 있는 사람들이 자리를 차지하려고 밀쳐대서 대부분이 그 성가심을 못 견디고 자리를 포기하는 일이 다반사이기 때문이다. 이렇게 볼 때, 호텔 로비에서 내 공간을 침범한 아랍인은 내가 그 자리를 택했던 바로 그 이유에서 그곳을 찍었던 것이 분명하다. 그곳은 두 개의 문과 엘리베이터를 두루 지켜보기에 좋은 장소였기 때문이다. 내가 언짢은 표시를 한 것이 그를 쫓아보내기는커녕 오히려 부추긴 것이다. 그도 나를 곧 쫓아보낼 수 있다고 생각한 것이다.

　미국인과 아랍인 사이의 소리 없는 마찰의 또 다른 원인은 미국인들이 아주 비공식적으로 취급하는 분야, 즉 도로상의 예절과 권리에 있다. 일반적으로 미국에서는 더 크고, 강력하고, 빠르고 덩치가 큰 자동차에 양보하는 편이다. 길거리를 걸어가는 보행자는 짜증나기는 하겠지만 빠르게 달리는 자동차를 비켜가는 일이 이상하다고는 생각지 않을 것이다. 움직이고 있을 때에는 정지하고 있을 때처럼(호텔 로비에서의 나처럼) 주위 공간을 차지할 권리가 없다는 점을 알고 있기 때문이다. 그러나 아랍인들은 그와는 정반대로 움직이고 있을 때 공간에 대한 권리를 갖는 것 같다. 아랍인에게는 움직이고 있는 공간에 누군가 끼여드는 것은 권리의 침범이다. 따라서 고속도로상에서 누가 추월하는 것은 분통 터질 일이다. 움직이는 공간에 대한 미국인의 기사도가 아랍인들을 공격적이고 저돌적으로 만드는 것이다.

프라이버시의 개념

　앞서 설명한 경험 및 다른 많은 일들이 내게 시사해준 바로는 아랍인들은 사실 신체와 그에 연관된 권리들에 관해 우리와는 완전히 대조적인 일련의 가정을 지니고 있는 듯하다. 분명 서구인들은 공공 장소에서 서로 밀어제치거나 대중교통수단에서 여자를 만지작거리는 아랍인들의 성향을 참지 못할 것이다. 내가 보기에 틀림없이 아랍인들에게는 신체 외부에 사적인 영역이 있다는 개념 자체가 없는데, 이 점은 정확히 사실로 입증되었다.

　서구 세계에서는 사람이란 피부 내면의 한 개인이라는 말과 동의어이다. 그리고 북유럽에서는 일반적으로 피부와 더불어 옷까지도 불가침일 수 있다. 낯선 사람이라면 몸이 닿는 데 허락을 구할 필요가 있다. 프랑스 일부 지역에서도 이 규칙을 적용하여 보통 논쟁을 벌이다가 상대를 단지 건드리기만 해도 법적으로 공격행위로 규정된다. 아랍인들에게는 신체와 연관된 사람의 자리매김이 아주 다르다. 사람은 몸속 어딘가에 존재한다. 그러나 모욕을 주면 금방 건드릴 수 있으므로 자아가 철저히 숨겨진 것은 아니다. 자아는 신체 접촉으로부터는 보호되지만 언설로부터는 아니다. 신체와 자아의 이러한 분리를 통해 사우디아라비아에서 도둑의 손을 대중 앞에서 절단하는 것이 표준적인 형벌로 용납되는 이유가 설명될지도 모르겠다. 또한 현대식 아파트에 사는 아랍인 주인이 하인에게, 바닥 공간을 절약하기 위해 천장에 매단 다락에다가 하인을 감시할 수 있는 창까지 뚫린 대략 가로·세로·높이가 5·10·4피트 정도 되는 상자곽 같은 방을 제공해도 괜찮은지도 설명된다.

짐작할 수 있듯이, 방금 설명한 바와 같은 자아에 대한 뿌리 깊은 성향은 언어에도 반영되어 있다. 어느 날 오후 아랍어-영어 사전을 편찬한 한 아랍인 동료가 내 사무실에 찾아와 기진맥진하여 의자에 주저앉았을 때 내 주의를 집중하게 만든 일이다. 내가 무슨 일이 있었느냐고 그에게 묻자 이렇게 말했다.

"나는 오후 내내 영어로 '강간'에 해당하는 아랍 단어를 찾아내려고 해봤지만 아랍어에는 그런 단어가 없어. 구어든 문어든 아는 바를 총동원해봐도 '그는 그녀의 의지에 반하여 그녀를 취했다'는 정도 이상으로는 갖다댈 수가 없어. 아랍어에는 영어의 의미를 한 단어로 나타낼 수 있는 말이 없군."

신체와 연관하여 자아의 자리매김이 달라지는 개념은 용이하게 파악되지는 않지만, 일단 이와 같은 생각을 인정하고 나면 아랍 생활에서 달리는 설명하기 어려울 다른 많은 국면들을 이해할 수 있게 된다. 그 중 하나는 카이로·베이루트·다마스쿠스와 같은 아랍 도시들의 높은 인구밀도로서, 앞장에서 설명했던 동물 연구에 비추어 말하자면 아랍인들은 영원한 행동의 싱크현상 속에서 생활하고 있음에 틀림없다. 그것은 아랍인들이 인구 압박에 시달려서라고 말할 수도 있겠지만 사막에서 받는 계속된 압박 때문에 앞에서 설명한 형태의 높은 인구밀도에 문화적으로 적응해온 탓이라고 할 수도 있다. 신체의 껍질 안 깊숙이 자아를 챙겨 넣으면 높은 인구밀도를 견딜 수 있을 뿐만 아니라 아랍인의 커뮤니케이션이 북유럽인의 커뮤니케이션 패턴과 비교하여 그만큼 고조되는 이유도 그 점으로 설명될 것이다. 단순히 목소리가 훨씬 높은 것뿐만 아니라 꿰뚫는 시선, 손길, 대화 중에 서로 따스하고 습기 있는 숨결을 쐬는 것 등이 많은 유럽인들에게는 참을 수 없을 만큼 강렬하게 느껴질 정도의 고조된 감각적 입력을 나타낸다.

  아랍인들의 꿈은 공간이 넓은 집인데 불행히도 많은 아랍인들이 그만한 여유를 가질 수는 없다. 그렇지만 공간이 주어지면 대부분의 미국 가정에서 보는 것과는 매우 다르다. 중상층 아랍인의 집 안 공간은 미국 기준으로 보면 엄청나게 넓은데 아랍인들은 **혼자 있기**를 꺼리기 때문에 칸막이를 하지 않는다. 집의 형태는 하나의 보호막 안에 가족이 모두 모이도록 되어 있는데 그것은 아랍인들이 서로 깊숙이 관여하기 때문이다. 그들의 개성은 뒤엉겨서 뿌리와 흙처럼 서로 양분을 취한다. 어떤 식으로든 사람들과 더불어 활발하게 관계를 맺지 못한다면 인생을 빼앗기는 것이다. 오래 된 아랍 격언은 이러한 가치를 반영한다. "사람들이 없는 천국은 지옥이니 들어가지 마라." 그러므로 미국의 아랍인들은 흔히 사회적으로나 감각적으로 박탈감을 맛보고 인간적인 따스함과 접촉이 있는 곳으로 돌아가기를 바란다.

아랍 가정에는 우리가 아는 신체적 프라이버시, 심지어 프라이버시라는 말 자체가 없기 때문에 우리는 아랍인들이 혼자 있기 위해 어떤 다른 수단을 이용할 것이라는 짐작을 해볼 수 있다. 혼자 있을 수 있는 길은 바로 입을 다무는 것이다. 영국인들과 마찬가지로 아랍인이 이런 식으로 자신을 차단하면 무언가 잘못되었다거나 위축되었다거나 하는 표시가 아니라 다만 혼자 자신만의 생각에 잠겨 방해받고 싶지 않다는 표시이다. 한 피실험자의 말로는 자기 아버지가 말 한마디 없이 며칠씩 지내기도 했는데 가족 중 아무도 거기에 대해 별 생각이 없었다고 한다. 그러나 바로 그런 이유 때문에 캔자스 농장을 방문 중이던 아랍 교환학생은 그를 초청한 미국인들이 그에게 '침묵으로 대접'했을 때 그에게 화가 나 있었다는 일말의 눈치도 채지 못했다. 그는 그 미국인들이 자기를 읍내로 데려가 그를 미국에 오게 한 교환학생 프로그램 본부가 있는 워싱턴 D.C.행 버스에 강제로 태우려 했을 때에야 비로소 뭔가 잘못되었음을 깨달았다.

아랍인의 개인적 거리

세계 어느 민족이나 마찬가지로 아랍인들도 자신들의 비공식적인 행동 패턴에 대해 구체적인 규칙을 설정하지 못한다. 사실 그들은 흔히 어떤 규칙이 있다는 것 자체를 부인하고 그러한 말에 신경을 곤두세운다. 그러므로 아랍인들이 어떻게 거리를 설정하는가를 판단하기 위해서 나는 각 감각의 사용을 따로따로 조사했는데 차츰차츰 명확하고 분명한 행동 패턴이 드러나기 시작했다.

후각은 아랍인의 생활에서 현저한 위치를 차지한다. 거리설정 메커니즘의 하나일 뿐 아니라 복합적인 행동 시스템의 결정적인 부분이다. 아랍인들은 대화를 나눌 때 줄곧 상대방에 대고 숨을 내뿜는다. 그러나 이 습관은 예절의 차이 이상의 문제이다. 아랍인에게 좋은 냄새는 기분 좋은 것이며 서로 관계를 맺는 한 방법이다. 친구의 냄새를 맡는 것은 기분 좋고 바람직한 일이며 숨결을 보내지 않으려고 하는 것은 수치심을 느낄 때 하는 행동이다. 그에 반해 사람 얼굴에 숨결을 보내지 않도록 훈련받은 미국인들은 예의를 갖추려다가 자동적으로 수치심을 전하는 꼴이 된다. 최고의 미국 외교관들이 최상의 예절을 표하려다 수치심을 전하게 된다는 사실을 생각인들 하겠는가? 그러나 외교란 '눈동자 대 눈동자'일 뿐만 아니라 숨결 대 숨결이기도 하므로 이러한 일은 늘상 일어나게 마련이다.

아랍인들은 후각을 강조하기 때문에 몸의 어떤 체취든지 없애려고 하기는커녕 그것을 증강시켜 인간관계를 형성하는 데 사용한다. 그들은 별로 의식하지 않고 다른 사람에게 냄새가 좋지 않다고 말하는데, 이를테면 아침에 집을 나서는 사람에게 아저씨가, "하비브, 위산 때문인지 네 숨결이 그다지 좋은 냄새가 아니구나. 오늘은 사람들과 얘기할 때 너무 다가서지 않는 게 좋겠구나" 하는 식이다. 냄새는 배우자의 선택에서마저 고려된다. 남녀가 맞선을 볼 때 이따금 남자 쪽 중매쟁이가 여자의 냄새를 맡아볼 것을 요청하는데 여자의 '냄새가 좋지 않으면' 거절할 수도 있다. 아랍인들은 냄새와 성격이 연관성이 있을 수 있다고 생각한다.

한마디로 후각의 경계는 아랍 생활에서 두 가지 역할을 수행하는데, 즉 관계를 맺고 싶은 사람들을 끌어모으고 그렇지 않은 사람들을 떼어놓는 것이다. 아랍인들은 감정상의 변화를 계속 감지하기 위해서는 후각지대 안에 머물러 있을 필요가 있다고 본다. 심지어 불쾌한 냄새를 맡는 순간 혼잡하다고 느낄 수도 있다. '후각적 혼잡'에 관해서는 알려진 바가 많지 않지만, 후각은 신체의 생화학과 더불어 건강이나 감정 상태와 직결된 것이기 때문에 복합적인 혼잡에서 다른 변수 못지않게 중요한 것으로 입증될 수 있다(독자들은 생쥐의 임신을 억제했던 브루스 효과가 후각적인 것이었음을 기억할 것이다). 그러므로 후각적 경계는 서구인의 시각적 메커니즘과 대비되어 아랍인들의 비공식적 거리설정 메커니즘을 구성한다는 사실이 놀랄 일은 아니다.

대면과 외면

다른 문화간의 커뮤니케이션 분야에서 내가 가장 먼저 발견한 사실 중 하나는 대화 중인 사람들의 몸 자세가 문화에 따라 다르다는 점이다. 그렇다고는 해도 나는 걸어가면서 동시에 얘기하는 것이 힘들어 보이는 한 아랍인 친구를 이상하게 여기곤 했다. 그는 미국에서 여러 해를 살았는데도 얘기를 하면서 앞을 보고 걸어갈 수가 없었다. 그가 나보다 조금 앞질러 가서 옆으로 몸을 돌려 서로 바라보는 자세가 되면 그는 그 자리에서 멈추고 우리의 보행은 중단되곤 했다. 나는 아랍인들이 상대방을 곁눈으로 보는 것을 예의에 벗어난다고 생각하며 등을 맞대고 앉거나 서있는 것을 아주 무례하게 여긴다는 사실을 알고 나서야 그의 행동이 이해되었다. 아랍인 친구들과 교제할 때에는 상당한 신경을 쓰지 않으면 안 된다.

미국인들의 한 가지 잘못된 생각은 아랍인들이 대화를 시종일관 가까운 거리에서 행한다는 것인데 이는 전혀 그렇지 않다. 사회적인 경우에는 방의 정반대편에 앉아서 방을 가로질러 서로 대화를 나누기도 한다. 그러나 미국인들이 4~7피트의 사회적 자문 거리를 사용할 때 아랍인들에게는 애매한 거리로 여겨져서 화를 내기가 쉽다. 그들은 미국인들이 냉정하고 도도하고 '신경을 안 써준다'고 자주 불평하는데 미국 병원에 입원한 노익장 아랍 외교관이 미국인 간호사들이 '직업적' 거리를 사용하자 바로 그렇게 생각한 것이다. 그는 무시당하는 느낌을 받았고 그들이 자신을 잘 돌보지 않는 것 같다고 생각했다. 또 다른 아랍인 피실험자는 미국인의 행동에 대해 이런 언사를 썼다. "뭐가 잘못됐습니까? 내게서 악취가 나나요? 아니면 나를 무서워합니까?"

미국인들과 교제하는 아랍인들은 친구와 낯선 사람, 사적인 경우와 공적인 경우에 눈을 사용하는 습관이 너무나 다른 데 일부 기인하는 어떤 퉁명함을 경험한다고 말한다. 아랍인 가정을 방문한 손님이 집 안을 둘러보는 것은 무례한 일이 되지만, 그들이 서로를 쳐다보는 방식은 미국인에게는 적대적이고 도전적으로 보인다. 한 아랍인 보고자의 말로는, 미국인들을 대할 때 신경을 거슬릴 의도가 전혀 없는데도 자기가 쳐다보는 방식 때문에 내내 안절부절못했다고 한다. 사실 그가 바라보는 방식으로 인해 분명 자신의 남자다움에 도전한다고 생각한 미국 남자들과의 싸움을 가까스로 모면한 경우가 몇 차례 있었다. 앞서 보았듯이 아랍인들은 대화를 나눌 대부분의 미국인들을 몹시 불안하게 만들 정도로 강렬하게 서로의 눈을 직시한다.

개입

이제 독자들도 다 알았겠지만 아랍인들은 동시에 여러 가지 다른 수준으로 서로 개입되어 있다. 공공 장소에서의 프라이버시란 그들에게 낯선 것으로, 예컨대 시장에서의 상거래도 단지 사고 파는 사람들 간의 일이 아니라 모두가 참여하는 일이다. 주위에 서 있는 사람들은 누구나 참견할 수 있다. 아이가 유리창을 깨는 것을 본 어른은 설사 모르는 아이라 해도 못하게 해야 한다. 개입과 참여는 다른 식으로도 표현되는데 두 사람이 싸우고 있으면 군중이 중재하지 않으면 안 된다. 정치적 차원에서는 문제가 발생했을 때, 미국의 국무성이 하고 있는 일들이 늘 그렇듯이 **중재하지 못하는 것은** 편을 가르는 일이나 다름없다. 오늘날 세계에서 자신들의 사고를 형성하는 것이 문화적 틀임을 어렴풋이나마 인식하는 사람들은 거의 없다는 사실을 생각한다면, 아랍인들이 **미국의** 행동을 자신들의 숨겨진 일련의 가정들에 비추어 바라보는 것은 지당한 일이다.

폐쇄된 공간에 대한 느낌

아랍인들과의 인터뷰 과정에서 폐쇄된 공간과 연관되어 '묘지'라는 말이 계속 튀어나왔다. 한마디로 아랍인들은 사람들로 붐비는 것은 개의치 않지만 벽에 둘러싸이는 것은 싫어한다. 그들은 건축상의 혼잡에 대해 미국인보다 훨씬 분명한 민감성을 보인다. 내가 알기로 아랍인들을 만족시키려면 폐쇄된 공간은 적어도 세 가지 조건을 갖추어야 한다. 우선 움직여 다니기에 장애가 안 되는 충분한 공간이 있어야 한다(가능하다면 1천 제곱피트까지). 다음으로 사실 보통 시각장에 걸리적거리지 않을 만큼 천장이 아주 높아야 한다. 거기에다가 탁 트인 전망을 가져야 한다. 이러한 공간 때문에 앞서 언급했던 미국인들에게 그토록 불편한 느낌을 준 것이다.

아랍인들의 전망에 대한 요구는 여러 양상으로 나타나는데, 부정적인 면으로는, 아랍인에게 앙갚음을 하는 가장 효과적인 방법은 전망을 가려버리는 일이다. 베이루트에서는 그 지역에서 '원한의 집'으로 알려진 구조물을 볼 수 있다. 그것은 단지 이웃간의 오랜 싸움 끝에 좁다란 골목에 두터운 4층의 벽을 세운 것에 지나지 않는데 그 뒤에 서 있는 집들의 지중해 전망을 가릴 목적에서였다. 나의 한 제보자에 따르면 베이루트와 다마스쿠스 사이에는 모든 창문의 전망이 가려질 만큼 이웃의 높은 벽에 완전히 둘러싸인 작은 택지의 집도 있다고 한다!

경계선

우리는 프록세믹스 패턴을 통해 아랍 문화에 관해 다른 면들도 알 수 있다. 예컨대 추상적인 경계선이라는 개념 자체를 정확히 말한다는 것이 거의 불가능하며 어떤 의미에서는 경계선이랄 것이 없다. 마을의 '가두리'는 있지만 시골마을의 변함없는 경계선(감춰진 선)은 없다. 나는 아랍인 피실험자들과 연구하는 과정에서 영어의 경계선이라는 개념을 그에 상당하는 그들의 말로 옮기는 데 곤란을 겪었다. 두 가지 매우 다른 정의를 명확히 구별하기 위해서는 내가 생각하기에 침범에 해당하는 행위들을 규명하는 것이 도움이 될 것 같았지만, 지금까지 나는 아랍어에서 우리의 법적인 침범 개념과 조금이라도 유사한 어떤 말도 찾아내지 못했다.

자신의 부동산에 대한 아랍인들의 행동은 신체에 대한 접근방식의 연장이고 따라서 일관성을 갖는 것이 분명하다. 나의 피실험자들은 침범을 언급할 때마다 예외없이 답변하지 못했는데, 이 단어가 무슨 의미로 쓰이는지 이해하지 못하는 것 같았다. 이에 대해서는 아랍인들이 공간적으로라기보다는 폐쇄적인 사회체제에 의해 서로의 관계를 조직한다는 사실로 설명될지도 모르겠다. 무슬림·마리나이트·드루즈·유대인들은 제각기 수천 년 동안 강한 혈연적 결속력으로 각자의 마을에서 살아왔다. 그들의 충성심의 위계는 우선 자기 자신, 그 다음으로 혈족, 동향인이나 부족민, 종교가 같은 사람 및 동포의 순서이다. 이 범주에 속하지 않는 사람은 누구든 이방인이다. 아랍인의 사고로 이방인과 적은 동의어는 아닐지라도 아주 밀접한 연관성이 있다. 이러한 맥락에서 침범이란, 친구건 적이건, 누군가건 누구든지건 들어올 수 없는 경계선이 둘러쳐진 땅때기나 공간의 문제가 아니라 들어온 사람이 누구인가 하는 문제가 된다.

 요컨대 제각기 다른 프록세믹스 패턴들을 살펴봄으로써 어떤 민족의 지각세계의 구조를 결정하는 숨겨진 문화적 틀을 밝혀낼 수 있다. 세상을 다르게 지각하는 것은 무엇이 혼잡한 생활을 말하느냐에 대한 서로 다른 정의, 서로 다른 인간관계로 이어지고 나아가 국내 및 국제 정치에 대한 다른 접근법을 이끌어낸다. 게다가 문화에 따라 어느 정도 깊이의 관계가 형성되는가 하는 것도 일치하지 않기 때문에 이제 도시계획자들은 프록세믹스 패턴과 일관성을 지닌 저마다 다른 종류의 도시들을 구상하지 않으면 안 된다. 그러므로 이 책의 나머지 장들에서는 도시생활에 관해 생각해보고자 한다.

13 도시와 문화

　세계 어느 곳에서나 도시로 밀려드는 인구로 인해 터질 듯한 파열현상은 수소폭탄보다 더욱 치명적인 일련의 파괴적인 행동의 싱크를 만들어내고 있다. 인간은 연쇄반응에 직면해 있으면서도 그를 유발하는 문화적 요인의 구조에 대해서는 사실 아는 바가 없다. 동물이 밀집상태에 있거나 생소한 생활권으로 옮겨졌을 경우 알려진 바가 인간에게도 그대로 적용된다면, 우리는 지금 도시가 만들어낸 싱크현상의 끔찍한 결과와 직면하고 있는 것이다.

　민속학 및 비교 프록세믹스의 연구를 통해 농촌 인구의 도심지 대량 유입 앞에 가로놓인 여러 위험들에 대한 경각심을 불러일으키지 않으면 안 된다. 이 사람들의 적응은 단순한 경제적 문제가 아니라 **삶의 방식 전체**와 연관된 것이다. 게다가 낯선 의사소통체계, 부적절한 공간, 그리고 왕성하게 퍼져가는 행동의 싱크와 연관된 병리현상 등을 대할 때 문제는 더욱 복잡해진다.

　미국의 하층민 흑인들이 도시생활에 적응하는 데에는 상당히 특별한 문제점들이 제기되는데, 만약 이 문제들이 해결되지 않는다면 우리의 도시들은 살 수 없는 곳이 되어 우리 모두 망해버릴 것이다.

흔히 간과되는 한 가지 사실은 하층 흑인과 중산층 백인은 문화적으로 서로 전혀 다르다는 점이다. 미국 흑인들의 상황은 많은 점에서 인디언들과 유사하다. 이 소수 집단들과 지배 문화의 차이는 근본적인 것으로 예컨대 공간과 시간, 물질의 이용 및 조직과 같이 어느 것이나 삶의 초반에 습득되는 핵심적인 가치들과 연관된 것이다. 어떤 흑인 대변자들은 백인은 결코 흑인을 이해할 수 없다고까지 극단적으로 말한다. 이들이 지칭하는 대상이 하층 흑인문화라면 그 말도 일리가 있다. 그러나 많은 흑인들이 편견 때문에 격분하면서도 소외감을 느끼게 되는 종류의 문화적 차이는 반드시 편견만은 아니며, 또한 흑인들이 원래 편견을 지닌 것도 아니라는 사실을 파악하고 있는 사람은 거의 없다. 문화적 차이는 인간 상황의 핵심에 놓인 것으로 인류역사만큼이나 오래 된 것이다.

내가 강조하고 싶은 요점은, 미국의 주요 도시에서는 문화가 아주 다른 사람들이 이제 위험할 만큼 고도로 집중된 상태로 서로 접촉하고 있다는 사실이다. 이러한 상황은 병리학자 사우스윅(Charles Southwick)의 연구를 상기시키는데, 그는 페로미스커스 쥐들은 낯선 쥐가 들어오지만 않으면 우리 안의 고밀집 상태를 견뎌낼 수 있다는 사실을 발견했다. 그러나 낯선 쥐가 들어오면 싸움이 크게 늘어날 뿐만 아니라 스트레스와 관계 있는 부신선의 무게와 혈액의 에오심필(eosimphil) 수치가 증가한다. 미국 도시의 하층 흑인들은 설사 모든 편견과 차별이 제거되고 치욕적인 과거가 지워진다 해도 여전히 지금과 같은 극도의 스트레스성 증세에 시달릴 것이다. 이를테면 싱크(일반적으로 '정글'이라 칭한다), 자신들과 미국의 지배적인 백인 중산층 사이에 존재하는 현격한 문화적 차이, 전혀 이질적인 생활권 등에서 비롯되는 스트레스가 있다.

사회학자인 글레이저(Nathan Glazer)와 모이니한(D.P. Moynihan)은 『용광로를 넘어서』(Beyond the Melting Pot)라는 흥미진진한 그들의 저서에서 실상 미국의 도시에는 용광로가 존재하지 않는다는 사실을 확실히 보여주었다. 그들의 연구는 뉴욕 시를 집중적으로 다루었지만 그 결론은 다른 많은 도시에도 적용될 수 있다. 미국 도시의 주요 소수민족집단은 수세대에 걸쳐 각기 뚜렷한 정체성을 유지한다. 그렇지만 미국의 주택사업이나 도시계획은 이들 민족의 차이를 거의 고려하지 않는다. 나는 이 장을 집필하는 동안에도 1980년의 도시생활 문제를 다루고 있는 도시계획기관의 자문을 부탁받았지만 그 계획에서는 지금까지 민족이나 계급의 차이에 입각한 논의를 전혀 찾아볼 수 없다. 인간의 과거를 돌이켜보면 이러한 차이들은 한 세대 안에 사라지지 않는다는 사실을 알 수 있다.

통제의 필요성

　루이스 멈퍼드는, 함무라비 법전이 제정된 가장 중요한 이유는 초기 메소포타미아의 도시들로 몰려드는 불법 거주자를 저지시키기 위한 것이었다고 말한다. 그때 이후로 끊임없이 인간과 도시의 관계에 대해 절실히 깨달아온 교훈은 종족의 관습을 대신할 수 있는 법률 시행의 필요성이다. 법이나 법을 시행하는 기관은 전 세계 어느 도시에나 존재하지만 때로 당면한 문제들에 대처하는 데 어려움을 느껴 도움을 필요로 하는 경우가 있다. 법과 질서를 보조하는 데 소수민족집단(타민족 속에 고립된)의 관습이나 여론의 힘이 최대한도로 이용되지 못해온 것이 사실이다. 이들 소수민족 거주지역은 여러 유용한 기능을 수행하는데 가장 중요한 기능은 제2세대가 도시 생활로 들어가기 전에 교육을 받을 수 있는 평생수용 지역이라는 것이다.

지금과 같이 도시에 위치한 소수민족 거주지역이 안고 있는 주요 문제점은 면적이 제한되어 있다는 것이다. 거주민의 수가 지역민에서 도시민으로 전환하는 능력(그 지역을 벗어나는 수)보다 훨씬 큰 비율로 증가하게 되면 두 가지 선택만이 남는다. 즉 영역을 넓히든가 아니면 과밀상태로 지내든가.

소수민족 지역이 영역을 확장할 수 없어서 건강한 밀도(민족 집단마다 다른)를 유지하지 못하면 싱크가 발생한다. 법 시행 기관의 정상적인 능력으로는 싱크를 처리할 수 없는데 이는 뉴욕 시의 푸에르토리코인과 흑인 주민에게서 일어나는 일들을 보면 알 수 있다. 최근 『타임』지 보도에 의하면 할렘 지역에는 3.5제곱마일의 면적에 23만 2천 명이 밀집해 있다. 싱크가 발생하는 대로 내버려두면서도 도시가 파괴되지 않도록 하기 위한 대안책이 있다면, 싱크의 악영향을 상쇄할 만큼 특색 있는 디자인을 도입하되 그 과정에서 소수민족 지역을 보존한다는 것이다.

동물의 경우에는 그 해결책이 아주 단순해서 우리가 도시 재개발이나 교외 확산 정책에서 보게 되는 양상과 놀라울 정도로 비슷하다. 쥐의 밀도를 높이면서도 건강한 종으로 유지시키려면 서로 볼 수 없도록 상자에 넣어 우리를 깨끗이 해주고 충분한 먹이를 주면 된다. 상자는 얼마든지 여러 층으로 쌓아도 되지만, 불행히도 우리 안의 동물들은 초특급 정돈 시스템에 대한 값비싼 대가로 우둔해진다!

우리 자신에게 물어보아야 할 질문은, 인간을 정돈시키기 위해 감각이 박탈당하는 길을 어디까지 갈 수 있느냐 하는 것이다. 그러므로 공간을 설계하는 원칙에서 인간의 가장 긴요한 욕구는 건강한 밀도, 건강한 상호작용의 정도, 적절한 개입과 지속적인 민족적 일체감을 유지하려는 것이다. 그러한 원칙들을 마련하기 위해서는 대규모로 다양한 전문가들이 긴밀히 협력하는 결집된 노력이 필요하다.

이 점이 1964년 제2차 델로스 회의에서 강조되었다. 그리스의 건축가, 도시계획자이자 건축업자인 독시아디스(C.A. Doxiadis)가 주최하는 델로스 회의는, 그가 에키스틱스(ekistics: 정착에 관한 연구)라고 명명한 학문연구에 적절히 기여할 만한 지식과 기술을 지닌 전문가들로 구성된 인상적인 집단을 매년 세계 전역에서 소집하는데, 이 집단이 얻은 결론은 다음과 같다. (1) 영국과 이스라엘의 신도시 계획은 모두 한 세기나 묵은 부적합한 자료에 근거한 것이다. 우선 도시의 규모가 너무 작고, 지금 영국의 도시계획가들이 제안하고 있는 큰 구모의 도시라 할지라도 매우 제한된 연구자료에 근거한 것이다. (2) 일반대중은 성장일로에 있는 거대도시의 절박한 상황을 인지하고 있는데도 그에 대한 아무런 조치도 이루어지지 않고 있다. (3) 자동차와 인구가 한꺼번에 파국적으로 증가함에 따라 자가교정의 기미가 전혀 없는 혼돈 상황이 벌어지고 있다. 고속도로의 자동차가 도심으로 직통하거나(런던과 뉴욕에서처럼 질식효과가 나타난다), 로스앤젤레스에서처럼 차에게 길을 내준 도시가 고속도로의 미로 아래로 사라진다. (4) 계속적인 경제성장을 위해서는 세계의 도시를 재건하는 일만큼 산업·용역·기술 등에 광범위하게 걸쳐 추진될 만한 사업이 드물다. (5) 에키스틱스의 기획·교육·연구는 상호조정적으로 결정되어야 할 뿐만 아니라 정부에서도 최우선적으로 추진되어야 한다.

심리학과 건축

가공할 도시문제를 해결하기 위해서는 일반적인 부류의 전문가들, 즉 도시계획가, 건축가, 각 방면의 기술자, 경제학자, 법시행 전문가, 교통운송 전문가, 교육자, 법률가, 사회사업가, 정치학자들뿐만 아니라 새로운 전문가가 다수 필요하다. 심리학자·인류학자·행동생물학자는 도시계획국의 영구 회원으로 있는 경우가 있기는 해도 거의 찾아볼 수 없지만 이들이 있어야 한다. 지금까지 그래왔던 것처럼 연구비 예산을 마음대로 늘였다 줄였다 해서도 안 된다. 훌륭하고 현실적인 계획이 마련되면 흔히 정치적인 입장이나 편의를 구실삼아 그랬듯이 계획자들의 집행내역을 일일이 간섭해서는 안 된다. 또한 계획과 재개발이 따로 이루어져서는 안 되며 오히려 재개발이 전체 계획의 일부가 되어야 한다.

시카고의 저소득 집단을 위한 공공주택 건설을 살펴보면 근본적인 문제를 해결하기보다는 위장되고 은폐되는 경향이 있다. 염두에 두어야 할 점은 시카고나 다른 많은 미국의 도시로 흘러들어오는 저소득층 주민은 대개 흑인이거나 농촌 지역 또는 남부의 작은 마을에서 온 사람들로서 대부분 도시생활의 전통이나 경험이 없다. 푸에르토리코인이나 애팔래치아 산악지대의 백인들과 마찬가지로 흑인들 또한 전혀 부적합한 교육으로 인해 고통을 받는다. 겹겹이 세워진 고층 아파트는 보기에는 슬럼가보다 덜 흉하지만 생활하기에는 더 힘들다. 흑인들은 특히 고층 주택에 대한 비난을 토로해왔는데 그들은 거기에서 백인의 지배와 종족 관계의 실패상을 볼 뿐이다. 흑인들은 이제 백인이 어떻게 흑인 위에 흑인을 높이 겹쳐 쌓는가를 보라고 농담조로 말한다.

고층 건물은 여러 가지 인간의 기본적 문제들을 해결해주지 못한다.

어떤 입주자는 내게 자신이 살고 있는 건물을 이렇게 묘사했다.

"가족이 살 만한 곳이 못 돼요. 어머니는 15층 아래 놀이터에 있는 아이들을 살펴볼 수 없는데 아이들은 난폭한 아이들한테 얻어맞죠. 그리고 엘리베이터는 안전하지 못하고 오물투성이(건물에 불만인 사람들이 화장실로 이용해서)인데다 느리고 고장도 나죠. 집으로 올라가려면 다시 생각해봐야 해요. 왜냐하면 엘리베이터를 30분씩 기다리기도 하니까요. 엘리베이터가 고장나서 15층을 걸어 올라가본 적이 있어요? 뭐 그다지 잦은 일은 아니지만……."

다행히 일부 건축가들은 인간의 안전을 생각해서 2~4층 정도의 건물 설계를 고려하기 시작했다. 그렇지만 흑인들에게 어떤 종류의 공간이 가장 적합한가에 대한 자료는 매우 부족하다. 이에 대해서는 제2차 세계대전 당시 흑인 기술자 일반연대에서 일했던 나 자신의 경험이 있다. 텍사스에서 소집된 그 연대는 5개 유럽작전에 전부 참가했다. 그런데 대원들은 필리핀에 도착해서야 비로소 자신들에게 적합한 **규모**의 생활을 발견했다. 그들은 필리핀 사회와 경제에 적응되는 자신을 바로 느낄 수 있었는데 그곳에서는 고작 공중전화대 두 개 정도 크기의 대나무로 지은 상점으로도 장사를 할 수 있었다. 흑인들의 프록세믹스적 욕구에는 어떤 활동이든 가능한 노점상이 벽과 창으로 막힌 혼잡한 미국식 상점보다 더 적합한 것으로 보인다.

다시 말해서 나는 도시를 계획하고 마을과 주택을 설계하는 데 핵심요소는 **규모**임이 결국은 입증되리라고 생각한다. 가장 중요한 점은 민족집단마다 고유한 규모를 발전시켜왔기 때문에 도시의 규모가 각 민족집단의 규모와 조화를 이루어야 한다는 것이다.

나아가 계층적 차이라는 문제가 있는데 여기에 관해서는 보스턴 시의 웨스트엔드(West End) 지역에 대한 일련의 중요한 출판물에서 심리학자인 프라이드(Marc Fried)와 사회학자인 갠스(Herbert Gans), 글라이처(Peggy Gleicher), 하트먼(Chester Hartman) 등의 연구가 보고되어 있다.

보스턴 시의 빈민가 철거와 도시 재개발 계획은 노동자 계층 주민들이 중류계층 주민들과 전혀 다르다는 사실을 고려하지 못했다. 웨스트엔드의 주민들은 서로 긴밀히 연관되어 있다. 이들에게는 골목·상점·교회·거리까지도 공동체가 더불어 살아가는 데 필수적인 부분이 된다. 하트먼이 지적했듯이 웨스트엔드의 인구밀도를 측정할 때 주거 단위면적에만 근거한 중류계층표준으로 판단할 경우 나타나는 수치보다 사실상의 생활 공간은 몇 배나 넓다. 한 가지 더 지적할 점은 갠스의 이른바 '도시 마을'에 관한 것이다. 보스턴의 웨스트엔드는 지역 이주민을 도시 거주민으로 정착시킨 지역으로 그 과정은 거의 3세대에 걸쳐 이루어졌다. '재개발'을 해야 할 경우에도 건물뿐만 아니라 사회체제까지 포함된, 마을 전체의 파괴가 아니라 개선(renovation)이 보다 만족스러운 해결책일 것이다.

현대적인 도시 재개발로 강제철거되어 조화를 잃은 공간이 되었을 때 대다수의 이탈리아인들은 침울해졌고 분명 생활에 대한 흥미도 크게 상실했다. 그들의 세계는 의도적인 악의 때문이 아닌 호의로 인해 풍비박산이 되었는데 그 이유는 프라이드가 말했듯이, "······'집'(home)이란 단순히 아파트나 주택이 아니라 인생에서 가장 의미 깊은 어떤 측면들을 경험하는 지대"이기 때문이다. 웨스트엔드 주민과 그들 도시 마을의 관계는 다른 무엇보다도 규모의 문제로서 '거리'는 익숙하기도 하지만 친밀한 곳이었다.

규모처럼 어떤 추상적인 것에 관해서는 알려진 바가 거의 없지만 나는 이 문제가 인간이 궁극적으로 이해하지 않을 수 없는 인간적 요구의 일면을 보여준다고 확신한다. 왜냐하면 이는 적절한 인구밀도를 이루기 위한 판단에 직접적으로 영향을 미치기 때문이다. 게다가 건강한 도시 인구의 기준설정이 이중으로 어려운 까닭은 적절한 규모의 가족 거주단위를 측정하기 위한 기본적인 규칙이 아직 마련되지 않았기 때문이다. 가까스로 적정선을 유지하던 주거 공간의 규모는 지난 몇 년 동안 경제 및 그 밖의 압박 요인들이 증가함에 따라 부지불식간에 완전히 부적합한 것으로 떨어졌다. 가난한 사람들뿐만 아니라 부자들마저, 고층 주택을 짓는 투기성 건축업자들이 싼 비용으로 높은 이익을 거두기 위해 여기서 6인치 저기서 1피트를 깎아먹는 바람에 압박을 느끼게 되었다. 개개의 건물도 전체적인 상황을 무시할 수는 없는데, 그나마 살 만한 아파트라도 높이 올라가는 옆의 아파트가 전망을 완전히 가려버리는 순간 살 수 없는 곳이 되어버릴 수 있기 때문이다.

병리학과 과밀

암과 흡연의 관계와 마찬가지로 과밀로 인해 쌓이는 영향들도 보통 그 피해를 겪고 나서야 비로소 실감하게 된다. 지금까지 도시의 인간적인 면에 관해 알려진 바의 대부분은 범죄, 불법행위, 부적합한 교육, 질병 등이 고작이었지만 현재 우리가 가장 갈구하는 요구는 상상력 넘치는 대규모의 연구이다. 도시생활에 관해서는 일단 도시의 싱크현상과 인간 병리학의 관계를 인정했을 때 타당하다고 입증될 만한 연구가 많이 있지만 불충분한 공간으로 인한 결과들을 직접적으로 다룬 연구는 내가 알기로는 하나밖에 없다. 이 연구는 프랑스의 드 로웨(Chombart de

Lauwes)라는 한 부부팀이 사회학과 심리학의 기법을 결합하여 행한 것으로 도시주택의 과밀로 인한 결과에 관해 처음으로 통계적 자료를 만들었다. 이들 부부는 전형적인 프랑스인의 철저성으로 프랑스 노동자의 가정생활에 대해 생각해볼 수 있는 모든 측면의 측정가능한 자료를 수집했다.

먼저 주거 단위당 거주인의 수에 입각해서 과밀의 정도를 기록하고 계산했는데 이것으로는 잘 드러나지 않아 새로운 지수, 즉 **주거 단위당 1인당 차지하는 면적**의 수치를 이용하여 과밀을 측정하기로 했다. 이 지수를 이용한 결과는 놀라웠다. 가용면적이 1인당 8~10제곱미터 미만일 경우에는 사회적·육체적 병리현상이 배가되었다! 질병, 범죄와 과밀은 분명히 연관된 것이었다. 가용면적이 1인당 14제곱미터가 넘을 경우에도 두 가지 병리현상의 발생률은 증가했지만 그다지 급격하지는 않았다. 드 로웨 부부는 후자의 경우를 설명하기가 당혹스러웠지만 이 부류의 가족들이 대개 상승지향적이어서 자녀에게보다는 출세에 더 많은 관심을 기울이는 경향이 있다고밖에는 말할 수 없었다. 여기서 한 가지 주목해야 할 점이 있는데 그것은 10~13제곱미터의 면적에 대해서는 특기할 만한 것이 없다는 사실이다. 이 수치는 특정 시기의 매우 제한된 프랑스인 부류에만 적용가능하며 다른 어떤 인구집단에게나 타당한 것은 아니다. 다른 인종집단의 과밀을 산정하기 위해서는 잠시 앞장에서 감각에 대해 다루었던 바를 상기할 필요가 있다.

사람들이 감각적으로 서로 연루되어 있는 정도나 시간을 사용하는 방법은 과밀이 되는 한계점뿐만 아니라 과밀을 해소하는 방법까지도 결정한다. 푸에르토리코인과 흑인은 뉴잉글랜드 주민과 독일계, 북유럽계 미국인보다 훨씬 밀접하게 연루되어 있다. 밀접하게 연루되어 있는 민족은 그렇지 않은 민족보다 인구밀도가 높아야 하며 또한 외부인으로부터의 보호와 방어가 더 요구될지도 모른다. 미국의 도시를 이루고 있는 다양한 문화집단의 최고, 최저, 그리고 적정 인구밀도를 산정하는 방법에 대해서는 더 많은 연구가 반드시 필요하다.

모노크로닉한 시간과 폴리크로닉한 시간

시간과 그것이 다루어지는 방식은 공간의 구성과 많은 연관성을 지닌다. 나는 『침묵의 언어』에서 시간을 다루는 두 가지 대조적인 방식, 즉 모노크로닉한(monochronic: 단색의, 단일적인) 방식과 폴리크로닉한(polychronic: 다색의, 다원적인) 방식에 대해 설명했다. 모노크로닉한 시간은 연루도가 낮은 민족의 특징으로 시간을 단편화시키는 것이다. 즉 한 번에 한 가지씩 계획을 짜고 한꺼번에 너무 많은 일들을 다루어야 하는 경우 어리둥절하게 된다. 폴리크로닉한 민족은 아마도 서로 너무 많이 연루되어 있기 때문이겠지만 동시에 여러 가지 일을 마치 요술쟁이처럼 진행시키는 편이다. 그러므로 모노크로닉한 사람들은 흔히 공간적으로도 활동들을 분리할 수 있으면 기능을 발휘하기가 더 수월하다고 느끼는 반면 폴리크로닉한 사람들은 활동들을 하나로 모으는 경향이 있다. 그러나 이 두 유형의 사람들이 상호작용하는 경우에는 공간의 적절한 배치에 의해 그들이 겪는 많은 어려움을 극복할 수 있다. 예컨대 모노크로닉한 북유럽인들은 폴리크로닉한 남유럽인들의 줄기찬 간섭이 도대체 일을 할 수 없게 만든다고 보기 때문에 거의 참아내지 못한다. 남유럽인들에게는 질서가 중요하지 않기 때문에 설사 가장 나중에 온 손님일지라도 제일 '밀어붙이는' 사람을 먼저 해준다.

폴리크로닉한 영향을 줄이려면 개입을 줄여야 하는데 이는 활동들을 필요한 만큼 여러 차단막을 이용하여 분리시키는 것이다. 동전의 또 다른 측면을 보자면, 폴리크로닉한 고객을 상대하는 모노크로닉한 사람들은 접촉을 유지할 수 있도록 신체적 차단막을 줄이거나 아예 없애야 하는데 이 접촉이란 흔히 신체적인 것을 뜻한다. 라틴아메리카인들을 상대하는 사업가가 성공하려면 책상에 비해 긴의자가 낫다는 예가 바로 그 말이다.

　도시 공간의 설계에도 이와 같이 더욱 단순한 원칙을 적용시켜야 한다. 연루도가 높은 폴리크로닉한 나폴리인들은 모두가 모일 수 있는 갈레리아 움베르토(Galeria Umberto)를 지어 이용했다. 에스파냐 광장(plaza)과 이탈리아 광장(piazza)은 사람들 간의 관심이나 폴리크로닉한 기능을 원활하게 하는 반면, 미국의 특징인 직선 간선도로는 미국인의 시간 구조뿐만 아니라 타인에 대한 관심의 결여를 반영한다. 이제 미국의 대도시들이 앞에서 말한 두 유형의 중요한 요소들을 종합해서 두 종류의 공간이 모두 마련된다면 두 집단 사이의 관계에 바람직한 효과를 가져올 것이다.

　나아가 도시계획자들은 문화적 소수민족집단을 독려하고 강화시킬 수 있는 안락한 공간을 창조하는 데 더욱 힘써야 한다. 이는 두 가지 목적을 충족시킬 수 있는데, 첫째 농촌민이 도시민으로 바뀌는 여러 세대에 걸친 전환 과정에서 도시와 소수집단을 도와주게 되며, 둘째 무법천지에 맞서는 사회적 통제조치들을 강화시키게 된다. 이제 와서 보듯이 우리는 싱크현상이 생겨날 정도로 소수집단들을 방치함으로써 무법천지를 만들어왔다. 우리는 바바라 워드의 말 가운데서 '게토'(ghetto: 소수집단의 빈민지대 – 옮긴이)를 흉하지 않은 곳으로 만드는 길을 찾아내야 한다. 이는 그들의 안전한 삶을 의미할 뿐만 아니라 소수집단이 제기능을 발휘할 때 사람들도 점점 나아질 수 있음을 의미한다.

우리가 신도시를 계획하고 구도시를 재건하는 과정에서 생각할 점은 자신이 알고 속해왔던 그리고 서로 책임감을 공유하는 오랜 이웃과 같은 사회집단에 속하고자 하는 인간의 끊임없는 욕구를 적극적으로 강화시키는 일일 것이다. 소수민족집단을 차치하고도 오늘날 미국 도시들은 실제 모든 면에서 사회적으로 분산적이고 사람들을 격리시켜 서로 소외되도록 만든다. 최근 '이웃'이 지켜보는 가운데 사람이 맞아 죽기까지 했는데도 전화기조차 드는 사람이 없었다는 사건은 이러한 소외적 경향이 어디까지 왔는지를 나타내는 충격적인 사례이다.

자동차 증후군

어찌하여 이 지경에 이르렀는가? 여기에 대해서는 건물이나 공간의 설계와 배치 외에도 여러 가지 설명이 있다는 것을 누구나 직관적으로 알 수 있다. 그런데 우리 문화로 파고들어 생활 방식을 완전히 바꾸어놓은 하나의 기술품이 있는데, 이제 우리는 그것을 포기하는 일은 생각하기조차 힘들 만큼 수많은 욕구를 충족시키는 데 너무나 철저히 그것에 의존하고 있다. 그것은 물론 자동차를 말한다. 자동차는 지금까지 인간이 만들어낸 최고의 공적·개인적 공간 소비품이다. 유별난 자동차 도시인 로스앤젤레스의 경우 60, 70퍼센트가 자동차 이용 공간(도로·주차장·고속도로 등)임을 바바라 워드는 밝혔다. 차는 사람들이 만날 만한 공간마저 차지해버리고 공원, 보도 등 모든 곳을 점유한다.

이 증후군으로 인한 또 한 가지 고려할 만한 결과는, 사람들이 더 이상 걷고 싶어하지 않는다는 것뿐만 아니라 걷고 싶은 사람들도 걸을 만한 **장소**를 찾을 수 없다는 것이다. 이 때문에 사람들은 무기력해지는데다 서로 격리된다. 사람들이 걸어다닐 때에는 쳐다보기만 해도 서로를 알게 되지만 자동차 안에서는 그 반대이다. 먼지, 소음, 배기가스, 주차된 차, 매연 등으로 도시의 거리는 불쾌하기 짝이 없다. 게다가 전문가들 대부분이 말하듯 규칙적인 운동부족으로 무기력해진 근육이나 더디어진 혈액순환 탓에 심장마비의 가능성도 훨씬 높아진다.

그러나 도시에 사는 인간과 자동차가 아예 양립 불가능한 것은 아니다. 건축가 그루언(Vitor Gruen)이 『도시의 심장』(*The Heart of Our Cities*)에서 강조한 지적대로 무엇보다 차를 인간과 분리시키는 적절한 계획과 설계구조가 문제이다. 이미 상상력 넘치는 계획으로 이 문제를 해결한 많은 사례들이 있다.

파리는 사람들이 옥외에 매료되는 도시로 알려져 있는데 그곳에서는 다리를 뻗고, 숨쉬고, 공기를 들이마시는 것이 가능할뿐더러 즐겁기까지 하며 사람들과 도시가 '포용'된다. 샹젤리제 가의 보도는 차도에서 100피트나 떨어져 있어서 확 트인 느낌을 준다. 또한 주목할 만한 것은, 대부분의 차량이 들어갈 수 없을 만큼 좁은 거리나 골목길이 다양한 느낌을 부여할 뿐만 아니라 파리가 **사람들**을 위한 도시라는 점을 끊임없이 일깨운다. 베네치아도 물론 거의 보편적인 매력으로 세계에서 가장 멋진 만족감을 주는 도시 중 하나이다. 베네치아의 가장 놀라운 특징은 자동차가 없다는 것, 공간의 다양성, 근사한 상점 등이다. 한복판에 차들이 주차해 있는 산 마르코 광장은 일종의 재앙이며 절대로 상상할 수 없는 일이다!

피렌체는 파리나 베네치아와는 다르지만 보행자들에게 활기를 주는 도시이다. 도시 중심부의 보도는 너무나 좁아서 폰테 베키오에서 시뇨리아 광장까지 걸어가노라면 사람들과 얼굴을 가까이 마주치고 옆으로 비켜서거나 돌아서 가야 할 정도이다. 자동차는 피렌체의 도시설계와 어울리지 않는데, 만약 사람들이 도시 중심부의 차량소통을 금지하게 되면 특별한 변화가 있을 것이다.

 자동차는 안에 타고 있는 사람을 금속과 유리로 만든 고치로 봉해 놓아 외부세계와 격리시킬 뿐만 아니라 실제로 공간을 통과하는 운동감각을 감소시킨다. 운동감각의 상실은 도로 표면과 소음으로부터의 차단 때문이기도 하지만 시각적인 요인도 있다. 고속도로상의 운전자는 **교통의 흐름**을 타고 달리는 속도 때문에 가까운 거리의 구체적인 시각은 흐려진다.

 인간의 모든 기관은 자연환경에서 시속 5마일 미만의 속도로 움직이도록 설계되었다. 일 주일, 보름, 또는 한 달 정도 시골길을 거닐면서 주위의 모든 것들을 세세히 살펴볼 수 있다는 것이 어떤 느낌일지 기억하는 사람이 얼마나 될까? 걸어가는 속도에서는 근시인 사람조차 새나 야생동물은 물론 나무, 잡목, 잎새와 풀, 바위나 돌의 표면, 모래알, 개미, 풍뎅이, 송충이, 그리고 각다귀나 파리, 모기까지도 볼 수 있다. 그러나 자동차의 속도에서는 근경이 흐려질 뿐만 아니라 시골에 대한 사람의 관계마저 크게 달라진다. 나는 언젠가 말을 타고 뉴멕시코의 산타페에서 애리조나 북부의 인디언 거주구역까지 달리면서 그 사실을 깨달았다. 나는 테일러 산의 북쪽 길을 따라갔는데 이전에 그 산의 남쪽면으로 난 고속도로로 앨버커키에서 갤럽을 50여 회나 지나다녔기 때문에 잘 아는 지역이었다.

 자동차를 타고 서쪽으로 달리다 보면 그 산은 돌아가며 다양한 모습을 드러낸다. 파노라마 같은 장관이 한두 시간 정도 전개되다가 끝으로 갤럽의 외곽을 둘러싼 붉은색의 나바호 사암절벽이 나타난다. 걷는 속도(말을 타고 장거리를 가자면 이 속도로 가야 한다)에서는 산이 움직이거나 돌아가는 것처럼 보이지 않으며 공간과 거리, 대지 그 자체가 보다 큰 의미를 지닌다. 속도가 높아짐에 따라 감각의 참여도가 떨어지고 정말로 감각이 박탈된 느낌까지 경험하게 된다. 현대식 미국차를 타면 공간의 운동감각도 없어지는데 운동감각적 공간과 시각적 공간이 분리되어 있어서 상호보완이 되지 않기 때문이다. 전부가 부드러운 스프링, 쿠션, 타이어, 파워 핸들과 단조로울 정도로 매끈한 도로포장 때문에 지표면에 대한 감각도 비현실적으로 느껴진다. 심지어 어떤 자동차 회사는 **도로 위를 구름처럼 떠다니는** 차에 행복한 표정의 사람들이 가득 탄 모습을 광고로 내걸기까지 했다!

 자동차는 외부환경뿐만 아니라 다른 인간과의 접촉까지 차단한다. 자동차를 통해서는 극히 제한적인 상호작용, 그것도 대개 경쟁적이고 공격적이며 파괴적인 유형만이 가능해진다. 사람들을 다시 모이게 해서 서로 사귈 기회를 갖고 자연과도 가까워지려면 자동차가 야기하는 문제들에 대한 근본적인 해결책을 모색하지 않으면 안 된다.

지역공동체를 이루는 건물군

 자동차 이외에도 많은 요인들이 결합해서 우리의 도심을 점차 질식시키고 있다. 이 시점에서 중산층이 도시를 뜨는 경향이 바뀌거나 바뀌지 않을 경우 궁극적으로 어떤 결과가 나타날지 말할 수는 없다. 그러나 어렴풋이 기대할 만한 몇 가닥 고무적인 면들을 관찰할 수 있다. 그 중 하나가 골드버그(Bertrand Goldberg)가 시카고 시에 건설한 마리나 시티(Marina City)라는 원형의 고층 아파트들이다. 이 아파트 타워들은 시카고 강변의 중심가에 한 블록을 차지하고 있다. 나선형으로 올라가는 형태의 낮은 층들은 아파트 주민들에게 통풍이 잘되고 길거리를 벗어난 주차 공간을 마련해주고 있다. 그 밖에도 마리나 시티는 도시 주민들의 요구를 충족시키는 많은 시설들, 이를테면 레스토랑·바·주점·슈퍼마켓·술가게·극장·스케이트장·은행·보트장에 미술관까지 갖추고 있다. 또한 외부의 기후나 도시에서 일어날 만한 폭력으로부터도 안전하게 보호된다(외부로 나갈 필요가 없다). 아파트군 내부의 공간이 좁아 주민들이 자주 바뀌는 일만 없다면 주민들끼리도 서로 잘 알게 되어 지역공동체 감각이 발양될 수도 있다. 도시 경관, 특히 야경은 하나의 장관으로서 즐거움을 주지만 그것을 감상할 만한 사람이 몇이나 될까?

시각적으로도 마리나 시티의 설계는 탁월하다. 먼거리에서 바라보면 아파트 타워들은 마치 샌프란시스코 만 주변 산등성이에 늘어선 소나무처럼 보인다. 발코니들이 시각을 자극하고 보는 각도에 따라 새로운 경탄을 불러일으키면서 보는 이들이 가까이 가고 싶도록 유인한다. 바람직한 토목 설계의 또 다른 접근방식이 워싱턴 D.C.의 건축가 스미스(Chloethiel Smith)에 의해 개발되었다. 항상 건축의 인간적인 측면에 관심을 가진 그녀는 도시 재개발이 지니고 있는 문제점들에 대해 흥미롭고 미학적인 만족을 주면서 인간적인 면에서도 적절한 해결책을 어렵사리 찾아내곤 했다. 예컨대 자동차는 될 수 있는 대로 눈에 띄지 않게 사람들로부터 멀어지도록 배치되었다.

도시계획자와 건축가는 지역사회 전체를 포함하는 근본적으로 새롭고 통합적인 형태를 실험할 수 있는 기회를 환영해야 한다. 마리나 시티의 장점 중 하나는 시각적인 즐거움을 유발시키는 것말고도, 긴 복도로 인한 폐쇄적인 효과를 주지 않으면서 단정하고 잘 구획된 공간을 만들어내고 있다는 점이다. 이러한 구조물로부터는 외부로 넘치거나 퍼져나가거나 마구 뻗어나가는 일이 없을 것이다. 중요한 결함이 있다면 협소한 주거 공간인데 내가 이야기를 나눠본 다수의 입주자들이 지나치게 갇힌 느낌을 받는다고 했다. 도시 중심부에서는 집 안 공간이 좀더 넓을 필요가 있다. 집은 도시의 스트레스를 풀어주는 해독제가 되어야 하므로 좁아서는 곤란하다.

지금의 미국 도시는 저녁과 주말에는 항상 비어 있는 매우 낭비적인 구조로 되어 있다. 효율성을 중요시하는 미국인들에게 더 나은 방법이 있으리라고 생각된다. 미국 도시가 교외로 확산됨에 따라 이제 도심에 남아 있는 주민들은 주로 과밀지역의 빈민층, 아니면 상당한 부유층, 그리고 약간의 잔류 중산층뿐이다. 그 결과 도시는 매우 불안정한 상태이다.

도시계획의 미래전망

도시는 5천여 년에 걸쳐 다양한 형태로 존재해왔지만 그에 대해 완결된 대안이 있는 것 같지는 않다. 그러나 분명한 내 생각은 도시란 무엇보다도 도시를 만든 사람들의 문화의 표현이며 복잡하고 상호연관된 많은 기능들을 우리가 미처 다 의식하지도 못하게 수행하는 사회의 연장물이다. 인류학자의 관점에서 말하자면 우리가 미래의 도시에 관해 제대로 알고 계획할 만한 지식이 충분하지 않다는 사실을 인지하면서 도시 문제를 다루는 데 약간의 두려움을 느끼게 된다. 여하튼 미래가 우리에게 바싹 다가오고 있기 때문에 계획을 세우기는 해야 한다. 오늘날 우리가 당면하고 있는 많은 문제들을 해결하는 데 필수적인 일들을 몇 가지 지적하면 다음과 같다.

첫째, 문화의 숨겨진 차원을 비롯한 모든 차원에서 인간적 규모를 산정하고 측정하기 위한 적절한 방법을 찾는 일. 인간의 규모와 자동차에 의해 강요된 규모를 적절히 조화시키는 일이 우리가 해결해야 할 난관이다.

둘째, 소수민족집단을 건설적으로 활용하는 일. 인간이 자기 자신에 대해 갖는 이미지와 자기가 사는 공간 사이에는 밀접한 동일시가 이루어지게 마련이다. 오늘날 정체성(identity)의 추구에 관한 일반적인 연구자료들도 대개 이러한 관계를 반영하고 있다. 에스파냐계 미국인, 흑인, 그 밖의 소수민족집단의 욕구를 발견하고 충족시킬 수 있는 아주 현실적인 노력을 기울여 그들이 살고 있는 공간이 그들의 욕구를 충족시킬 뿐만 아니라 그들에게 정체성과 힘을 부여하는 데 도움이 되도록 그들 문화의 긍정적인 요소들을 강화시켜야 한다.

셋째, 언제나 이용가능한 대규모의 옥외공간을 확보하는 일. 런던, 파리, 스톡홀름 등을 모델로 삼아 적절히 응용한다면 미국의 도시계획자들에게도 분명히 유익할 것이다. 오늘날 미국의 커다란 위험은 계속되는 옥외의 파괴로서 전 국토에 걸쳐 비록 치명적이지는 않더라도 상당히 심각하다고 볼 수 있다. 옥외 문제나 자연과 접하고자 하는 인간의 욕구를 해결하는 것은 미국 도시의 싱크현상들과 연관되어 증가하는 범죄와 폭력으로 인해 복잡하게 얽혀 있다. 공원과 해변은 나날이 위험해지고 이로 인해 여가를 즐길 만한 시설과도 멀어진 도시 주민들이 느끼는 과밀감은 더욱 심해지고 있다. 도시의 레크리에이션

공간 외에도 녹지대와 자연 그대로의 넓은 야외 공간을 보존하는 것이 무엇보다도 절실한 일이다. 지금 이러한 조치를 취하지 못한다면 앞으로의 세대가 큰 재해를 입을지도 모른다.

넷째, 쓸모 있고 보기좋은 옛 건축물들과 동네를 도시 재개발이라는 '폭탄' 으로부터 지키는 일. 새것이 반드시 좋은 것은 아니며 오래 된 것이 다 나쁜 것도 아니다. 우리 도시에는 보존할 만한 가치가 있는 곳이 많기도 하고 때로는 몇 채 또는 몇 단지의 집에 불과하기도 한데, 그러한 건축물들은 과거와의 연속성을 부여하고 우리의 도시풍경을 다양하게 만든다.

이상과 같은 간략한 검토에서 나는 1943년 애버크롬비 경(Sir Patrick Abercrombie)과 포어쇼(J.H. Foreshaw)가 '런던 플랜'으로 개진한 도시 재개발에서 이룬 장족의 발전에 대해서는 언급하지 않았다. 영국인들이 '새로운 도시들'의 건설을 통하여 특징적으로 보여준 것은 과감한 계획이었다. 또한 그들은 주요 도심부들을 분리시키는 넓은 녹지대의 장벽들을 보존함으로써 미국에서처럼 도시들이 커지면서 서로 합쳐지는 거대도시(megalopolis) 양상을 후세대가 겪지 않도록 하였다. 물론 실책도 있었지만 전반적으로 미국의 도시 행정자들이 영국으로부터 배울 점이 있다면, 모름지기 계획이란 전체적인 조정과 과감한 적용이 요구된다는 것이다. 그렇지만 영국의 도시계획들을 모델로 삼는 일은, 실제 그렇게 하라는 것이 아니라 정책을 말하는 것임을 강조하지 않으면 안 된다. 미국은 문화가 전혀 다르기 때문에 어떤 경우에도 그들의 계획들이 미국에 그대로 적용될 수는 없다.

완벽한 계획은 존재하지 않지만 대책 없는 혼란을 피하려면 그래도 계획이 필요하다. 환경은 관계들을 구성하고 계획자들은 모든 것을 다 생각할 수 없기 때문에 중요한 면들이 간과되는 것도 불가피하다. 계획상의 실수가 사람에게 미치는 심각한 결과들을 줄이려면 충분한 연구진과 기금을 갖춘 자체 연구 프로그램이 마련되어야 한다. 그러한 연구는 비행기 조종석의 계기들과 마찬가지로 더 이상 사치한 것이 아니다.

14 프록세믹스와 인간의 미래

　이 책에서 강조하는 바는 인간이 존재하고 행동하는 모든 것들이 사실상 공간의 경험과 연관되어 있다는 것이다. 인간의 공간 감각은 시각 · 청각 · 근각(근육운동감각) · 후각 · 열감각 등등 여러 감각 입력들이 종합된 정보이다.
　깊이를 시각적으로 경험하는 데에도 열 가지가 넘는 방법이 있듯이 이 감각들은 제각기 하나의 복합 체계를 이루고 있을 뿐만 아니라 문화에 의해 형성되고 패턴화된다. 따라서 서로 다른 문화에서 자란 사람들은 서로 다른 감각세계에서 살고 있다는 사실을 인정할 수밖에 없다.
　우리는 문화를 연구함으로써 지각세계의 패턴화가 문화의 기능일 뿐만 아니라 인간관계 · 행동 · 정서의 기능이기도 하다는 사실을 알게 된다. 그렇기 때문에 문화가 다른 사람들끼리 만나서 상대방의 행동을 해석할 경우 서로의 인간관계 · 행동 · 정서를 오해하기 십상이고 따라서 서로 소원해지고 의사소통이 왜곡되는 것이다.
　그러므로 문화를 프록세믹스적 감각으로 연구한다는 것은 사람들이 다른 행동 · 관계 · 배경과 맥락에 처하여 정서적 상태가 달라질 때 각자의 감각기관을 어떻게 사용하는가를 연구하는 것이다. 단일한 연구기법으로는 프록세믹스처럼 복잡하고 다차원적인 주제를 충분히 다룰 수 없다. 여기에 사용된 기법은 특정 순간에 조사한 프록세믹스의 특정 국면의 한 기능이다. 그러나 연구 과정에서 나는 대체로 내용보다는 구조를 염두에 두면서 '왜'보다는 '어떻게'에 더 많은 관심을 기울였다.

형식 대 기능, 내용 대 구조

"사람은 손이 있기 때문에 쥐는가 아니면 쥐기 때문에 손이 있는가?" 따위의 형식 대 기능에 대해 이야기되는 질문은 내 의견으로는 전혀 무익한 것으로 입증되었다. 나는 일부 동료들처럼 문화의 내용에 몰두한 적은 없었는데 그 이유는 내용을 지나치게 강조하다 보면 왜곡되기 십상임을 경험을 통해 알았기 때문이다. 또한 내용이 크게 줄어든 경우의 상황을 이해하지 못하게 된다. 미국의 흑인문화가 그 한 경우인데, 사실 그들 문화에서 현저하게 드러나는 내용이 감소해왔다는 단순한 이유로 미국 흑인들은 고유한 문화를 갖고 있지 않다고 믿는 사람들이 많았다. 그러한 사람들의 눈에는 뉴멕시코에 사는 에스파냐계 미국인이 영어로 말하고, 아이들을 도시의 학교에 보내고, 현대식 주택에 살고, 미국제 뷰익 자동차를 타고 다니면 이웃의 앵글로계 미국인과 같은 문화를 가진 것으로 보인다.

  이런 식의 관점에 예외가 있다면 글레이저와 모이니한의 책 『용광로를 넘어서』인데, 사실 그들의 시각도 서서히 변화해왔다. 내가 강조하고 싶은 논점은 미묘한 것이어서 오해의 여지가 많다. 왜냐하면 나는 어떤 맥락(대개 사생활)에서는 뚜렷이 구별되지만 다른 맥락(주로 공적인 생활)

에서는 구별되지 않는 집단들, 또는 내용은 상당히 비슷하지만 구조는 서로 다른 집단들을 일반화시켜 왔기 때문이다. 독자들도 알아챘겠지만 프록세믹스 패턴들이란 사람들이 집단과 집단을 구별할 수 있도록 해주는 많은 차이들 중 몇 가지에 불과하다.

예컨대 나는 최근에 하층 흑인들과 중하층 백인들 사이의 비언어적 의사소통방식에 관한 연구를 주도해왔는데, 이들간에 아주 흔하게 생기는 오해의 원인이 시간을 다루는 방식의 차이임을 알게 되었다. 게다가 목소리, 손발이나 눈 등의 몸놀림, 공간지각 등이 모두 다르기 때문에 상당히 유능한 흑인들조차 원하는 일자리를 얻지 못하는 경우가 많다. 이러한 일들을 늘 편견 탓으로만 돌릴 수는 없다 해도 두 집단이 서로의 행동을 잘못 읽게 되는 사례들을 추적해볼 수는 있다. 일반적으로 나와 학생들이 연구해온 흑인들의 의사소통방식은 아주 미묘한 편이어서 어떤 일자리를 구하고자 하는 흑인이 강력한 바람을 표시하더라도 그 일의 적격 여부를 주로 강한 동기에서 구하는 백인 면담자들이 제대로 알아보지 못할 수 있다. 또한 내용을 지나치게 강조하는 위험이 드러날 경우도 그에 못지않게 많은데, 흑인들은 백인 면담자가 '자신을 읽지 못하고' 있다는 사실을 잘 인지하고 있지만 그가 모르고 있는 점은 설사 그가 흑백간 상호작용의 뉘앙스를 백인보다는 잘 안다고 해도 그 역시 잘못 짚고 있는 점들이 너무도 많다는 사실이다.

분명 우리 미국인들은 구조나 형식보다는 내용에 더 큰 관심을 기울이기 때문에 문화의 중요성이 축소되는 경우가 많다. 우리는 건물의 양식이 사람들에게 미치는 영향, 밀집이 흑인들에게 미치는 결과, '백인' 교사와 '백인'용 교재에 적응하려고 애는 쓰지만 감각은 흑인문화에 의해 결정됨으로써 빚어지는 결과 등을 간과하기 쉽다. **정말 중요한 점이**

있다면 우리는 우리 나라 안에 서로 다른 문화들이 존재하는 실상을 제대로 받아들인 적이 없었다는 것이다. 흑인, 인디언, 에스파냐계 미국인, 푸에르토리코인 등은 교육 정도가 낮은 반항집단 정도로 취급되는 반면 북유럽계의 중산층 미국인들은 고유한 의사소통체계, 제도, 가치를 지닌 문화적으로 선별된 집단에 속한 사람들인 양 행동한다.

우리 미국인들은 '무(無)문화적 편견'을 가지고 있어서 세계의 민족들 사이에 드러나는 피상적인 차이만을 생각하기 때문에 다른 민족들을 아는 데에서 얻게 되는 풍부한 면들을 많이 놓칠 뿐만 아니라, 문제에 봉착하여 자신의 행동을 바로잡는 데에도 더딘 경우가 많다. 우리는 잠시 중단하고 재고해보는 대신 종래 해오던 대로 강행하는 경향이 있어서 심각하고 뜻하지 않은 결과를 흔히 초래할 수 있다. 더구나 커뮤니케이션의 내용에 집착하다 보면 제1장에서 언급했던 커뮤니케이션의 예시적 또는 전조적 기능이 둔해지기 쉽다. 사람이 예시적인 커뮤니케이션에 잘 반응하지 못하게 되면 정서적인 구속이 무의식 상태에서 점점 높은 수준의 의식상태로 옮겨가는데 그러다가 자아가 의식적으로 개입하게 되는 지경에 이르면 논쟁을 피하기가 힘들게 된다. 반면에 예시적인 변화를 올바로 짚어내는 능력은 사람이 상황의 진전을 채 인지하기도 전에 뻣뻣한 깃털을 부드럽게 해준다. 동물들 사이에서는 예시적인 과정이 단축될 경우 무시무시한 싸움이 일어나는데 지나친 밀집상태이거나, 안정된 상태라도 낯선 동물이 끼여들거나 하면 그런 일이 생긴다.

인간의 생물학적 과거

서구인들은 스스로를 자연과 격리시킴으로써 그 밖의 동물세계와도 격리시켜 왔다. 만일 최근 20년 동안 특히 심각해진 인구폭발이 아니었다면 자신이 동물적 신체구조를 지닌 실상을 계속 무시할 수 있었을 것이다. 인구폭발은 농촌 출신 빈민들에 의한 도시파괴와 더불어 동물세계의 증식에 뒤따르는 붕괴현상에서 나타나는 특징을 모두 지닌 조건을 조성해왔다. 30년대와 40년대의 미국인들은 경제 사이클을 두려워했지만 오늘날에는 인구 사이클을 더 경계해야 할지도 모른다.

많은 동물행동학자들은 동물들이 밀집상태에서 지나치게 스트레스를 받으면 순환기 장애, 심장질환, 병에 대한 저항력 약화 등을 일으킨다는 사실을 알고 있으면서도 그러한 연구결과들을 인간에게 적용시키는 것을 꺼려 왔다. 인간과 동물의 주요한 차이점 가운데 하나는, 인간은 자신의 연장물들을 발달시킴으로써 스스로를 길들이고 나아가 자신의 감각들을 차단시켜 보다 좁은 공간에 더 많은 사람들이 살 수 있도록 만든다는 점이다. 이러한 감각 차단이 도움은 되지만 궁극적으로는 신체구조에 여전히 치명적일 수 있다. 상당한 기간에 걸쳐 극심한 도시밀집현상이 일어났던 최근의 예로는 전염병(페스트)의 재앙으로 특징지어지는 중세를 들 수 있다.

하버드 대학의 역사학자 레인저(William Langer)는 「흑사병」(The Black Death)이라는 논문에서 인구가 다소 급증한 시기 이후의 1348년에서 1350년 사이에 전염병으로 유럽의 인구가 4분의 1 감소했다고 말한다. 쥐의 벼룩에서 사람에게 전염되는 이 질병의 원인은 '바실루스 페스티스'라는 특정 생물체인데, 이 페스트가 어떻게 종식되었는지에 대해서는 의견이 분분하다. 이 질병과 인간의 관계는 확실히 복잡한 문제이지만, 페스트의 종식이 도시생활의 스트레스가 상당히 감소되었음에 틀림없는 사회적·건축양식적 변화의 시기와 우연히 일치한다는 사실은 시사하는 바가 크다. 내가 말하고자 하는 것은 필리프 아리에스가 설명한 바 있는 가족이 보호되고 강화된 가정의 변화이다(제9장 참조). 보다 안정된 정치적 상황에 의해 지지된 이러한 변화들로 인해 밀집된 도시생활의 스트레스가 크게 감소되었다.

동물연구들을 주의 깊게 살펴보면 마치 집 안의 온도조절장치나 다름없는 내분비 조절기관이 서서히 등장하는 과정을 탐지할 수 있다. 유일한 차이점은 동물의 내분비 조절기관은 열을 조절하는 대신 인구를 조절해준다는 것이다. 제2장과 제3장에서 설명한 실험적 동물행동학자들의 연구에서 가장 중요한 발견은 인구증가로 인한 붕괴에 앞서 일어나는 파국적인 생리적·행태적 결과 및 영토, 즉 자신의 공간을 가지고 있는 동물들이 누리는 이점이다.

필라델피아 동물원 펜로즈 연구소의 병리학자인 래트클리프(H. L. Ratcliffe)와 스나이더(R. L. Snyder)의 최근 보고서들은 흥미롭다. 25년 동안 1만 6천 마리의 새와 포유동물의 사망원인에 관한 그들의 보고서에 따르면, 상당히 다양한 동물들이 밀집으로 인해 스트레스를 받을 뿐만 아니라 저지방 사료를 주더라도 인간과 조금도 다를 바 없이 고혈압, 순환기 질병, 심장병 등을 앓는다고 한다.

또한 동물연구를 통해 알 수 있는 사실은 밀집 그 자체는 좋지도 나쁘지도 않지만 개체간의 개인적 거리가 겹쳐짐으로써 지나치게 자극을 받거나 사회적 관계들이 혼란을 일으키면 인구붕괴로 이어진다는 것이다. 적절한 가림(screening)을 통해 이러한 혼란과 과도한 자극을 줄이면 더 많은 인구가 집중할 수도 있다. 우리가 방, 아파트, 도시의 건축물 등에서 이용하는 그와 같은 가림은 몇 명이 한 방에 모이는 정도에서는 효과가 있지만 그 이상이 되면 전혀 달라진다. 즉 벽이 더 이상 가리고 보호해주기보다는 방 안에 있는 사람들을 압박하게 된다.

인간은 스스로를 길들임으로써 인구밀도가 높을 때 절대적으로 필요로 하는 원시상태의 도주거리를 크게 단축시켜 왔다. 도주반응(자신과 적 사이에 거리를 유지하는 것)은 위험에 대처하는 가장 기본적이고 효과적인 방법의 하나이지만 제기능을 발휘하자면 충분한 공간이 있어야 한다. 인간을 비롯한 대부분의 고등생물은 순화과정을 통해 안전하다거나 공격을 막을 수 있다고 생각되는 곳이면 어디든 비집고 몰려들 수 있다. 그러나 만일 인간이 서로에게 두려움을 느끼게 되면 두려움이 도주반응을 소생시켜 공간의 필요성이 폭발적으로 증가한다. 두려움에 밀집상태가 가세되면 공포가 발생한다.

인간과 그 환경에 대한 밀접한 관계의 중요성을 제대로 평가하지 못함으로써 과거의 비극적인 결과들이 초래되었다. 심리학자인 마르크 프라이드와 사회학자인 체스터 하트먼의 보고에 따르면, 보스턴의 웨스트엔드 재개발 계획의 일환으로 도시 마을이 파괴된 이후 재조성된 지역의 주민들은 우울증과 슬픔에 잠겼다고 한다. 그들이 슬퍼한 이유는 단지 환경이 달라졌기 때문만이 아니라 포괄적인 생활방식으로서 건물, 거리, 사람들 따위의 복합적인 관계가 송두리째 달라졌기 때문이었다. 요컨대 그들의 세계가 산산조각이 났던 것이다.

요구되는 답변

오늘날 미국이 직면하고 있는 여러 가지 복잡한 도시문제들을 해결하기 위해서는 먼저 인간과 그 환경의 관계, 그리고 인간과 그 자신의 관계에 대한 우리의 기본적인 가정부터 의심해보지 않을 수 없다. 2천여 년 전에 플라톤은 세상에서 가장 어려운 일은 자기 자신을 아는 것이라고 결론지었다. 이 진리는 끊임없이 다시 발견되어야 한다. 즉 그 의미를 완전히 깨우치려면 갈 길이 멀다.

모름지기 문화적 차원에서의 자기발견이 개인적 차원에서보다 한층 더 요구될 것이다. 그러나 이 일이 힘들다고 해서 그 중요성이 경시되어서는 안 된다. 미국인들은 인간과 환경의 상호관계를 보다 잘 이해할 수 있는 대규모의 조직적인 연구에 기꺼이 서명하고 참여해야 한다. 교류심리학자들은 이 두 가지가 별개의 것이며 상호작용하는 한 체계의 본질적인 부분이 아니라고 가정하는 오류를 거듭 강조해왔다(킬패트릭의 저서 『교류심리학의 탐구』 참조).

맥하그(Ian Mc Harg)는 『도시의 조건』(*The Urban Condi-tion*) 중 「인간과 그 환경」에서 이렇게 말한다.

……생물체 중에 환경 없이 존재하거나 예외적으로 만들어낸 환경에서만 존재할 수 있는 종은 없다. 어떤 종도 생태적 공동체에 협조적인 일원이 되지 않고는 살아 남을 수 없다. 모든 구성원은 생존을 위해 생태계의 다른 구성원과 환경에 적응하지 않으면 안 된다. 인간도 이러한 시험에 예외가 될 수 없다.

미국인들이 기꺼이 돈을 쓴다고 해서 능사는 아니다. 정의를 내리기는 힘들지만 서부개척시대의 모험정신과 흥분을 다시 불러일으키는 일과 같이 보다 깊이 있는 변화가 요구되는 것이다. 왜냐하면 지금 우리는 도시적·문화적 경계선에 직면해 있기 때문이다. 문제는 어떻게 개척해 나갈 수 있느냐 하는 것이다. 우리는 반(反)지성적 과거 역사로 인해 값

비싼 대가를 치르고 있는데, 그렇기 때문에 지금 우리가 극복해야 할 황무지는 근육보다는 두뇌를 요하는 일인 것이다. 우리에게 필요한 것은 흥분과 이상이며 이는 모두 사물보다는 사람들에게서, 내용보다는 구조에서, 삶을 벗어나서가 아니라 적극 참여함으로써 보다 쉽게 발견된다는 사실을 깨닫게 된다.

인류학자들과 심리학자들은 사람들의 개입률(involvement ratios)을 적절하고 간단하게 산정할 수 있는 방법을 생각해내야 한다. 예컨대 이탈리아인이나 그리스인은 독일인이나 스칸디나비'아인에 비해 서로 감각적인 개입이 훨씬 심하다고 알려져 있다. 현명한 계획을 세우려면 그러한 개입을 양적으로 측정할 수 있어야 한다. 일단 개입률의 산정 방법이 알려지면 다음과 같은 질문에 답변할 필요가 있다.

도시, 농촌 및 이주 집단을 위한 최대, 최소, 그리고 이상적인 밀도는 무엇인가? 정상적인 사회적 조절기능들이 마비되기 직전의 도시적 조건하에 살고 있는 여러 집단들에게 필요한 최적 규모는 무엇인가? 도시의 소규모 공동체는 얼마나 다양한가? 이들을 어떻게 연관지어야 하는가? 이들이 어떻게 보다 큰 전체로 통합되는가? 다시 말해서 도시의 소생활권(biotopes)은 얼마나 다양한가? 그 수는 무한한가 아니면 분류가 능한 정도인가? 사회적 긴장의 완화와 사회적 질병의 치료를 돕기 위하여 어떻게 공간을 치료수단으로 이용할 수 있는가?

문화를 벗어나라

이 책의 메시지를 가장 간략한 의미로 전한다면, 인간이 제아무리 애써도 자신의 문화에서 벗어날 수는 없다는 것이다. 왜냐하면 문화는 인간 신경조직의 뿌리에 침투되어 인간이 세계를 지각하는 방식을 결정하기 때문이다. 문화의 대부분은 인간 존재의 씨실과 날실을 이루면서 숨겨져 있고 자유의지에 의한 조절을 벗어나 있다. 설사 문화의 작은 단편들이 의식상태에 떠오른다 해도 이를 변화시키기는 힘들다. 왜냐하면 그 단편들은 아주 개인적으로 경험되기 때문만이 아니라 사람들은 문화를 매개로 하지 않고는 의미 있는 어떤 방식으로도 행동하거나 상호작용할 수 없기 때문이다.

인간과 그 연장물들은 하나의 상호연관된 체계를 이루고 있다. 인간을 그의 집, 도시, 기술, 언어 등과 별개의 것인 양 다룬다면 더할 수 없는 실수이다. 인간과 그 연장물들 사이의 상호관계 때문에 우리는 우리 자신을 위해서뿐만 아니라 잘 적응하지 못할 수도 있는 다른 생물들을 위해서 우리가 만들어낸 어떤 연장물에도 훨씬 큰 관심을 쏟을 필요가 있다. 인간과 그 연장물들의 관계는 단지 생물체 일반과 그 환경의 관계가 연장되고 특수화된 형태일 따름이다.

그러나 하나의 기관이나 과정이 연장되기 시작하면 진화의 속도가 빨라져 그 연장 자체가 주도권을 잡을 수 있게 되는데, 우리는 도시와 자동차에서 그러한 현상을 목격한다. 인간의 두뇌 일부가 특수화된 연장물인 컴퓨터에서 그러한 위험들을 예견한 위너(Norbert Wiener)가 이야기하고 있는 바도 이에 다름 아니다. 연장물들은 감각이 없고 대개 말도 없기 때문에 특히 자연환경을 형성하거나 대체하는 연장물에 대해서는 어떤 일이 벌어지고 있는지 알 수 있도록 그에 대한 피드백 장치를 연구할 필요가 있다. 그러한 피드백은 우리의 도시에서 그리고 인종상호간의 관계에서 유발되는 우리의 행동에서 강화되지 않으면 안 된다.

인종위기, 도시위기, 교육위기는 상호연관되어 있다. 포괄적으로 바라보면 이 세 가지 모두 보다 큰 위기, 즉 인간이 자연을 앞질러 새로운 차원 즉 **문화적 차원**으로 발전시켜온, 대부분 숨겨져 있는 위기의 다양한 측면이라고 볼 수 있다. 문제는 인간이 그 자신의 차원을 의식적으로 무시하고 얼마나 오래 버틸 수 있는가이다.

부록 제임스 깁슨의 13가지 원근법 개요

깁슨은 『시각세계의 지각』 서두에서 연속적인 배경면 없이 공간을 지각하는 그러한 일은 없다고 말한다. 또한 교류심리학자들과 마찬가지로 그의 관찰에 따르면, 지각은 기억 또는 과거의 자극에 의존한다. 다시 말해서 과거가 지금 어떻게 지각하느냐의 기반을 이루고 있다. 그는 13가지 원근법적인 '감각의 변화', 즉 시각적인 인상에 수반되는 연속면에서의 깊이지각과 '등고선상의 깊이지각'을 밝히고 있다. 이들 감각의 변화와 다양한 원근법들은 이른바 자음과 모음으로 크게 분류되는 대조적인 소리와 다소 유사하다. 이것들은 보다 구체적인 시각 변화에 부응하는 경험의 기본구조적 범주를 형성한다. 다시 말해서 하나의 장면은 여러 요소들로 구성된 정보를 포함한다.

깁슨의 업적은 이 체계와 이를 구성하는 '자극변수'들을 분석하고 설명한 것인데, 이 변수들이 결합하여 인간이 효율적으로 움직이기 위해 그리고 지구표면에서 움직임으로써 할 수 있는 모든 일을 하기 위해 필요로 하는 정보를 제공해준다. 중요한 점은 깁슨은 우리에게 한 체계의 연관성 없는 부분들이 아닌 하나의 완전한 체계를 제시했다는 것이다.

깁슨의 감각의 변화와 여러 가지 원근법은 네 부류, 즉 위치 원근법, 시차 원근법, 위치 또는 운동과 무관한 원근법, 등고선상의 깊이로 나뉜다.

이들 대부분은 독자들도 쉽게 알 수 있는데 그 중요성과 서술의 의미는 이와 동일한 원리들을 발견하고 묘사하기 위한 화가들의 다양한 시도들에 작용한 재능·열정·감정 등에 의해 입증된다. 슈펭글러(Oswald Spengler)는 공간의식을 서구 문화의 가장 주요한 상징으로 특징지음으로써 이 사실을 인정하였다. 자신이 본 바를 독자들에게 보여주려고 했던 콘래드(Joseph Conrad)나 의사전달에 집착했던 멜빌(Herman Melville)과 같은 작가들도 다음에 설명하는 과정에 대한 자신의 시각적 심상(imagery)을 구축하기 위해 끊임없이 노력했다.

위치 원근법

① **질감 원근법** 거리가 멀어짐에 따라 표면의 질감 농도가 점차 짙어지는 것이다.

② **크기 원근법** 물체가 멀어짐에 따라 크기가 작아지는 것이다(12세기 이탈리아 화가들은 사람을 그릴 때 이 점을 충분히 인식하지 못했음이 분명하다).

③ **선형 원근법** 서구 세계에서 가장 일반적으로 알려진 원근법 형식일 것이다. 르네상스 미술은 이른바 원근법칙의 통체화로 가장 유명하다. 지평선상의 한 소멸점으로 모이는 철로나 고속도로의 평행선이 이러한 원근법 형식을 잘 설명해준다.

시차(視差) 원근법

④ **쌍안 원근법** 이 원근법은 아주 무의식적으로 작용한다. 이것은 두 눈이 떨어져 있어서 각각 다른 영상을 투사하기 때문에 느껴진다. 그 차이는 먼 거리에서보다 가까운 거리에서 훨씬 더 분명하다. 한쪽 눈씩 번갈아 감았다 떴다 하면 다른쪽 눈과의 영상의 차이가 분명해진다.

⑤ **운동 원근법** 사람이 공간 속에서 앞으로 나아갈 때 정지한 물체에 가까이 다가갈수록 그 물체가 빨리 움직이는 것처럼 보인다. 마찬가지로 일정한 속도로 움직이는 물체는 멀어질수록 더 느리게 움직이는 것처럼 보인다.

위치 또는 관찰자의 움직임과 무관한 원근법

⑥ **공기 원근법** 서부의 목동들은 '공기 원근법'의 지역적 차이에 익숙지 못한 동부 관광객들을 곯려먹곤 했다. 상쾌하고 상기된 기분으로 아침에 일어나 창밖을 내다보고는, 이 근사하고 청명한 아침 식전에 가까운 언덕처럼 보이는 곳까지 산보를 다녀오겠다고 알리는 무지한 관광객들이 부지기수인데, 설명을 듣고 단념하는 사람들도 있지만 말을 듣지 않고 길을 떠난 사람들은 30분을 걸어도 처음보다 별로 가까워지지 않았다는 사실을 깨닫게 될 따름이다.

사실 이 '언덕'은 3 내지 7마일쯤 떨어져 있는 산인데 그들에게 익숙지 못한 공기 원근법 때문에 축소되어 보였음이 밝혀지는 것이다. 건조한 고지대 공기가 극도로 청명하기 때문에 공기 원근이 달라져 무엇이든 실제보다 몇 마일 가깝게 느껴지는 것이다. 이를 통해 우리는 공기 원근이란 안개가 증가하고 중간에 낀 대기로 인해 **색깔이 변화하여** 생기는 현상임을 알게 된다. 이것은 거리를 측정하는 지표는 되지만 다른 형태의 원근법만큼 안전하고 믿을 만한 것은 아니다.

⑦ **흐림의 원근법** 사진가나 화가는 일반인보다 이 원근법을 더 잘 알고 있을 것이다. 이러한 형태의 시각적 공간지각은 얼굴 앞에 있는 물체에 눈의 초점을 맞추어 그 배경이 흐려질 때 드러난다. 눈의 초점을 벗어난 시각층에 있는 물체들은 더 불명료하게 보일 것이다.

⑧ **시각장에서의 상대적인 상향 위치** 배의 갑판이나 캔자스 주와 동부 콜로라도 주의 평원에서는 지평선이 거의 눈높이로 보인다. 말하자면 지구의 표면이 발치에서 눈높이로 올라오는 것이다. 사람이 지면에서 멀리 떨어질수록 이 효과는 더욱 두드러진다. 일상적인 경험에서 생각해보면 가까운 물체는 내려다보고 멀리 있는 물체는 올려다보게 된다.

⑨ **질감 또는 직선 공간의 변화** 절벽 끝에서 계곡을 내려다보면 그 질감의 농도가 단절되거나 급격히 짙어지기 때문에 더 멀리 있는 것처럼 지각된다. 나는 스위스의 어떤 계곡을 처음 보고나서 몇 년이 지난 지금까지도 그 기묘한 느낌을 분명히 기억할 수 있다. 풀이 무성한 암반 위에서서 1500피트 아래 골짜기의 거리와 집들을 내려다보았는데 풀의 잎새 하나하나가 작은 집들과 같은 크기로 시각장에 뚜렷이 부각되었다.

⑩ **이중적 상(像)의 양적 변화** 먼 거리의 한 지점을 바라보면 관찰자와 그 점 사이의 모든 물체가 이중으로 보이게 된다. 관찰자와 가까울수록 겹쳐 보이는 정도가 심해지며 그 지점이 멀수록 덜해진다. 이 변화의 정도가 거리를 암시해주는데, 말하자면 변화가 갑작스러우면 가까운 거리이고 완만하면 먼 거리이다.

⑪ **운동 속도의 변화** 깊이를 감지하는 가장 믿을 만하고 일관된 방법 중 하나는 시각장에 나타나는 물체의 차등적인 운동을 관측하는 것이다. 가까이 있는 물체들이 멀리 있는 물체들보다 훨씬 많이 움직이고 또 ⑤에서 말했듯이 더 빨리 움직인다. 두 물체가 겹쳐 보이면서 관찰자가 위치를 바꾸어도 서로의 상대적 위치가 변하지 않는다면 이 두 물체는 동일한 시각층에 있거나 아니면 변화가 지각되지 않을 정도로 멀리 있거나 한 것이다. TV 시청자들은 이런 형태의 원근법에 익숙한데 그것은 TV 카메라가 마치 움직이는 관찰자처럼 공간을 이동할 때마다 그런 효

과를 내기 때문이다.

⑫ **윤곽의 완전성 또는 연속성** 전쟁 중에 이용된 깊이 지각의 한 특징은 윤곽의 연속성이다. 카무플라주는 연속성을 단절시키는 속임수이다. 비록 질감의 차이도 없고, 이중적인 상의 변화도 없고, 운동속도의 변화도 없다 해도, 한 물체가 다른 물체를 흐리게 하는(가리는) 방법을 이용해서 한 물체가 다른 물체의 뒤에 있는 것처럼 보이게도 그렇지 않게도 만들 수 있다. 예컨대 가려지는 과정에서 가장 가까운 물체의 **윤곽**은 단절되지 않았는데 흐리게 보이는 물체의 윤곽이 단절되었다면 이로 인해 한 물체가 다른 물체의 뒤에 있는 것처럼 보이게 된다.

⑬ **명암 간의 변화** 시각장에 나타나는 물체의 질감이 돌연 변하면 절벽이나 가장자리의 신호이듯이 **명도**가 갑작스럽게 변해도 가장자리로 판단할 수 있다. 점차적인 명도의 변화는 물체의 조형 또는 굴곡을 지각하는 주요한 수단이 된다.

참고문헌

Allee, Warder C., *The Social Life of Animals*, Boston: Beacon Press, 1958.

Ames, Adelbert, *See* Kilpatrick.

Appleyard, Donald, Lynch, Kevin, and Myer, John R., *The View from the Road*, Cambridge: The MIT Press and Harvard University Press, 1963.

Ariès, Philippe, *Centuries of Childhood*, New York: Alfred A. Knopf, 1962.

Auden, W.H., "Prologue: The Birth of Architecture," *About the House*, New York : Random House, 1965.

Bain, A.D., "Dominance in the Great Tit, Parus Major," *Scottish Naturalist*, Vol.61(1949), pp.369~472.

Baker, A., Davies, R.L., and Sivadon, P., *Psychiatric Services and Architecture*, Geneva : World Health Organization, 1959.

Balint, Michael., "Friendly Expanses—Horrid Empty Spaces," *International Journal of Psychoanalysis*, 1945.

Barker, Roger G., and Wright, Herbert F., *Midwest and Its Children*, Evanston: Row, Peterson & Company, 1954.

Barnes, Robert D., "Thermography of the Human Body," *Science*, Vol.140(May 24, 1963), pp.870~877.

Bateson, Gregory, "Minimal Requirements for a Theory of

Schizophrenia," *AMA Archives General Psychiatry*, Vol. 2(1960), pp.477~491.

Bateson, Gregory, with Jackson, D.D., Haley, J., and Weakland, J.H., "Toward a Theory of Schizophrenia," *Behavioral Science*, Vol.1(1956), pp. 251~264.

For description of Bateson's work and discussion of his term "double bind" see chapter by Don D. jackson, "Interactional Psychotherapy," in *Contemporary Psycho-therapies*, edited by Morris I. Stein, New York : Free Press of Glencoe, 1961.

Benedict, Ruth, *Chrysanthemum and the Sword*, Boston: Houghton Mifflin, 1946.

Berkeley, George(Bishop Berkeley), *A New Theory of Vision and Other Writings*, (Everyman's Library edition) New York: E.P. Dutton, 1922.

Birdwhistell, Raymond, L., *Introduction to Kinesics*, Louisville: University of Louisville Press, 1952.

Black, John W., "The Effect of Room Characteristics upon Vocal Intensity and Rate," *Journal of Acoustical Society of America*, Vol.22(March 1950), pp.174~176.

Bloomfield, Leonard, *Language*, New York: H. Holt & Company, 1933.

Boas, Franz, Introduction, *Handbook of American Indian Languages*, Bureau of American Ethnology Bulletin 40, Washington, D.C.: Smithsonian Institution, 1911.

_____, *The Mind of Primitive Man*, New York: The Macmillan Company, 1938.

Bogardus, E.S., *Social Distance*, Yellow Springs, Ohio: Antioch Press, 1959.

Bonner, John T., "How Slime Molds Communicate," *Scientific*

American, Vol.209, No.2(August 1963), pp.84~86.

Brodey, Warren, "Sound and Space," *Journal of the American Institute of Architects*, Vol.42, No.1(July 1964), pp.58~60.

Bruner, Jerome, *The Process of Education*, Cambridge: Harvard University Press, 1959.

Butler, Samuel, *The Way of All Flesh*, Garden City, N.Y.: Doubleday & Company, Inc.

Calhoon, S.W., and Lumley, F.H., "Memory Span for Words Presented Auditorially," *Journal of Applied Psychology*, Vol. 18(1934), pp.773~784.

Calhoun, John B., "A 'Behavioral Sink,'" in Eugene L. Bliss, ed., *Roots of Behavior*, New York: Harper & Brothers, 1962, Ch.22.

―――, "Population Density and Social Pathology," *Scientific American*, Vol.206(February 1962), pp.139~146.

―――, "The Study of Wild Animals under Controlled Condi-tions," *Annals of the New York Academy of Sciences*, Vol.51(1950), pp.113~122.

Cantril, Hadley, *See* Kilpatrick.

Carpenter, C.R., "Territoriality: A Review of Concepts and Problems," in A. Roe and G.G. Simpson, eds., *Behavior and Evolution*, New Haven: Yale University Press, 1958.

Carpenter, Edmund, Varley, Frederick, and Flaherty, Robert, *Eskimo*, Toronto: University of Toronto Press, 1959.

Chombart de Lauwe, Paul, *Famille et Habitation*, Paris: Editions du Centre National de la Recherche Scientific, 1959.

―――, "Le Milieu Social et L'Etude Sociologique des Cas Individuels," *Informations Sociales*, Paris, Vol.2(1959), pp.41~54.

Christian, John J., "The Pathology of Overpopulation," *Military Medicine*, Vol.128, No.7(July 1963), pp.571~603.

Christian, John J., and Davis, David E., "Social and Endocrine Factors Are Integrated in the Regulation of Growth of Mammalian Populations," *Science*, Vol. 146(December 18, 1964), pp.1550~1560.

Christian, John J., with Flyger, Vagn, and Davis, David E., "Phenomena Associated with Population Density," *Pro-ceedings National Academy of Science*, Vol.47(1961), pp.428~449.

_____, "Factors in Mass Mortality of a Herd of Sika Deer(*Cervus nippon*)," *Chesapeake Science*, Vol.1, No.2(June 1960), pp.79~95.

Deevey, Edward S., "The Hare and the Haruspex: A Cautionary Tale," *Yale Review*, Winter 1960.

De Grazia, Sebastian, *Of Time, Work, and Leisure*, New York: Twentieth Century, 1962.

Delos Secretariat, "Report of the Second Symposion," Delos Secretariat, Athens Center of Ekistics, Athens, Greece(*See* Watterson).

Dorner, Alexander, *The Way Beyond Art*, New York: New York University Press, 1958.

Doxiadis, Constantinos A., *Architecture in Transition*, New York: Oxford University Press, 1963.

Eibl-Eibesfeldt, I., "The Fighting Behavior of Animals," *Scientific American*, Vol.205, No. 6(December 1961), pp.112~122.

Einstein, Albert, Foreword, *Concepts of Space* by Max Jammer, New York: Harper Torch Books, 1960.

Errington, Paul, *Muskrats and Marsh Management*, Harrisburg: Stackpole Company, 1961.

_____, *Of Men and Marshes*, New York: The Macmillan Company, 1957.

_____, "Factors Limiting Higher Vertebrate Populations," *Science*,

Vol.124(August 17, 1956), pp.304~307.

_____, "The Great Horned Owl as an Indicator of Vulner-ability in the Prey Populations," *Journal of Wild Life Man-agement*, Vol.2(1938).

Frank, Lawrence K., "Tactile Communications," *ETC. A Review of General Semantics*, Vol.16(1958), pp.31~97.

Fried, Marc, "Grieving for a Lost Home," in Leonard J. Duhl, ed., *The Urban Condition*, New York: Basic Books, 1963.

Fried, Marc, with Gleicher, Peggy, "Some Sources of Res-idential Satisfaction in an Urban Slum," *Journal of the Ame-rican Institute of Planners*, Vol. 27(1961).

Fuller, R. Buckminster, *Education Automation*, Carbondale: Southern Illinois University Press, 1963.

_____, *No More Secondhand God*, Carbondale: Southern Illi-nois University Press, 1963.

_____, *Ideas and Integrities*, Englewood Cliffs, N.J.: Prentice-Hall, 1963.

_____, *The Unfinished Epic of Industrialization*, Charlotte: Heritage Press, 1963.

_____, *Nine Chains to the Moon*, Carbondale: Southern Illi-nois University Press, 1963.

Gans, Herbert, *The Urban Villagers*, Cambridge: The MIT Press and Harvard University Press, 1960.

Gaydos, H.F., "Intersensory Transfer in the Discrimination of Form," *American Journal of Psychology*, Vol.69(1956), pp.107~110.

Geldard, Frank A., "Some Neglected Possibilities of Commu-nica-tion," *Science*, Vol.131(May 27, 1960), pp.1583~1588.

Gibson, James J., *The Perception of the Visual World*, Boston: Houghton Mifflin, 1950.

_____, "Observations on Active Touch," *Psychological Review*, Vol.69, No.6(November 1962), pp.477~491.

_____, "Ecological Optics," *Vision Research*, Vol. 1(1961), pp. 253~262. Printed in Great Britain by Pergamon Press.

_____, "Pictures, Perspective and Perception," *Daedalus*, Win-ter 1960.

Giedion, Sigfried, *The Eternal Present: The Beginnings of Architecture*, Vol.II, New York: Bollingen Foundation, Pantheon Books, 1962.

Gilliard, E. Thomas, "Evolution of Bowerbirds," *Scientific American*, Vol.209, No.2(August 1963), pp.38~46.

_____, "On the Breeding Behavior of the Cock-of-the-Rock (Aves, *Rupicola rupicola*)," *Bulletin of the American Museum of Natural History*, Vol.124(1962).

Glazer, Nathan, and Moynihan, Daniel Patrick, *Beyond the Melting Pot*, Cambridge: The MIT Press and the Harvard University Press, 1963.

Goffman, Erving, *Behavior in Public Places*, New York: Free Press of Glencoe, 1963.

_____, *Encounters*, Indianapolis: Bobbs-Merrill, 1961.

_____, *The Presentation of Self in Everyday Life*, Garden City, N.Y.: Doubleday & Company, Inc., 1959.

Goldfinger, Erno, "The Elements of Enclosed Space," *Archi-tectural Review*, November 1941, pp.129~131.

Grosser, Maurice, *The Painter's Eye*, New York: Rinehart & Company, 1951.

Gruen, Victor, *The Heart of Our Cities*, New York: Simon and Schuster, 1964.

Gutkind, E.H., *The Twilight of Cities*, New York: Free Press of

Glencoe, 1962.

Hall, Edward T., *The Silent Language*, Garden City, N.Y.: Doubleday & Company, Inc., 1959.

_____, "Adumbration in Intercultural Communication," The Ethnography of Communication, Special Issue, *American Anthropologist*, Vol.66, No.6, Part II(December 1964), pp.154~163.

_____, "Silent Assumptions in Social Communication," *Disor-ders of Communication*, Vol. XLII, edited by Rioch and Weinstein, Research Publications, Association for Research in Nervous and Mental Disease, Baltimore: Williams and Wilkins Company, 1964.

_____, "A System for the Notation of Proxemic Behavior," *American Anthropologist*, Vol.65, No.5(October 1963), pp.1003~1026.

_____, "Proxemics—A Study of Man's Spatial Relationships," in I. Galdstion, ed., *Man's Image in Medicine and Anthro-pology*, New York: International Universities Press, 1963.

_____, "Quality in Architecture—An Anthropological View," *Journal of the American Institute of Architects*, July 1963.

_____, "The Madding Crowd," *Landscape*, Fall 1962.

_____, "The Language of Space," *Landscape*, Fall 1960.

Hartman, Chester W., "Social Values and Housing Orienta-tions," *Journal of Social Issues*, January 1963.

Hediger, H., *Studies of the Psychology and Behavior of Captive Animals in Zoos and Circuses*, London: Butterworth & Company, 1955.

_____, *Wild Animals in Captivity*, London: Butterworth & Company, 1950.

_____, "The Evolution of Territorial Behavior," in S.L. Wash-burn, ed., *Social Life of Early Man*, New York: Viking Fund Publications in Anthropology, No.31(1961).

Held, Richard, and Freedman, S.J., "Plasticity in Human Sen-sory Motor Control," *Science*, Vol.142(October 25, 1963), pp.455~462.

Hess, Eckhard H., "Pupil Size as Related to Interest Value of Visual Stimuli," *Science*, Vol.132(1960), pp.349~350.

Hinde, R.A., and Tinbergen, Niko, "The Comparative Study of Species—Specific Behavior," in A. Roe and G.G. Simpson, eds., *Behavior and Evolution*, New Haven: Yale University Press, 1958.

Hockett, Charles F., and Asher, Robert, "The Human Revolu-tion," *Current Anthropology*, Vol.5, No.3(June 1964).

Howard, H.E., *Territory in Bird Life*, London: Murray, 1920.

Hughes, Richard, *A High Wind in Jamaica*, New York: New American Library, 1961.

Ittelson, William H., *See* Kilpatrick.

Izumi, K., "An Analysis for the Design of Hospital Quarters for the Neuropsychiatric Patient," *Mental Hospitals* (Ar-chitectural Supplement), April 1957.

Jacobs, Jane, *The Death and Life of Great American Cities*, New York: Random House, 1961.

Joos, Martin, "The Five Clocks," *International Journal Ame-rican Linguistics*, April 1962.

Kafka, Franz, *The Trial*, New York: Alfred A. Knopf, 1948.

Kawabata, Yasunari, *Snow Country*, New York: Alfred A. Knopf, 1957.

Keene, Donald, *Living Japan*, Garden City, N.Y.: Doubleday & Company, Inc., 1959.

Kepes, Gyorgy, *The Language of Vision*, Chicago: Paul Theo-bald, 1944.

Kilpatrick, F.P., *Explorations in Transactional Psychology*, New York: New York University Press, 1961. Contains articles by *Adelbert Ames, Hadley Cantril, William Ittelson, F.P. Kilpatrick*, and other transactional psychologists.

Kling, Vincent, "Space: A Fundamental Concept in Design," in C. Goshen, ed., *Psychiatric Architecture*. Washington, D.C.: American Psychiatric Association, 1959.

Kroeber, Alfred, *An Anthropologist Looks at History*, edited by Theodora Kroeber, Berkeley: University of California Press, 1963.

La Barre, Weston, *The Human Animal*, Chicago: University of Chicago Press, 1954.

Langer, William L., "The Black Death," *Scientific American*, Vol. 210, No. 2(February 1964), pp. 114~121.

Leontiev, A.N., "Problems of Mental Development," Moscow, USSR: RSFSR Academy of Pedagogical Sciences, 1959. (*Psychological Abstracts*, Vol.36, p.786.)

Lewin, Kurt, Lippit, Ronald, and White, Ralph K., "Patterns of Aggressive Behavior in Experimentally Created 'Social Climates,'" *Journal of Social Psychology*, SPSSI Bulletin, Vol.10 (1939), pp.271~299.

Lissman, H.W., "Electric Location by Fishes," *Scientific Ame-rican*, Vol.208, No.3(March 1963), pp.50~59.

London County Council, *Administrative County of London Development Plan. First Review 1960*, London: The London County Council, 1960.

Lorenz, Konrad, *Das Sogenannte Böse; Zur Naturgeschichte der*

Aggression,(The biology of aggression.) Vienna: Dr. G. Borotha-Schoeler Verlag, 1964.

_____, *Man Meets Dog*, Cambridge: Riverside Press, 1955.

_____, *King Solomon's Ring*, New York: Crowell, 1952.

_____, "The Role of Aggression in Group Formation," in Schaffner, ed., *Group Process*, Transactions of the fourth conference sponsored by Josiah Macy, Jr., Foundation, Princeton: 1957.

Lynch, Kevin, *The Image of the City*, Cambridge: The MIT Press and Harvard University Press, 1960.

McBride, Glen, *A General Theory of Social Organization and Behavior*, St. Lucia, Australia: University of Queensland Press, 1964.

McCulloch, Warren S., "Teleological Mechanisms," *Annals of the New York Academy of Sciences*, Vol.50, Art. 9(1948).

McCulloch, Warren S., and Pitts, Walter, "How We Know Universals, the Perception of Auditory and Visual Forms," *Bulletin of Mathematical Biophysics*, Vol.9(1947), pp.127~147.

Mc Harg, Ian, "Man and His Environment," in Leonard J. Duhl, ed., *The Urban Condition*, New York: Basic Books, 1963.

McLuhan, Marshall, *Understanding Media*, New York: McGraw-Hill, 1964.

_____, *The Gutenberg Galaxy*, Toronto: University of Toronto Press, 1963.

Matoré, Georges, *L'Espace Humain. L'expression de l'espace dans la vie, la pensée et l'art contemporains*, Paris: Editions La Colombe, 1961.

Mead, Margaret, and Metraux, Rhoda, *The Study of Culture at a Distance*, Chicago: University of Chicago Press, 1953.

Moholy-Nagy, Laszlo, *The New Vision*, New York: Wittenborn,

Schultz, 1949.

Montagu, Ashley, *The Science of Man*, New York: Odyssey Press, 1964.

Mowat, Farley, *Never Cry Wolf*, Boston: Atlantic Monthly Press, Little, Brown, 1963.

Mumford, Lewis, *The City in History*, New York: Harcourt, Brace, 1961.

Northrup, F.S.C., *Philosophical Anthropology and Practical Politics*, New York: The Macmillan Company, 1960.

Osmond, Humphry, "The Relationship Between Architect and Psychiatrist," in C. Goshen, ed., *Psychiatric Architecture*, Washington, D.C.: American Psychiatric Association, 1959.

_____, "The Historical and Sociological Development of Men-tal Hospitals," in C. Goshen, ed., *Psychiatric Architec-ture*, Washington, D.C.: American Psychiatric Associa-tion, 1959.

_____, "Function as the Basis of Psychiatric Ward Design," *Mental Hospitals* (Architectural Supplement), April 1957, pp.23~29.

Parkes, A.S., and Bruce, H.M., "Olfactory Stimuli in Mammalian Reproduction," *Science*, Vol.134(October 13, 1961), pp.1049~1054.

Piaget, Jean, and Inhelder, Barbel, *The Child's Concept of Space*, London: Routledge & Kegan Paul, 1956.

Portmann, Adolf, *Animal Camouflage*, Ann Arbor: University of Michigan Press, 1959.

Ratcliffe, H.L., and Snyder, Robert L., "Patterns of Disease, Controlled Populations, and Experimental Design," *Cir-culation*, Vol.XXVI(December 1962), pp.1352~1357.

Redfield, Robert, and Singer, Milton, "The Cultural Role of Cities," in Margaret Park Redfield, ed., *Human Nature and the Study of Society*, Vol.1, Chicago: University of Chicago Press, 1962.

Richardson, John, "Braque Discusses His Art," *Realités*, August 1958, pp.24~31.

Rosenblith, Walter A., *Sensory Communication*, New York: The MIT Press and John Wiley & Sons, 1961.

St.-Exupéry, Antoine de, *Flight to Arras*, New York: Reynal and Hitchcock, 1942.

_____, *Night Flight*, New York: Century Printing Company, 1932.

Sapir, Edward, *Selected Writings of Edward Sapir in Language, Culture and Personality*, Berkeley: University of Cali-fornia Press, 1949.

_____, "The Status of Linguistics as a Science," *Language*, Vol.5 (1929), pp.209~210.

Schäfer, Wilhelm, *Der kritische Raum und die kritische Situation in der tierischen Sozietät*, Frankfurt: Krämer, 1956.

Searles, Harold, The *Non-Human Environment*, New York: International Universities Press, 1960.

Sebeok, T., "Evolution of Signaling Behavior," *Behavioral Science*, July 1962, pp.430~442.

Selye, Hans, *The Stress of Life*, New York: McGraw-Hill, 1956.

Shoemaker, H., "Social Hierarchy in Flocks of the Canary," *The Auk*, Vol.56, pp.381~406.

Singer, Milton, "The Social Organization of Indian Civilization," *Diogenes*, Spring 1964.

Smith, Chloethiel W., "Space," *Architectural Forum*, November 1948.

Smith, Kathleen, and Sines, Jacob O., "Demonstration of a Peculiar Odor in the Sweat of Schizophrenic Patients," *AMA Archives of General Psychiatry*, Vol.2(February 1960), pp.184~188.

Snow, Charles Percy, *The Two Cultures and the Scientific Revolution*, Cambridge, England: Cambridge University Press, 1959.

Snyder, Robert, "Evolution and Intergration of Mechanisms that Regulate Population Growth," *National Academy of Sciences*, Vol.47(April 1961), pp.449~455.

Sommer, Robert, "The Distance for Comfortable Conversation: A Further Study," *Sociometry*, Vol.25(1962).

_____, "Leadership and Group Geography," *Sociometry*, Vol.24 (1961).

_____, "Studies in Personal Space," *Sociometry*, Vol.22(1959).

Sommer, Robert, and Ross, H., "Social Interaction on a Geriatric Ward," *International Journal of Social Psychology*, Vol.4(1958), pp.128~133.

Sommer, Robert, and Whitney, G., "Design for Friendship," *Canadian Architect*, 1961.

Southwick, Charles H., "Peromyscus leucopus: An Interesting Subject for Studies of Socially Induced Stress Responses," *Science*, Vol.143(January 1964), pp.55~56.

Spengler, Oswald, *The Decline of the West*, 2 vols., New York: Alfred A. Knopf, 1944.

Thiel, Philip, "A Sequence-Experience Notation for Architectural and Urban Space," *Town Planning Review*, April 1961, pp.33~52.

Thoreau, Henry David, *Walden*, New York: The Macmillan Company, 1929.

Time Magazine, "No Place Like Home," July 31, 1964, pp.11~18.

Tinbergen, Niko, *Curious Naturalists*, New York: Basic Books, 1958.

_____, "The Curious Behavior of the Stickleback," *Scientific

American, Vol.187, No.6(December 1952), pp.22~26.

Trager, George L., and Bloch, Bernard, *Outline of Linguistic Analysis*, Baltimore: Linguistic Society of America, 1942.

Trager, George L., and Smith, Henry Lee, Jr., *An Outline of English Structure*, Norman: Battenburg Press, 1951.

Twain, Mark(Samuel L. Clemens), "Captain Stormfield's Visit to Heaven," in Charles Neider, ed., *The Complete Mark Twain*, New York: Bantam Books, 1958.

Ward, Barbara, "The Menace of Urban Explosion," *The Listener*, Vol. 70, No. 1807(November 14, 1963), pp.785~787, London: British Broadcasting Corporation.

Watterson, Joseph, "Delos II. The Second Symposion to Explore the Problems of Human Settlements," *Journal of the American Institute of Architects*, March 1965, pp.47~53.

Weakland, J.H., and Jackson, D.D., "Patient and Therapist Observations on the Circumstances of a Schizophrenic Episode," *AMA Archives Neurology and Psychiatry*, Vol.79 (1958), pp.554~575.

White, Theodore H., *The Making of the President 1960*, New York: Atheneum, 1961.

Whitehead, Alfred North, *Adventures of Ideas*, New York: The Macmillan Company, 1933.

Whorf, Benjamin Lee, *Language, Thought, and Reality*, New York: The Technology Press and John Wiley & Sons, 1956.

_____, "Linguistic Factors in the Terminology of Hopi Archi-tecture," *International Journal of American Linguistics*, Vol.19, No.2(April 1953).

_____, "Science and Linguistics," *The Technology Review*, Vol. XLII, No.6(April 1940).

Wiener, Norbert, *Cybernetics*, New York: John Wiley & Sons, 1948.

———, "Some Moral and Technical Consequences of Automation," *Science*, Vol.131(May 6, 1960), pp.1355~1359.

Wynne-Edwards, V.C., *Animal Dispersion in Relation to Social Behavior*, New York: Hafner Publishing Company, 1962.

———, "Self-Regulatory Systems in Populations of Animals," *Science*, Vol.147(March 1965), pp.1543~1548.

Zubek, John P., and Wilgosh, L., "Prolonged Immobilization of the Body Changes in Performance and in Electro-encephalograms," *Science*, Vol.140(April 19, 1963), pp.306~308.

찾아보기

| ㄱ

가와바타 야스나리 159
간격 224
감각 36
　　~ 수용기관 83
개인적 거리 45, 49, 129, 175, 176, 182~184, 186, 187, 190, 232, 266
개인적 공간 33, 129
개입 235, 250, 269
거대도시 243, 258
거리 128, 150, 175, 177, 190
　　~ 감각 177
　　~ 수용기관 82
　　~설정 232, 234
건축 27, 29, 30, 133
게토 250
격자 시스템 216
경계 46, 199
고정 형태의 공간 163, 164, 167, 168
공간 27~29, 31, 41, 79, 107, 135, 136, 140~142, 150, 151, 161, 164, 190, 191, 205, 210, 223, 224

~ 감각 111, 142, 151, 166, 177
~유지법칙 45, 49
~의 경험 107, 174, 261
~의 다양성 252
~의 왜곡 155
~지각 99, 100, 107, 151, 177, 263, 275
공격성 39, 49, 58, 70, 73, 77, 79
공공 장소 228
공기 원근법 143, 275
공적인 거리 157, 176, 187, 188, 189, 201
공적인 공간 177
과밀 54, 58~60, 62, 65, 72, 74, 80, 92, 103, 108, 109, 162, 194, 242, 247, 248, 256
교류심리학자 125, 133, 273
권리의 침범 229
규모 245, 246
　　~의 원근법 138
그로서, 모리스 127, 129
근육운동적 감각 144, 182

|ㄱ|
근접 수용체 84
기층문화 161, 162
깁슨, 제임스 107, 114, 115, 117, 124, 125, 138, 143, 273
깊이 125, 126, 138, 261
　~지각 124, 125, 273

|ㄴ|
내분비기관 90
냄새 88, 89, 93, 233
노르웨이 쥐 61, 66
농담(濃淡)의 원근법 138
능동적 촉감 107

|ㄷ|
다 빈치, 레오나르도 140
대량사망 55~58, 64, 72, 73, 77, 162
델로스 회의 243
도시 256
　~ 마을 246, 267
　~ 재개발 218, 242, 246, 255, 258
　~계획 27, 241, 256
　~공간 110
　~밀집현상 29, 265
　~의 싱크현상 247
도주거리 45~47, 267
도주반응 46, 47, 267
독시아디스, C.A. 243
동물행동학 21, 37
뒤피, 라울 144
드골 217

|ㄹ|
라 바르 36
라이트, 프랭크 로이드 95
런던 플랜 258
렘브란트 141, 142
　~의 화법 141
로렌츠, 콘라트 39, 70
료안지(龍安寺) 224
르 코르뷔지에 169
르네상스 미술 274
「리어왕」 152
리피, 프라 필리포 139

|ㅁ|
마리나 시티 255
매클루언, 마셜 131, 152
맬서스 54, 55, 58
멈퍼드, 루이스 166, 241
모노크로닉한 시간 249
모와트, F. 59
모이니한, D.P 241, 262
무(無)문화적 편견 264
무당 134
무슬림 132
문화 39, 269, 270
　~의 불확정성 162
　~적 차원 37, 268
미국식 패턴 199
미국인의 시간관 198
미시문화적 양식 173
밀도 55, 65

밀접한 거리 176, 179~182, 190
밀접한 공간 178, 181
밀접한 영역 178, 180, 191
밀집 48, 72, 73, 194, 266

|ㅂ
반 데르 로에 205
반고정 형태의 공간 169, 173, 221
밸린트, M. 107
버클리 116, 117
보너 91, 92
보아스 33, 147
부신피질자극 호르몬 76
불법 거주자 241
브라크 107, 141, 144
브루스 73, 74, 91
  ~ 효과 104, 234
블룸필드, 레너드 33
비공식적인 공간 174, 191
비접촉성 동물 48, 49

|ㅅ
사디즘 72
사세타 139
사적인 공간 209
사피어, 에드워드 33, 34, 150
사향뒤쥐 48, 59, 80
사회구심적 공간 169, 172
사회원심적 공간 169, 170, 172
사회적 거리 45, 50, 129, 175, 176, 182, 184~187, 190, 212

사회적 공간 35
산 마르코 광장 99, 252
상황적 인격 177
생태적 공동체 268
생텍쥐페리 149, 157
생활공간 201
선형적 원근법 126, 139, 140
소로, 헨리 데이비드 153, 154
소생활권 269
소수민족집단 241, 250, 251, 257
쇼니 인디언 34
쇼크 58, 75, 76, 79
수동적 촉감 107
숨겨진 차원 257
슈펭글러 274
스트레스 39, 40, 48, 55, 57~60, 64, 65, 70, 72, 74~77, 79, 80, 90, 194, 202, 240, 256, 265, 266
스펜서, B. 87
시각 82, 113, 114
  ~ 공간 84, 86
  ~ 수용체 118
  ~세계 106, 111, 115, 117, 119, 120, 122, 124, 125, 131, 133, 138, 139, 142
  『~세계의 지각』 115, 124, 273
  ~장 114, 115, 117, 124, 138, 141, 142, 236, 276, 277
  ~적 경험 96, 125, 180
  ~적 공간지각 275
  ~적 왜곡 183
  ~적 침범 201

시간 29, 164
시뇨리아 광장 253
시슬레 143
시차 원근법 274
시카 사슴 56
신체 229~231
싱크 65~87, 70~72, 239, 240, 242
　～ 상태 68~72
　～현상 162, 231, 239, 247, 250, 257
쌍안 원근법 274

|ㅇ|
아랍 문화 237
아랍의 감각세계 226
아랍의 패턴 225
아랍인 35, 36
　～과 미국인의 차이 35
　～의 커뮤니케이션 231
아리에스, 필리프 164, 266
아이빌릭 에스키모 130
알타미라의 동굴벽화 134
『야간 비행』 157
약탈 58, 59, 61
언어 34, 147, 148, 150
에링턴, 폴 58, 59, 80
에스키모 예술가 131, 144
ACTH 74~77
에키스틱스 243
연장물 17, 18, 21, 23, 30, 36, 37, 90, 163, 191, 265, 270
열 공간 99, 100, 103

열감각 104, 111, 261
영국의 도시계획 258
영토 163
　～권 41~45, 71
　～성 68, 161, 163, 190
예술 132, 136, 137, 144
우드척 77
운동 원근법 275
운동감각적 경험 95, 115, 116
워드, 바바라 250, 251
워프, 벤저민 리 34, 147~150
원격 수용기관 99
원근법 128, 140
원한의 집 236
『월든』 153
웨스트엔드 246, 267
위너, 노르베르트 270
위장 114
위치 원근법 273, 274
육감적 공간 151
윤곽의 연속성 138, 139, 277
의사소통체계 82, 90
인간과 도시 241
인간관계 198, 233, 287
인구폭발 265
인디언 거주구역 253
인상파 화가 142, 143
일본 정원 95, 96, 225
입체적 시각 123, 125

|ㅈ|

자기만의 방 206, 208
자기자극 수용체 99
자아 46, 165, 201, 202, 207, 230, 264
자연선택 49, 77
자유의지 34, 270
접촉성 동물 48
정보 273
　～ 수집체 114
정원사새 50, 219
제임스 섬 사슴 55, 56, 162
주변부 시각 142, 184, 190
주스, 마틴 181, 187, 189
중동문화 226
중심와 120~122, 142, 184, 185, 189
중심의 개념 220
지각 135, 273
　～세계 107, 118, 130, 133, 143, 145,
　　147, 221, 238, 261
지위 44, 49, 68
직업적 거리 235
진화의 사다리 52, 80, 91
질감의 원근법 138, 274

|ㅊ|

처칠, 윈스턴 168
청각 공간 84, 86, 87
초공간 136
촉각적 경험 108, 109, 116
촉각중심적 세계 107
촉감의 공간 144

촉지 거리 129
치명적 거리 45, 47, 175
치명적 공간 51, 52
치명적 밀도 51
치명적 상황 51, 52
친밀한 거리 129, 155
친밀한 공간 157, 159
『침묵의 언어』 34, 38, 176, 217, 249
침범 199~201, 204, 208, 227, 237
　～ 거리 204

|ㅋ|

카무플라주 114, 277
카이사르 215
카펜터, C.R. 43, 44
카펜터, 에드먼드 130, 131
카프카 158, 159
칸딘스키 144
캘훈, 존 61~66, 71, 72
　～의 실험 61, 63, 72
커뮤니케이션 33, 38, 40, 53, 81, 89~
　　92, 94, 101, 127, 132, 136, 137
케네디, 존 F. 188
코벤트리 성당 87
콘래드, 조지프 274
크기 원근법 274
크리스첸, 존 39, 55~58, 77, 79
클레, 파울 144
킬패트릭 83, 268

|ㅌ|
통문화적인 맥락 145
트래거, 조지 175, 176
트웨인, 마크 155, 156
틴베르헨 52~54, 103

|ㅍ|
파크스, A.S. 73, 74, 91
폐쇄된 공간 207, 236
폰테 베키오 253
폴리크로닉한 민족 249
프라이버시 199, 202, 208, 210, 223,
　　227~229, 232, 235
　~ 영역 227, 228
프로이트 42, 104
프록세믹스 33, 35, 37, 161, 163,
　　179, 205, 245, 261, 262
　~ (분류)체계 37, 161, 190
　~ 연구 35, 226, 239
　~ 패턴 179, 182, 194, 199, 219, 237,
　　238, 263
피부 84, 99~101, 105, 107, 108, 110,
　　177, 180, 181, 184, 222, 229
피아제 117

|ㅎ|
하층 흑인 240, 263
하트먼, 체스터 246, 267
할렘 지역 242
행동의 싱크(현상) 65, 162, 231, 239
헤디거 42, 45, 47, 49, 92, 128, 176,
　　182
호베마 142
호피 인디언 34, 148
호피족 148, 149
　~의 시간과 공간 개념 149
화학적 메시지 90, 92, 93
화학적 커뮤니케이션 90, 91
환경 41, 268
황반 120~122, 142
후각 51, 54, 73, 81, 82, 84, 88~90,
　　93, 94, 179, 232~234
　~ 공간 88
　~적 메시지 92
흐림의 원근법 275
흑사병 162
흑인들의 의사소통방식 263
흑인문화 240, 262, 263